Grundlagen, Wirkungen und Grenzen des tarifdispositiven Rechts in der Arbeitnehmerüberlassung

Schriften zum deutschen und europäischen Recht der Arbeit und der Sozialen Sicherheit

Herausgegeben von
Stefan Greiner, Gregor Thüsing und Raimund Waltermann

Band 20

Christoph Corzelius

Grundlagen, Wirkungen und Grenzen des tarifdispositiven Rechts in der Arbeitnehmerüberlassung

PETER LANG

Bibliografische Information der Deutschen Nationalbibliothek
Die Deutsche Nationalbibliothek verzeichnet diese Publikation in der Deutschen Nationalbibliografie; detaillierte bibliografische Daten sind im Internet über http://dnb.d-nb.de abrufbar.

Zugl.: Bonn, Univ., Diss., 2018

D 5
ISSN 1861-678X
ISBN 978-3-631-76014-7 (Print)
E-ISBN 978-3-631-76015-4 (E-PDF)
E-ISBN 978-3-631-76016-1 (EPUB)
E-ISBN 978-3-631-76017-8 (MOBI)
DOI 10.3726/b14304

Peter Lang – Berlin · Bern · Bruxelles · New York · Oxford · Warszawa · Wien

Diese Publikation wurde begutachtet.

www.peterlang.com

Inhaltsverzeichnis

A. Einleitung und Gang der Untersuchung

Die Arbeitnehmerüberlassung ist ein polarisierendes Flexibilisierungsinstrument: Während einige sie als „Jobmotor" ansehen, wird sie von Kritikern in die „Schmuddelecke" verortet oder gar als „moderne Sklaverei" bezeichnet.[1] In den vergangenen Jahren wurde die Arbeitnehmerüberlassung Gegenstand verschiedener nationalrechtlicher (De-)Regulierungen und einer EU-Richtlinie.[2] Zuletzt wurde der Gesetzgeber mit Wirkung zum 1.4.2017[3] tätig. Kernanliegen der Neuregelung waren die (Wieder-)Einführung einer Höchstüberlassungsdauer und Änderungen im Bereich des Gleichbehandlungsgrundsatzes.

Besondere Brisanz erhalten diese Regelungen durch ihre tarifdispositive Ausgestaltung und die besondere Struktur der Tarif- und Koalitionslandschaft in der Arbeitnehmerüberlassung: Es ist festzustellen, dass die Beschäftigten ausgesprochen organisationsunwillig sind – nur ca. 2% der Beschäftigten sind gewerkschaftlich organisiert.[4] Dessen ungeachtet richten sich die Arbeitsverhältnisse nahezu ausnahmslos nach tarifvertraglichen Regelungen, allerdings nicht im Wege der normativen Geltung aufgrund Mitgliedschaft, sondern vielmehr aufgrund des flächendeckenden Einsatzes individualvertraglicher Bezugnahmeklauseln.

Diese Arbeit wirft zunächst (B.) einen Blick auf die dogmatischen Grundlagen der Tarifautonomie im Allgemeinen und geht auf die Legitimation der Tarifvertragsparteien ein. Anschließend wird das dogmatische Fundament herausgearbeitet, auf dem die Anerkennung der Privatautonomie durch eine freiheitliche Rechtsordnung basiert. Daraufhin wird der Frage nachgegangen, ob bzw. inwiefern in der Arbeitnehmerüberlassung noch von Autonomie die Rede sein kann. Weiter wird ausgelotet, welche Chancen und Risiken tarifdispositives Recht birgt und ob sich sogar eine Pflicht zu tarifdispositiver Ausgestaltung ergibt.

Daran anschließend findet eine Untersuchung der 2017 in Kraft getretenen Änderungen im Bereich des Gleichbehandlungsgrundsatzes und der Höchstüberlassungsdauer statt. Zunächst wird die Ausgestaltung des Gleichbehandlungsgrundsatzes auf den Prüfstand gestellt (C. I.). Neben der einfachrechtlichen

---

1 Vgl. Darstellung bei *Lembke/Rothmann*, ZESAR, 2014, 372; krit. zur Einordnung der Arbeitnehmerüberlassung als prekär *Boemke*, ZAAR Schriftenreihe Bd. 41, S. 99, 106.

2 RL 2008/104/EG v. 19.11.2008, L 327/9.

3 BGBl. I, S. 258.

4 UBGH/*Hurst*, § 8 Rn. 66; Däubler/*Heuschmid*, TVG, § 1 Rn. 811; *Sansone*, Gleichstellung, S. 363; *Rieble*, BB 2012, 2177; vgl. *Karthaus/Klebe*, FS Kempen, S. 295, 297, Fn. 9.

Zulässigkeit der zeitlichen Grenzen liegt das Augenmerk insbesondere auf den Anforderungen, die sich aus dem Unionsrecht und der RL 2008/104/EG für die Tarifdispositivität ergeben. Daraufhin erfolgt eine Detailbetrachtung der Tariflandschaft, die sich insbesondere der Tariffähigkeit und -zuständigkeit der Gewerkschaften widmet. Sodann werden Lösungsvorschläge unterbreitet und beleuchtet, inwiefern sie zu einer Auflösung der identifizierten Problemlagen beitragen können.

Anschließend gilt das Augenmerk der eingeführten Höchstüberlassungsdauer (C. II.). Zunächst befasst sich die Arbeit mit der Frage der zeitlichen Begrenzung der Überlassung an sich, bevor die Kombination von zeitlich begrenzter Gleichbehandlung und Überlassungsdauer kritisch untersucht wird. Daraufhin steht die systematische Stimmigkeit der tarifdispositiven Ausgestaltung im Fokus, bevor alternative Lösungsansätze diskutiert werden.

Sodann wird die Bereichsausnahme für Tarifverträge des öffentlichen Dienstes (§ 1 Abs. 3 Nr. 2b, 2c) beleuchtet (D.). Die Bereichsausnahme gewährt ganz erhebliche Spielräume für tarifvertragliche Regelungen – eine allumfassende Tarifdispositivität. Es ist zu klären, ob Personalüberlassungen im öffentlichen Dienst überhaupt als Arbeitnehmerüberlassung zu werten sind und welche Rechtsfolgen sich hieraus ergeben, bevor die Zulässigkeit der Ausnahmeregelung im Detail untersucht wird.

Abschließend (E.) erfolgt eine Zusammenfassung der wichtigsten Ergebnisse in Thesen.

B. Grundlagen der Tarifautonomie

Ob tarifdispositives Gesetzesrecht im Allgemeinen und die Abweichungsmöglichkeit im Wege der Bezugnahme im Speziellen sachgerecht erscheinen, hängt wesentlich damit zusammen, welches funktionale Verständnis der Tarifautonomie zugrunde gelegt wird und wie deutlich die Mitgliedschaft als legitimierender Faktor in Erscheinung tritt. Je bedeutsamer die Mitgliedschaft der von den Regelungen Betroffenen für die Legitimation und die Privilegierung von Tarifverträgen ist, desto dysfunktionaler erscheint angesichts des niedrigen Organisationsgrades ihre Instrumentalisierung zur Abweichung von gesetzlichen Mindestarbeitsbedingungen in der Arbeitnehmerüberlassung. Löst man die Legitimation der Tarifverträge hingegen von der Mitgliedschaft der Betroffenen und sucht die Legitimation in einer gesetzlichen Entscheidung oder dem Wesen der Sozialpartner, bestehen keine dogmatischen Bedenken. Ganz grundlegende Bedeutung kommt der Frage zu, welche Stellung die Sozialpartner in der Tarifrechtsordnung einnehmen und was der Grund dafür ist, dass man den zwischen ihnen abgeschlossenen Verträgen so weitreichende Bedeutung beimisst.

I. Systemfrage: Delegation oder Privatautonomie?

Diese Weichenstellung führt zu der Frage, wie Normsetzungsbefugnis und Tarifwirkung dogmatisch zu begründen sind: Folgt man dem delegatorischen Ansatz, bedarf es keiner mitgliedschaftlichen Legitimation – die Koalitionen erfüllen durch die Tarifverträge die gestalterische Funktion, die ihnen vom Gesetzgeber zugedacht ist. Verlegt man sich demgegenüber auf die kollektiv ausgeübte Privatautonomie als Begründungsansatz, bedarf es des legitimierenden Elements der Koalitionsmitgliedschaft.[5]

Ausgangspunkt der Überlegung ist, dass der Tarifvertrag auf der einen Seite zwar ein Vertrag von Privatrechtssubjekten ist, der nach privatrechtlichen Regeln geschlossen wird, auf der anderen Seite jedoch ein Rechtsetzungsakt mit Normwirkung.[6]

---

5 BAG 18.7.2006 – 1 ABR 36/05, BAGE 119, 103, Rn. 55: „Tarifautonomie als kollektive Privatautonomie gründet sich entscheidend auf mitgliedschaftliche Legitimation"; *Buschmann*, FS Richardi, S. 93, 97: „Gewerkschaftliche Legitimation begründet sich aus der mitgliedschaftlichen Bindung und der binnendemokratischen Herstellung des Kollektivwillens".

6 Vgl. *Preis*, Kollektivarbeitsrecht, Rn. 877; *Käppler*, NZA 1991, 745, 749.

1. Delegatorischer Ansatz

Nach der früher vertretenen Delegationstheorie basiert die Regelungsbefugnis auf einer hoheitlichen Ermächtigung der Tarifvertragsparteien durch den Gesetzgeber: Die Ordnung des Arbeitslebens erfolgt also im Staatsauftrag durch private Verbände.[7] Die Tarifvertragsparteien leiten ihre Befugnis aus der Ermächtigung des Tarifvertragsgesetzes her. Kraft eigenen Rechts sind die Tarifvertragsparteien hingegen nicht zur Regelung der Arbeitsverhältnisse befugt – dieses Recht können sie nur ausüben, weil es ihnen vom Gesetz übertragen ist.[8]

Nimmt man die Zuständigkeitsverteilung des Grundgesetzes in den Blick, kommen Zweifel an einer solchen Delegation vom Staat an die Koalitionen auf: Eine Delegation kann nur vorliegen, wenn der Staat eine Zuständigkeit, die eigentlich bei ihm liegt, auf eine andere Stelle überträgt.[9] Die Befugnis zur Regelung der Arbeits- und Wirtschaftsbedingungen ist durch Art. 9 Abs. 3 GG jedoch bereits den Koalitionen zugewiesen. Der Staat – durch Art. 74 Abs. 1 Nr. 12 GG – und die Tarifvertragsparteien – durch Art. 9 Abs. 3 GG – sind gleichermaßen von der Verfassung mit der Wahrnehmung dieser Aufgabe betraut worden. Der Staat kann die Aufgabe damit nicht an die Koalitionen delegieren – sie ist ihnen bereits zugewiesen.[10]

Zudem würde die Delegation staatlicher Kompetenzen erfordern, dass der Delegat durch ein staatliches Aufsichtsintrumentarium in einem Art. 80 GG vergleichbaren Rahmen vom Deleganten kontrolliert werden kann.[11] Darüber hinaus würde das Handeln des Delegaten bei einer Übetragung staatlicher Kompetenzen ein staatliches Handeln sein – der Abschluss eines Tarifvertrags ist

---

7 Grundlegend *Engel*, Über die Rechtsnatur des Tarifvertrags, passim.

8 Vgl. BAG 23.3.1957 – 1 AZR 326/56, BAGE 4, 240, Rn. 20; ebenso *Peters/Ossenbühl*, Übertragung öffentlich-rechtlicher Befugnisse, S. 12 ff.; *Säcker*, Grundprobleme der kollektiven Koalitionsfreiheit, S. 29, 74 f.; *Nikisch*, Arbeitsrecht, Bd. 2, § 18 III 2, S. 347.

9 *Waltermann*, FS Söllner, S. 1251, 1256; *Triepel*, Delegation und Mandat im öffentlichen Recht, S. 23, 28 f., 51, 80 ff.

10 *Waltermann*, FS Söllner, S. 1251, 1256 f.; *Waltermann*, Arbeitsrecht, § 25 Rn. 543; *Waltermann*, ZfA 2000, 53, 65; *Ricken*, Autonomie und tarifliche Rechtsetzung, S. 111 f.; vgl. BVerfG 18.11.1954 – 1 BvR 629/52, BVerfGE 4, 96, Rn. 24.

11 *Preis*, Kollektivarbeitsrecht, Rn. 880, der die Richtigkeitsgewähr zutreffend als „Selbstkontrolle" beschreibt und sie nicht als staatliches Aufsichtsinstrumentarium anerkennt; zu Definition und Begrifflichkeiten allg. *Thöl*, Das Handelsrecht, S. 372 ff.; vgl. auch *Rieble*, ZfA 2000, 5, 21.

demgegenüber Grundrechtsgebrauch[12] und scheidet daher als staatliches Handeln aus.[13]

2. Kollektiv ausgeübte Privatautonomie

Diesem auf die Mitgliedschaft als Legitimation verzichtenden Verständnis steht diametral das Lager gegenüber, dem auch das BAG im Ausgangspunkt angehört: Tarifautonomie als kollektiv ausgeübte Privatautonomie.[14]

Fundamentale Bedeutung erhält der Verbandsbeitritt, der als privatautonome Unterwerfung unter die Regelungshoheit des Kollektivs angesehen wird:

> Die Befugnis der Koalitionen, durch kollektive Vereinbarungen mit dem sozialen Gegenspieler (Tarif-)Normen zu vereinbaren, ergibt sich *zumindest auch* daraus, dass sich die Mitglieder der tariflichen Normsetzungsbefugnis unterworfen haben [...]. Allerdings bedarf es zur Tarifgebundenheit keiner ausdrücklichen Unterwerfungserklärung der Verbandsmitglieder. Hierfür genügt regelmäßig der Verbandsbeitritt. Darin kommt der Wille zum Ausdruck, sich an die vom Verband geschlossenen Tarifverträge zu binden.[15]

Die Tarifautonomie fungiert nach diesem Verständnis als ein Sicherungsinstrument, um eine selbstbestimmte – privatautonome – Regelung der Arbeitsbedingungen zu gewährleisten, die dem einzelnen Arbeitnehmer aufgrund der strukturellen Unterlegenheit nicht möglich ist. Bisweilen wird daher die Koalitionsfreiheit als „dienendes Freiheitsrecht" bezeichnet.[16] Die Koalitionsfreiheit dient dem Einzelnen, um ihm „in seiner Vertragsschwäche gegenüber dem Arbeitgeber beizustehen", indem kollektiv Marktmacht gebildet wird.[17]

---

12 Vgl. Däubler/*Ulber*, TVG, Einl. Rn. 247 mwN; *Preis*, Kollektivarbeitsrecht, Rn. 880.

13 *Preis*, Kollektivarbeitsrecht, Rn. 880; Däubler/*Ulber*, TVG, Einl. Rn. 247.

14 BAG 25.9.2013 – 4 AZR 173/12, BAGE 146, 133, Rn. 26; BAG 7.7.2010 – 4 AZR 549/09, NZA 2010, 1068; BAG 18.7.2006 – 1 ABR 36/05, BAGE 119, 103, Rn. 55; grundlegend in Ablehnung der Delegationstheorie BAG 30.8.2000 – 4 AZR 563/99, BAGE 95, 277, Rn. 42; BAG 25.2.1998 – 7 AZR 641/96, BAGE 88, 118, Rn. 17; *Rieble*, ZfA 2000, 5, 12 ff., 23 ff.; *Rieble*, Arbeitsmarkt und Wettbewerb, Rn. 1102 ff.; *Dieterich*, FS Schaub, S. 117 ff.; *Dieterich*, GS Zachert, S. 532 ff.; *Picker*, ZfA 1998, 573, 679; *Giesen*, Tarifvertragliche Rechtsgestaltung, S. 143 ff.; *Bayreuther*, Tarifautonomie, S. 57 ff.; *Hartmann*, Negative Tarifvertragsfreiheit, S. 101 ff.; *Söllner*, NZA 1996, 897, 902.

15 So zur OT-Mitgliedschaft in Arbeitgeberverbänden BAG 18.7.2006 – 1 ABR 36/05, BAGE 119, 103, Rn. 55, Hervorhebungen durch den Verfasser.

16 *Gamillscheg*, Kollektives Arbeitsrecht, S. 293; *Bayreuther*, Tarifautonomie, S. 59.

17 *Rieble*, ZfA 2000, 5, 23, der sich von der Lehre des „Doppelgrundrechts" ausdrücklich verabschiedet.

Dieses Grundverständnis verdient zwar zunächst einmal Zustimmung, allerdings gibt es gewichtige Gründe, die gegen ein *ausschließlich* privatautonomes Begründungsmodell sprechen:

a. Kritik: Außenseiterwirkungen

Zunächst einmal lassen sich Außenseiterwirkungen nicht vollumfänglich erklären.[18] Der für die Legitimation der Tarifnormwirkung fundamentale Beitrittsakt fehlt bei Außenseitern gerade. Dennoch erstreckt das TVG die Tarifgeltung an verschiedenen Stellen auf Außenseiter (§ 3 Abs. 2, 3, § 4 Abs. 1 Satz 2, § 4 Abs. 5, § 5 TVG).

Das Verfahren der Allgemeinverbindlicherklärung iSd. § 5 TVG kann durch eine ausschließlich auf die mitgliedschaftliche Legitimation abstellende Sichtweise nicht erklärt werden.[19] Die Allgemeinverbindlicherklärung ist ein „Rechtsetzungsakt eigener Art zwischen autonomer Regelung und staatlicher Rechtsetzung, der seine eigenständige Grundlage in Art. 9 Abs. 3 GG findet".[20] *Ricken* geht angesichts des Wortlauts davon aus, dass eine Sonderregelung vorliegt, die keine Unterschiede zur Anordnung der verbindlichen Wirkung von Tarifverträgen aufweist:[21] § 5 Abs. 4 TVG spricht davon, dass durch die Allgemeinverbindlicherklärung die Rechtsnormen des Tarifvertrages auch die bisher nicht tarifgebundenen Arbeitgeber und Arbeitnehmer im Geltungsbereich erfassen. Die „Geltung" des Tarifvertrags ordnen die §§ 3, 4 TVG an. § 5 TVG muss also in seinem systematischen Zusammenhang mit §§ 3, 4 TVG gesehen werden. Durch diese Auslegung des § 5 TVG muss es zu einer entsprechenden Anwendung des § 4 Abs. 1 TVG kommen, sodass eine einheitliche Erklärung der Rechtswirkung erforderlich wird.[22] Diese

---

18 *Ricken*, Autonomie und tarifliche Rechtsetzung, S. 109 ff.; *Waltermann*, FS Söllner, S. 1251, 1268 f.

19 *Greiner*, FS v. Hoyningen-Huene, S. 103, 104; vgl. auch *Hartmann*, Negative Tarifvertragsfreiheit, S. 193 ff.

20 BVerfG 24.5.1977 – 2 BvL 11/74, BVerfGE 44, 322, Rn. 55; BVerwG 28.1.2010 – 8 C 38/09, BVerwGE 136, 75, Rn. 57; BAG 19.3.1975 – 4 AZR 270/74, Rn. 51; *Greiner*, FS v. Hoyningen-Huene, S. 103, 104 ff.; Däubler/*Lakies*, TVG, § 5 Rn. 57 ff.; HMB/*Sittard*, Teil 7 Rn. 18 ff. (Entscheidung des Ministers als „Schlusspunkt eines einheitlichen staatlichen Rechtsetzungsverfahrens *sui generis*"); vgl. auch *Hartmann*, Negative Tarifvertragsfreiheit, S. 195 ff.; krit. zu Art. 9 Abs. 3 GG als Grundlage *Sittard*, Tarifnormerstreckung, S. 37 f.

21 *Ricken*, Autonomie und tarifliche Rechtsetzung, S. 110; vgl. *Greiner*, Rechtsfragen, S. 100.

22 *Ricken*, Autonomie und tarifliche Rechtsetzung, S. 110 f.

kann für Außenseiter mangels Mitgliedschaft nicht durch gelingen, sodass eine ausschließlich privatautonome Erklärung nicht überzeugen kann.[23]

Die Rechtsnormwirkung des § 3 Abs. 3 TVG lässt sich demgegenüber auf eine privatautonome Grundlage stellen:[24] Zwar ist tatsächlich, mit *Gamillscheg*,[25] kein stärkerer Entzug der Legitimation als der Verbandsaustritt denkbar. Das Ende der Mitgliedschaft beeinflusst allerdings die Geltung des Tarifvertrags nicht, solange die Ansprüche *einmal* begründet wurden. Es handelt sich damit weniger um ein Legitimationsproblem als vielmehr um eine Frage der privatautonom begründeten Vertragstreue.[26]

Die Außenseiterwirkung bei der Erstreckung von Betriebsnormen und betriebsverfassungsrechtlichen Normen nach § 3 Abs. 2 TVG lässt sich allein als Realisierung des staatlichen Gestaltungsauftrags interpretieren:[27] Ohne die durch § 3 Abs. 2 TVG erstreckte Ausdehnung der Normwirkung wäre es unmöglich, Regelungen zu implementieren, die sachnotwendig nur sinnvoll im gesamten Betrieb Anwendung finden können. Zum Inhalt des gesetzgeberischen Gestaltungsauftrages gehört es, Schwächen des Tarifvertragssystems zu beheben und die Verwirklichung tariflich regelbarer Ziele zu ermöglichen.[28] Auch hier ordnet § 3 Abs. 2 TVG die Geltung des Tarifvertrags an, sodass eine systematische Verknüpfung mit §§ 3, 4 TVG besteht, die das Bedürfnis nach einem einheitlichen Erklärungsversuch begründet.

Auch eine rein privatautonome Erklärung der Nachwirkung des Tarifvertrags nach § 4 Abs. 5 TVG lässt sich nicht vornehmen.[29] Die Tarifvertragsparteien treffen eine Entscheidung darüber, für welche Laufzeit der Tarifvertrag Geltung beanspruchen soll – die privatautonome Entscheidung zum Koalitionsbeitritt kann hier zunächst als legitimierendes Element angeführt werden. Nach Ablauf der Laufzeit ordnet hingegen § 4 Abs. 5 TVG an, dass die Tarifnormen weitergelten. Mit § 4

---

23 *Ricken*, Autonomie und tarifliche Rechtsetzung, S. 111.

24 *Rieble*, ZfA 2000, 5, 15, der daher von einem „Scheinproblem" ausgeht; *Greiner*, Rechtsfragen, S. 100.

25 *Gamillscheg*, Kollektives Arbeitsrecht, S. 562.

26 *Greiner*, Rechtsfragen, S. 100; *Rieble*, ZfA 2000, 5, 15 f.; *Richardi*, Kollektivgewalt, S. 221; *Bötticher*, Gestaltungsrecht und Unterwerfung, S. 21, 25; *Rieble*, EuZA 2017, 228, 234; ähnlich *Giesen*, ZfA 2016, 162.

27 *Preis*, Kollektivarbeitsrecht, Rn. 890.

28 *Preis*, Kollektivarbeitsrecht, Rn. 890; im Ergebnis ebenso *Greiner*, Rechtsfragen, S. 100; diff. *Arnold*, Betriebliche Tarifnormen, S. 347 ff., der lediglich arbeitnehmergünstige Normen als Betriebsnormen anerkennt; vgl. auch *Höpfner*, Tarifgeltung, S. 459 f.

29 *Höpfner*, Tarifgeltung, S. 414 ff.; HMB/*Höpfner*, Teil 9 Rn. 28 f.; aA *Hartmann*, Negative Tarifvertragsfreiheit, S. 153 f.

Abs. 5 TVG trägt der Gesetzgeber (vorrangig) dem Interesse der beteligten Parteien Rechnung, inhaltliche Veränderung des bestehenden Arbeitsverhältnisses zu verhindern.[30] Die Rechtswirkung des Tarifvertrags wird nach Beendigung des vertraglich begründeten Schuldverhältnisses gesetzlich aufrechterhalten, obwohl der Wille der Tarifvertragsparteien darauf gerichtet war, die Geltungsdauer zu begrenzen.[31] Diese Fortgeltung über die Laufzeit des Tarifvertrages hinaus könnten die Tarifvertragsparteien nicht von sich aus – privatautonom – vornehmen, sodass eine Kombination von privater Rechtsetzung und hoheitlicher Weitergeltungsanordnung vorliegt.[32]

b. Kritik: Verbandsbeitritt und zukünftige Tarifverträge

Weiter wird gegen die Unterwerfungstheorie vorgebracht, es ergebe sich kein Mandat zur Regelsetzung aus dem Verbandsbeitritt, sodass die Erklärung der Normsetzung nicht gelinge.[33] Auch stößt die Unterwerfung unter die Ergebnisse zukünftiger Tarifverträge auf Kritik:[34] Es sei wenig überzeugend, den Beitritt als Blankoscheck[35] für belastende Regelungen zu interpretieren, die nach Art und Umfang noch nicht bestimmt sind. Die Einwilligung könne sich daher nur auf die bereits bestehenden Tarifverträge beziehen.[36] Es lässt sich dagegen einwenden, dass der Charakter des Tarivertrags als Kompromiss und die damit einhergehenden Implikationen den Mitgliedern beim Eintritt hinreichend bekannt sind.[37]

---

30 BAG 15.11.2006 – 10 AZR 665/05, Rn. 32: „Sinn und Zweck der Nachwirkungsregelung in § 4 Abs. 5 TVG ist es, bis zum Zustandekommen einer anderen Abmachung den Rechtszustand zu erhalten und damit dem tariflichen Ordnungsprinzip Rechnung zu tragen […]. Arbeitsverhältnisse sollen nach Beendigung eines Tarifvertrages nicht inhaltsleer werden oder durch dispositives Gesetzesrecht ergänzt werden müssen."; vgl. auch BAG 20.9.2006 – 10 AZR 496/05, juris, Rn. 23; BAG 24.11.1999 – 4 AZR 666/98, BAGE 93, 34, Rn. 26; zur sog. Überbrückungs- und Ordnungsfunktion des § 4 Abs. 5 TVG: BeckOK ArbR/*Giesen*, TVG, § 4 Rn. 60; ErfK/*Franzen*, TVG, § 4 Rn. 50; krit. zur Ordnugnsfunktion *Löwisch/Rieble*, TVG, § 4 Rn. 747.

31 *Höpfner*, Tarifgeltung, S. 415; HMB/*Höpfner*, Teil 9 Rn. 29.

32 Ausf. *Höpfner*, Tarifgeltung, S. 416 ff.

33 Wiedemann/*Thüsing*, TVG, § 1 Rn. 50; *Adomeit*, RdA 1967, 297, 302; *Belling*, ZfA 1999, 547, 592.

34 Däubler/*Ulber*, TVG, Einl. Rn. 256 ff.; *Ulber*, Tarifdispositives Gesetzesrecht, S. 443; *Fastrich*, FS Richardi, S. 127, 130 ff.; *Schlachter*, FS Schaub, S. 651, 654 ff.; *Kirchhof*, Private Rechtsetzung, S. 94 f.; *Preis*, Kollektivarbeitsrecht, Rn. 888.

35 *Ulber*, Tarifdispositives Gesetzesrecht, S. 443.

36 *Ulber*, Tarifdispositives Gesetzesrecht, S. 443.

37 *Houben*, Die Rückwirkung von Tarifverträgen, S. 78.

Während diese Sichtweise grds. überzeugt, stößt sie auf Grenzen, sobald es durch den Tarifvertrag zu Grundrechtsbeeinträchtigungen kommt. Eine Einwilligung in Grundrechtsbeeinträchtigungen kann nämlich nicht im Beitritt gesehen werden: Einwilligungen in Grundrechtseingriffe sind nur zulässig, wenn der Einwilligende den konkreten Eingriff kennt.[38] Eine solche Einwilligung in die Verletzung grundrechtsrelevanter Positionen kann durch den Beitritt nicht begründet werden: Der Arbeitnehmer schließt sich zur Einebnung der strukturellen Unterlegenheit mit anderen zusammen und geht nicht davon aus, dass er durch den Verbandsbeitritt „seine grundrechtlichen Positionen zum Abschuss freigibt“.[39] Ein Grundrechtsverzicht setzt voraus, dass er sich „auf einen spezifischen, sachlich und zeitlich begrenzten Bestandteil einer grundrechtlichen Rechtsposition und der hiermit korrelierenden konkreten Eingriffshandlung bezieht.“[40]

Der Koalitionsbeitritt als Einwilligung wäre damit – zumindest bei grundrechtsbeschränkenden Regelungen – eine solche pauschale und zeitlich unbefristete Verzichtserklärung, der die Zulässigkeit unter grundrechtlichen Gesichtspunkten zu versagen ist.[41]

c. *Kritik: Zusammenspiel von Arbeitskampffreiheit und Privatautonomie*

Eine weitere Schwäche des rein privatautonomen Erklärungsversuchs findet sich im Zusammenspiel der Arbeitskampffreiheit mit der in § 4 Abs. 1 TVG angeordneten zwingenden Wirkung der Tarifverträge:[42] Die Vereinbarung zwingender Arbeitsbedingungen, von denen privatautonom nicht abgewichen werden kann, verlässt den Freiheitsraum, den die Privatautonomie einräumt, sobald sie – durch Arbeitskampfmaßnahmen – erzwungen wird.

Greiner erkennt, dass wegen der Möglichkeit zum Arbeitskampf die tarifvertragliche Normsetzung von einer privatautonomen Selbstbindung abzugrenzen ist, da „die freie Abschlussentscheidung [...] partiell durch rechtmäßigen Zwang ersetzt“ wird.[43] Die Nutzung von Zwang, um eine Vereinbarung über (Mindest-) Arbeitsbedingungen zu treffen, kann nicht mehr als bloße Kollektivierung eines

---

38 Ausf. dazu. Däubler/*Ulber*, TVG, Einl. Rn. 256 mwN; *Ulber*, Tarifdispositives Gesetzesrecht, S. 444; allg. Jarass/Pieroth/*Jarass*, GG, Vorbem. v. Art. 1 Rn. 35.

39 *Ulber*, Tarifdispositives Gesetzesrecht, S. 444.

40 Stern/*Sachs*, Staatsrecht, Bd. 3/2, S. 915.

41 Näher *Ulber*, Tarifdispositives Gesetzesrecht, S. 445.

42 Vgl. dazu *Greiner*, Rechtsfragen, S. 100 ff.

43 *Greiner*, Rechtsfragen, S. 101.

Freiheitsrechts – als reine kollektive Privatautonomie – verstanden werden.[44] Eine privatautonome Entscheidung zum Vertragsschluss liegt dann nicht mehr vor. Der Arbeitskampf als Vertragsbruch und mögliche Beeinträchtigung grundrechtsrelevanter Positionen[45] wird, um der besonderen Interessenlage im Arbeitsrecht Rechnung zu tragen, zwar „nicht als nötigende Gewalt, sondern als legitimes Zwangsmittel bewertet".[46] Im Ergebnis ähnelt die Tarifnormsetzung damit jedoch stärker der eingreifenden staatlichen Gesetzgebung als der privatrechtlichen Vertragsautonomie. Eine plausible Erklärung der zwingenden Wirkung kann dann nur durch die Delegation staatlicher Regelungsmacht gelingen.

Das spiegelt sich auch in der Interpretation der Unterwerfungserklärung im Zusammenhang mit der zwingenden Wirkung der Tarifverträge wider: Bei verbandsangehörigen Arbeitgebern besteht kein Interesse daran, bereits durch den bloßen Verbandsbeitritt abweichende privatautonome Vereinbarungen zu verhindern.[47] Der Unterwerfungserklärung diesen Erklärungsgehalt beizumessen, würde eine Überinterpretation darstellen.[48] Gleiches gilt aus den oben genannten Gründen für den nicht verbandsangehörigen Arbeitgeber, der im Arbeitskampf zum Abschluss eines Normenvertrages gebracht werden kann.[49] Auch die Beitrittserklärung für Arbeitnehmer kann überinterpretiert werden – v.a. iRd. hier besonders interessierenden tarifdispositiven Rechts: Die Beitrittserklärung des Arbeitnehmers lässt sich nur schwer so auffassen, dass die Unterschreitung gesetzlicher Standards legitimiert werden soll.[50] Für die Arbeitnehmerüberlassung gilt dies umso mehr, da die von den Tarifverträgen der Branche unmittelbar Betroffenen nicht gewerkschaftlich organisiert sind – es fehlt also im Regelfall schon an einer Unterwerfungserklärung, die (über-)interpretiert werden könnte.

---

44 *Greiner*, Rechtsfragen, S. 101.

45 Vgl. BeckOK GG/*Axer*, Art. 14 Rn. 51; MüKo BGB/*Wagner*, § 823 Rn. 357 mwN.

46 *Greiner*, Rechtsfragen, S. 102.

47 *Greiner*, Rechtsfragen, S. 101.

48 *Greiner*, Rechtsfragen, S. 101; *Ricken*, Autonomie und tarifliche Rechtsetzung, S. 107 f.; so jedoch *Bötticher*, Gestaltungsrecht und Unterwerfung, S. 24 f.; krit. unter Beachtung des privatrechtlichen „Folgeproblems", ob ein Rechtssubjekt eine ihn selbst verdrängende Vollmacht erteilen kann *Rieble*, ZfA 2000, 5, 16; vgl. dazu allg. *Gernhuber*, JZ 1995, 381.

49 *Greiner*, Rechtsfragen, S. 101; aA *Rieble*, ZfA 2000, 5, 16.

50 *Greiner*, Rechtsfragen, S. 101, der das tarifdispositive Recht eher „als delegatorische Abwälzung ungeliebter Deregulierungsaufgaben vom staatlichen Gesetzgeber auf die Tarifparteien" deutet.

3. Vermittelnder Ansatz: Kombination und staatliche Anerkennung

Im Lichte dieser Kritik hat sich eine vermittelnde Ansicht entwickelt, die den delegatorischen und den kollektiv-privatautonomen Ansatz kombiniert.[51] Kern der Argumentation ist die Trennung von Normbildung und Rechtsgeltung: Während die Normbildung – der Tarifvertrag – ein privatautonomer Vorgang ist, kann die Normqualität des Ergebnisses erst durch einen staatlichen Geltungsbefehl verliehen werden.[52]

Waltermann gründet diese Sicht auf den Pluralismus als Ausgangspunkt und fundamentales Strukturelement unserer Gesellschaftsordnung:[53] Es geht um die Aktivierung gesellschaftlicher Kräfte, um die eigenverantwortliche Regelung der Angelegenheiten durch die Betroffenen zu ermöglichen und so deren Sachkunde zu nutzen.[54] Dem Staat kommt kein Monopol zur Regelbildung zu,[55] sondern lediglich ein Monopol zur Rechtsanerkennung.[56] Das bedeutet, dass der Staat die Voraussetzungen schafft, unter denen die autonom von den Betroffenen gebildete Regelung im Rahmen der Rechtsordnung anerkannt wird.[57] Das gilt nicht nur für Tarifverträge, sondern ist ein Phänomen, das bei privater Rechtsetzung und privaten Verträgen gleichermaßen bedeutsam wird.[58] Eben diese Anerkennung hat der Gesetzgeber durch §§ 1 Abs. 1, 4 Abs. 1 TVG geleistet. Durch diesen

51 Wiedemann/*Thüsing*, TVG, § 1 Rn. 56; ErfK/*Franzen*, TVG, § 1 Rn. 6; *Greiner*, Rechtsfragen, S. 101 ff.; *Waltermann*, RdA 2014, 86, 88; *Waltermann*, ZfA 2000, 53; *Wiedemann*, BB 2013, 1397, 1400 f.; ähnlich Däulber/*Ulber*, TVG, Einl. Rn. 278 ff., der jedoch den Begriff „kollektiv hergestellte Privatautonomie" bevorzugt; dazu auch *Ulber*, Tarifdispositives Gesetzesrecht, S. 455 ff.; krit. *Löwisch/Rieble*, TVG, Grundlagen Rn. 32.

52 *Waltermann*, FS Söllner, S. 1251, 1266; *Waltermann*, FS 50 Jahre BAG, S. 913, 918; *Ricken*, Autonomie und tarifliche Rechtsetzung, S. 114 ff.; *Greiner*, Rechtsfragen, S. 103 ff.; Thüsing/Braun/*Thüsing*, Tarifrecht, 1. Kap. Rn. 3.

53 *Waltermann*, FS Söllner, S. 1251, 1262; vgl. auch *Preis*, Kollektivarbeitsrecht, Rn. 882.

54 *Waltermann*, FS Söllner, S. 1251, 1262.

55 So die allg. Ansicht, ausf. *Kirchhof*, Private Rechtsetzung, S. 107 ff.; *Ricken*, Autonomie und tarifliche Rechtsetzung, S. 112 ff.; *Preis*, Kollektivarbeitsrecht, Rn. 882.

56 *Waltermann*, FS Söllner, S. 1251, 1263; dazu *Kirchhof*, Private Rechtsetzung, S. 133 ff.

57 *Waltermann*, FS Söllner, S. 1251, 1263; Däubler/*Ulber*, TVG, Einl. Rn. 226.

58 Wiedemann/*Thüsing*, TVG, § 1 Rn. 56: „Einigungen sind nicht aus sich selbst heraus bindend, sondern nur weil eine Rechtsordnung ihnen bindende Wirkung zulegt."; *Biedenkopf*, Grenzen der Tarifautonomie, S. 13 f., der davon ausgeht, dass jede Regelung durch Private der „Zustimmung" des Gesetzgebers bedarf.

Geltungsbefehl werden an der Nahtstelle von Staat und Gesellschaft privates Regelsystem und staatliche Rechtsordnung verklammert.[59]

Es ergibt sich damit eine Zweiteilung der Befugnisse: Der Normcharakter ist staatlich delegiert, während die Regelungsbefugnis unmittelbar aus Art. 9 Abs. 3 GG folgt.[60]

Weder der delegatorische noch der ausschließlich privatautonome Ansatz vermögen die Tarifautonomie vollumfänglich und überzeugend zu erklären. Erst durch die Kombination beider Ansätze lässt sich eine überzeugende Erklärung finden.

4. Ergebnis

Der Tarifvertrag ist damit für sich genommen das Ergebnis kollektiv ausgeübter Privatautonomie. Die normative Wirkung, die der Gesetzgeber dem Tarifvertrag durch § 4 Abs. 1 TVG verleiht, dient dann zunächst der Absicherung der Privatautonomie des Arbeitnehmers und der Effektivität des Grundrechtsgebrauchs.[61] Wäre es möglich, durch individualvertragliche Vereinbarung den Tarifvertrag abzubedingen, könnte der Arbeitgeber seine strukturelle Überlegenheit ausspielen – durch den Tarifvertrag wäre dann nichts gewonnen.[62] Erst die normative Geltung bewirkt es, dass der Arbeitnehmer seine kollektiv „erkämpften" Arbeitsbedingungen nicht erneut individuell privatautonom verteidigen muss. Die Tarifautonomie lässt sich damit als im Kern kollektiv ausgeübte Privatautonomie bezeichnen.

---

59 *Waltermann*, FS Söllner, S. 1251, 1265; in diese Richtung weist BAG 27.5.2004 - 6 AZR 129/03, Rn. 25: §§ 1, 4 Abs. 1 TVG enthält keine Delegation einer staatlichen Befugnis, sondern lediglich die Ausgestaltung einer ohnehin bestehenden Regelungsbefugnis. Die kollektivvertraglich gefundene Einigung wird durch die Zuerkennung der normativen Wirkung vor individualrechtlichen (Negativ-)Abweichungen geschützt.

60 *Waltermann*, FS Söllner, S. 1251, 1256 f.; *Waltermann*, Arbeitsrecht, § 25 Rn. 543; *Waltermann*, ZfA 2000, 53, 65; *Ulber*, Tarifdispositives Gesetzesrecht, S. 432; ähnlich *Burkiczak*, Grundgesetz und Deregulierung, S. 166 ff.; weiter zur Frage, ob die Normqualität des Tarifvertrags verfassungsrechtlich geboten ist *Waltermann*, FS Söllner, S. 1251 ff., 1272; vgl. auch BVerfG 24.5.1977 – 2 BvL 11/74, BVerfGE 44, 322, Rn. 57; BAG 20.10.1993 – 7 AZR 135/93, BAGE 74, 363, Rn. 32, die aus Art. 9 Abs. 3 GG die Garantie *unabdingbarer* Kollektivvereinbarungen folgern.

61 HMB/*Greiner*, Teil 9 Rn. 10 ff. mwN; *Höpfner*, Tarifgeltung, S. 228; *Ulber*, Tarifdispositives Gesetzesrecht, S. 432; *Singer*, ZfA 1995, 611, 619.

62 Ausf. HMB/*Greiner*, Teil 9 Rn. 10 ff. mwN.

II. Grundvoraussetzungen der (Privat-)Autonomie

Versteht man die Tarifautonomie als im Ausgangspunkt kollektiv ausgeübte Privatautonomie, deren zwingende Wirkung erst durch einen staatlichen Geltungsbefehl angeordnet wird, lassen sich wichtige Erkenntnisse gewinnen, welche Grundvoraussetzungen für die Funktionsfähigkeit der Tarifautonomie gegeben sein müssen.

1. Selbstbestimmung und Betroffenheit

Die Privatautonomie ist – in ihrer kollektiven wie individuellen Spielart – ein Freiheitsrecht, das die wohl wichtigste Ausprägung des Rechts auf freie Entfaltung der Persönlichkeit in wirtschaftlicher Hinsicht darstellt.[63] Ihr Fundament findet sie in dem Gedanken, dass die Betroffenen als mündige Parteien am besten in der Lage sind, ihre Interessen angemessen zu verfolgen[64] – es geht also um die Realisierung der freien Selbstbestimmung.[65]

Eine Grenze der Vertragsfreiheit ist dort zu finden, wo keine selbstbestimmte Rechtsfolgenbewirkung durch Rechtsgeschäft erfolgt.[66] Das Bedürfnis, die vom Normsetzer geschaffene Regelung auf die Normunterworfenen als Betroffene zurückzuführen, ist letztlich nichts anderes als ein Erfordernis der demokratisch verfassten Gesellschaft:[67] Auf der Ebene des allgemeinen Staatsrechts muss die Staatsgewalt auf den Willen des Volkes als Normunterworfenen zurückzuführen sein.[68] Gleiches gilt für die Wirtschaftsordnung: Dem Prinzip des freien Wettbewerbs ist es immanent, dass eine Unterwerfung nur unter diejenigen Regeln erfolgt, die selbst ausgehandelt wurden.[69] Daher bedürfen rechtsgeschäftliche Handlungen für unbeteiligte Dritte eines Rechtsverhältnisses von Handelndem und Drittem, um die Wirkungen für und gegen Dritte als Ausdruck privatautonomen Handelns

---

63 NK-GA/*Hanau/Wall*, GG, Art. 2 Rn. 6; Staudinger/*Olzen*, BGB, §§ 241–243, 2015, Einl. z. SchuldR Rn. 49.

64 MüKo BGB/*Schubert*, § 242 Rn. 497; näher zu den Auswirkungen s. D. I. 4. d. bb) (b) (2).

65 BVerfG 7.2.1990 – 1 BvR 26/84, BVerfGE 81, 242, Rn. 47.

66 Staudinger/*Olzen*, BGB, Einl. zum Schuldrecht Rn. 51; mit Blick auf den Vertrag zulasten Dritter *Ulrici*, ZfA 2016, 377, 395.

67 *Bayreuther*, Tarifautonomie, S. 98.

68 *Bayreuther*, Tarifautonomie, S. 98.

69 *Bayreuther*, Tarifautonomie, S. 98.

verstehen zu können.[70] Die Betroffenheit schlägt sich darüber hinaus in den Aussagen des BVerfG zur Satzungsautonomie nieder:

> Die Verleihung von Satzungsautonomie hat ihren guten Sinn darin, gesellschaftliche Kräfte zu aktivieren, den entsprechenden gesellschaftlichen Gruppen die Regelung solcher Angelegenheiten, die sie selbst betreffen und die sie in überschaubaren Bereichen am sachkundigsten beurteilen können, eigenverantwortlich zu überlassen und dadurch den Abstand zwischen Normgeber und Normadressat zu verringern.[71]

Nichts anderes gilt für das Tarifvertragssystem: Art. 9 Abs. 3 GG liegt die Erkenntnis zugrunde, dass eine von den Betroffenen selbst gefundene Regelung weit größere Überzeugungskraft zukommt.[72] Einer der Gründe, warum Tarifverträgen – zB durch die Richtigkeitsvermutung[73] und § 310 Abs. 4 BGB – Privilegierungen zukommen, ist gerade die Überzeugung von der Richtigkeit der in freier Selbstbestimmung gefundenen Regelungen.[74]

Verliert man die Betroffenheit der Regelungsunterworfenen jedoch aus dem Blick, so lassen sich die Legitimation und Schützenswürdigkeit der Regelung nicht mehr auf die Ermöglichung freier Selbstbestimmung stützen. Ohne Betroffenheit liegt keine Selbstbestimmung vor und das Fundament der Privilegierung erodiert – die Regelungen sind dann nicht mehr Ausdruck der Privatautonomie, sondern erhalten einen heteronomen Charakter.

2. Parität der handelnden Parteien

Als weitere Funktionsvoraussetzung der Privatautonomie lässt sich die Gleichberechtigung bzw. Parität der handelnden Parteien identifizieren.[75] Ohne Parität kann die eine Partei der anderen die Vertragsbedingungen diktieren – eine Gefahr für Privatautonomie als Akt der Selbstverwirklichung.[76] Anzuerkennen

---

70 Staudinger/*Olzen*, BGB, Einl. zum Schuldrecht Rn. 51 unter Hinweis auf § 177 und § 333 BGB; zur Bedeutung der Parität als Voraussetzung der Selbstbestimmung B. II. 2.

71 BVerfG 9.5.1972 – 1 BvR 518/62, BVerfGE 33, 125, Rn. 103.

72 *Ricken*, Autonomie und tarifliche Rechtssetzung, S. 167, 326.

73 Ausf. dazu C. I. 4. d. bb) (b).

74 *Ricken*, Autonomie und tarifliche Rechtssetzung, S. 167, 326.

75 BVerfG 28.1.1992 – 1 BvR 1025/82, 1 BvL 16/83, 1 BvL 10/91, BVerfGE 85, 191, Rn. 70; vgl. auch BVerfG 23.11.2006 – 1 BvR 1909/06, NJW 2007, 286, Rn. 46; Staudinger/*Olzen*, BGB, Einl. zum Schuldrecht Rn. 51; *Biedenkopf*, Vertragliche Wettbewerbsbeschränkung, S. 108 ff.; zur Tarifautonomie BVerfG 11.7.2017 – 1 BvR 1571/15, Rn. 146 mwN.

76 BVerfG 19.10.1993 – 1 BvR 567/89, BVerfGE 89, 214, Rn. 54; BVerfG 7.2.1990 – 1 BvR 26/84, BVerfGE 81, 242, Rn. 47.

ist jedoch, dass ein echtes Gleichgewicht aufgrund tatsächlicher Umstände nur bedingt verwirklicht sein kann.[77] Freilich ist aus Gründen der Rechtssicherheit nicht bei jeder geringfügigen Störung der Parität das Wesen des Vertrags als Selbstverwirklichung infrage gestellt. Privatautonomie und Sozialstaatsprinzip machen es jedoch erforderlich, dass der Gesetzgeber korrigierend auf typisierbare Fallgestaltungen einwirkt, die eine strukturelle Unterlegenheit des einen Vertragsteils erkennen lassen, sofern die Folgen des Vertrages für den unterlegenen Vertragsteil ungewöhnlich belastend sind.[78]

Eben diese strukturelle Unterlegenheit liegt im Verhältnis zwischen dem einzelnen Arbeitnehmer und dem Arbeitgeber vor, soll aber durch die Indienstnahme der Tarifautonomie abgemildert werden: Das kollektive Element der Tarifautonomie ist darauf ausgelegt, die strukturelle Unterlegenheit der Arbeitnehmer zu beheben und ein Verhandeln auf Augenhöhe zu ermöglichen.[79] Hierin liegt ein Umstand, der eine entscheidende Voraussetzung für die Richtigkeitsvermutung[80] bildet, wie das BVerfG zuletzt in seinem Urteil zu § 4a TVG ausführte:

> Im Zentrum der Richtigkeitsvermutung steht, dass mit dem kollektiven Vertragssystem die strukturelle Unterlegenheit der einzelnen Arbeitnehmerinnen und Arbeitnehmer überwunden werden kann. Das Tarifvertragssystem ist darauf angelegt, deren strukturelle Unterlegenheit beim Abschluss von individuellen Arbeitsverträgen durch kollektives Handeln auszugleichen und damit ein annähernd gleichgewichtiges Aushandeln der Löhne und Arbeitsbedingungen zu ermöglichen. Funktionsfähig ist die Tarifautonomie folglich nur, solange zwischen den Tarifvertragsparteien ein ungefähres Kräftegleichgewicht – Parität – besteht [...]. Die Vermutung der Richtigkeit des zwischen den Tarifvertragsparteien Ausgehandelten greift also nur unter diesen Voraussetzungen.[81]

III. Auswirkungen auf die Tarifautonomie in der Arbeitnehmerüberlassung

Eine Übertragung der genannten Grundwertungen der (Privat-)Autonomie fördert im Bereich der Arbeitnehmerüberlassung einige Schwachstellen zutage: Die

---

77 Staudinger/*Olzen*, BGB, Einl. zum Schuldrecht Rn. 50; *Leipold*, BGB I, § 3 Rn. 19.

78 BVerfG 19.10.1993 – 1 BvR 567/89, BVerfGE 89, 214, Rn. 54; ähnlich BVerfG 7.2.1990 – 1 BvR 26/84, BVerfGE 81, 242, Rn. 47.

79 BVerfG 4.7.1995 – 1 BvF 2/86 u.a., NZA 1995, 754, Rn. 109; BVerfG 26.6.1991 – 1 BvR 779/85, NJW 2549, Rn. 48; allg. zur Unterlegenheit des einzelnen Arbeitnehmers BVerfG 23.11.2006 – 1 BvR 1909/06, NJW 2007, 286, Rn. 49; Däubler/*Ulber*, TVG, Einl. Rn. 278 („Die Tarifautonomie kompensiert Funktionsdefizite der Privatautonomie").

80 Näher dazu s.u. C. I. 4. d. bb) (b) (2).

81 BVerfG 11.7.2017 – 1 BvR 1571/15, NZA 2017, 915, Rn. 146.

Indienstnahme von Tarifverträgen erscheint in einem Tarifsystem, das maßgeblich auf mitgliedschaftliche Legitimation setzt, bei einem nahezu nicht existenten Organisationsgrad der Betroffenen[82] befremdlich. Ohne entsprechend hohe Organisationsgrade ist zweifelhaft, ob die getroffene Regelung wirklich das Ergebnis einer selbstbestimmten, privatautonomen Entscheidung der Betroffenen ist – oder nicht vielmehr eine Fremdbestimmung durch nicht legitimierte Gewerkschaften.

1. Gewerkschaften als Betroffene?

Anderes könnte nur gelten, wenn sich die Gewerkschaften selbst als Betroffene charakterisieren ließen. Ein Einfallstor für solche Erwägungen bietet Art. 9 Abs. 3 GG, der bei einem Verständnis als Doppelgrundrecht[83] nicht nur das einzelne Mitglied der Vereinigung schützt, sondern auch die Vereinigung an sich. Die Koalition wird in ihrem Bestand, ihrer organisatorischen Ausgestaltung und ihren Betätigungen geschützt, sofern diese der Förderung der Arbeits- und Wirtschaftsbedingungen dienen.[84] Das BAG erstreckt den Schutz auf alle koalitionsspezifischen Verhaltensweisen und umfasst insbesondere auch die Tarifautonomie – und sieht sie sogar „im Zentrum der den Koalitionen eingeräumten Möglichkeiten zur Verfolgung ihrer Zwecke".[85]

An die für das Phänomen „Autonomie" erforderliche Betroffenheit könnten zudem bedingt durch die spezielle Struktur des Tarifvertragsschlusses geringere Anforderungen zu stellen sein: Die Vertragspartei, die durch den Tarifvertragsschluss die privatautonome Regelsetzung herbeiführt und über die Inhalte verhandelt, ist – zumindest auf Arbeitnehmerseite – nicht der einzelne Betroffene, sondern das satzungsrechtlich zum Vertragsschluss berufene Organ der Koalition. Die im Vertragsschluss liegende Wahrnehmung der kollektiven Privatautonomie geht damit ohnehin nicht unmittelbar vom Betroffenen aus. Der

---

82 UBGH/*Hurst*, § 8 Rn. 66; Däubler/*Heuschmid*, TVG, § 1 Rn. 811; *Sansone*, Gleichstellung, S. 363; *Rieble*, BB 2012, 2177; vgl. *Karthaus/Klebe*, FS Kempen, S. 295, 297, Fn. 9.

83 Vgl. nur BAG 7.7.2010 – 4 AZR 549/08, BAGE 135, 80, Rn. 55; BAG 22.9.2009 – 1 AZR 972/08, BAGE 132, 140, Rn. 18; NK-GA/*Hanau*, GG, Art. 9 Rn. 12; ErfK/*Linsenmaier*, GG, Art. 9 Rn. 39; BeckOK GG/*Cornils*, GG, Art. 9 Rn. 44; Däubler/*Däubler*, TVG, Einl. Rn. 86; krit. HMB/*Engels*, Teil 1 Rn. 20.

84 BAG 7.7.2010 – 4 AZR 549/08, BAGE 135, 80, Rn. 55; BAG 22.9.2009 – 1 AZR 972/08, BAGE 132, 140, Rn. 18; BAG 19.6.2007 – 1 AZR 396/06, BAGE 123, 134, Rn. 11.

85 BAG 7.7.2010 – 4 AZR 549/08, BAGE 135, 80, Rn. 55.

Tarifvertrag ist daher in gewissem Umfang stets Rechtserzeugung für Dritte.[86] Damit diese Rechtsetzung als Ausdruck autonomen Handelns verstanden werden kann – und als solche schutzwürdig ist –, ist ein Rechtsverhältnis zwischen Handelndem und Dritten erforderlich.[87] Im Regelfall und der überwiegenden Masse der Tarifverträge wird dieses Rechtsverhältnis grds.[88] im Koalitionsbeitritt zu sehen sein.[89]

Es ist allerdings – wie in der Arbeitnehmerüberlassung geschehen – denkbar, dass eine Gewerkschaft tarifvertraglich die Arbeitsbedingungen von Arbeitnehmern bestimmt, ohne überhaupt irgendeine mitgliedschaftliche Legitimation durch die Betroffenen aufweisen zu können.[90] Eine Legitimierung dieser Rechtsetzung lässt sich nur behaupten, wenn man den Koalitionen schon aus sich selbst heraus eine Befugnis zur Regelung der Arbeitsbedingungen zugestehen möchte[91] – unter Verzicht auf jedwede mitgliedschaftliche Legitimation. Dieses Verständnis führt zu der Vorstellung einer originären Rechtsetzungsbefugnis der Tarifvertragsparteien als intermediäre Gewalten.[92] Ein solches Verständnis lässt sich auf *v. Gierke* zurückführen, der die einzelnen Mitglieder als „Glieder von höheren Ganzen“[93] betrachtete, die einen Teil ihres Wesens an das Kollektiv abgeben, und so die „Existenzgefahren des isolierten Atoms“[94] überwinden.

---

86 Zumindest bzgl. des normativen Teils, nicht hingegen bzgl. des obligatorischen Teils, der nur schuldrechtlich zwischen den Tarifvertragsparteien wirkt, vgl. dazu HMB/*Hexel*, Teil 4 Rn. 113 ff.

87 Dazu B. II. 1.; allg. Staudinger/*Olzen*, BGB, Einl. zum Schuldrecht Rn. 51.

88 Zur Problematik des Grundrechtsverzichts vgl. B. I. 2. b.

89 *Picker*, FS 50 Jahre BAG, S. 795, 802 spricht treffend eine *„privatautonome Autorisation der Koalitionen* zum rechtsverbindlichen Handeln für Dritte“ an.

90 Erreicht wird dieses Ergebnis in der Arbeitnehmerüberlassung durch die individualvertragliche Bezugnahme der Tarifverträge, näher dazu C. I. 4. e. bb).

91 Krit. insbes. mit Blick auf die Beteiligung an der Festsetzung von Mindestlöhnen NK-GA/*Hanau*, GG, Art. 9, Rn. 14 („Fehlinterpretation“); abl. zur rechtstheoretischen Vorstellung einer „erweiterten Autonomie“ der Koalitionen schon BVerfG 24.5.1977 – 2 BvL 11/74, BVerfGE 44, 322, Rn. 66.

92 Ausf. Ablehnung *Hartmann*, Negative Tarifvertragsfreiheit, S. 108 ff.; NK-GA/*Hanau*, GG, Art. 9 Rn. 14; *Picker*, FS 50 Jahre BAG, S. 795 ff., der konstatiert, dass die Koalitionen in tatsächlicher Hinsicht als eine „Art dritter Gewalt“ fungieren, da sie aufgrund einer „Naturgesetzlichkeit von Verbänden“ zu einer „Akkumulierung von Macht“ neigen, *Picker*, FS 50 Jahre BAG, S. 795, 801.

93 *v. Gierke*, Privatrecht Bd. 1, S. 26.

94 *v. Gierke*, Genossenschaftsrecht Bd. 1, S. 1048.

Es entstehe so eine Zuständigkeit der Verbände als kollektive Persönlichkeiten zwischen Staat und Individuum.[95]

Gegen diesen Ansatz spricht die historisch gewachsene Bedeutung der kollektiven Koalitionsfreiheit.[96] Primäres Ziel der Kollektivierung der Interessenwahrnehmung ist es, die strukturelle Unterlegenheit zu beheben. In diesem Kontext ist auch die grundrechtliche Absicherung des Kollektivs zu verstehen: Die Koalition ist lediglich das Mittel zu dem Zweck, um die Autonomie des Einzelnen zu sichern – Mittelpunkt der Betrachtung muss der Einzelne bleiben.[97] Geht man hingegen von der Gewerkschaft als intermediärer, aus sich selbst heraus legitimierter Gewalt aus, entfernt man sich von dem Grundgedanken der freiheitlichen Selbstbestimmung[98] und öffnet einer Fremdbestimmung Tür und Tor – die Tarifautonomie büßt ihr autonomes Wesen ein und läuft Gefahr zu einem „Baum ohne Wurzeln" zu werden.[99]

Fehlt es – wie in der Arbeitnehmerüberlassung – mangels hinreichender Organistationsgrade vollständig an einer Rückbindung an die von der Regelung Betroffenen, steht die Qualität des Tarifvertrags als autonome Regelung in Zweifel. Folglich begegnet es dogmatischen Bedenken, in der Arbeitnehmerüberlassung all jene Privilegien voll wirksam werden zu lassen, die Tarifverträgen aufgrund des autonomen Charakters gewährt werden.[100]

2. Absicherung funktionsgerechter Selbstbestimmung durch das Tarifrecht

Eine weitere namhafte Funktionsvoraussetzung der Privatautonomie – und damit auch der Tarifautonomie – ist die (Verhandlungs-)Parität der am Prozess beteiligten Parteien. Erst das (annähernde) Gleichgewicht führt dazu, dass die

---

95 Vgl. krit. dazu *Picker*, NZA 2002, 761, 763; dass diese Situation zumindest faktisch eingetreten ist, gesteht *Picker*, FS 50 Jahre BAG, S. 795, 798.

96 Ausf. dazu *Picker*, FS 50 Jahre BAG, S. 795, 802 ff.; *Hartmann*, Negative Tarifvertragsfreiheit, S. 108 ff.; NK-GA/*Hanau*, GG, Art. 9 Rn. 14.

97 *Bayreuther*, Tarifautonomie, S. 59 f.; *Richardi*, NZA 2013, 408; ausf. mit geschichtlicher Herleitung *Picker*, FS 50 Jahre BAG, S. 795, 802, 823; *Picker*, ZfA 1986, 199, 256 ff.; *Picker*, NZA 2002, 761, 768; vgl. auch *Ulber*, Tarifdispositives Gesetzesrecht, S. 320 ff.

98 Ausf. *Schwarze*, RdA 2001, 208 ff.

99 So die plastische Beschreibung von *Richardi*, NZA 2013, 408.

100 Näher dazu C. I. 4. d. bb).

vertragliche Regelung sich als sachgerechter Ausgleich der Interessen darstellt und als Ausdruck der Selbstbestimmung Anerkennung verdient.[101]

a. *Parität und Tariffähigkeit*

Das Paritätserfordernis ist im kollektiven Arbeitsrecht ein zentraler Aspekt: Er hat Auswirkungen auf die Rechtmäßigkeit von Arbeitskampfmaßnahmen[102] und ist ein Anliegen, das mit dem Erfordernis der Tariffähigkeit abgesichert werden soll.[103] *Schüren*[104] hat in diesem Zusammenhang die Frage aufgeworfen, ob bereits diese Verhandlungsmacht nicht nur notwendige, sondern auch schon hinreichende Voraussetzung für die interessengerechte, autonome Gestaltung der Arbeits- und Wirtschaftsbedingungen ist. Die Frage, ob im Einzelfall eine annähernde Parität der Beteiligten vorliegt, lässt sich daran festmachen, ob die Möglichkeit besteht, auf die Gegenseite einen Druck auszuüben, der geeignet ist, der eigenen Position Gewicht zu verleihen.[105]

Schüren bejaht dies für Tarifverträge in der Arbeitnehmerüberlassung, da eine realistische Möglichkeit der Druckentfaltung im Wege des Boykotts im Entleihbetrieb liege.[106] Die Tarifgemeinschaft der DGB-Gewerkschaften, als derzeit einzige[107] ins Tarifgeschehen eingreifende Akteurin auf Arbeitnehmerseite, sei in der Lage, aufgrund der recht hohen Organisationsgrade der Stammarbeitnehmer Druck auf die Verleiher aufzubauen, indem die Stammarbeitnehmer die Arbeit mit Leiharbeitnehmern bis zum Abschluss eines Tarifvertrags boykottieren.

Schüren konzediert, dass diese Arbeitskampfmaßnahme nah an das Phänomen des Sympathiestreiks heranrückt.[108] Das BAG erachtet solche Maßnahmen

---

101 BVerfG 28.1.1992 – 1 BvR 1025/82, 1 BvL 16/83, 1 BvL 10/91, BVerfGE 85, 191, Rn. 70; vgl. auch BVerfG 23.11.2006 – 1 BvR 1909/06, NJW 2007, 286, Rn. 46.

102 Vgl. BAG 19.6.2007 – 1 AZR 396/06, BAGE 123, 134, Rn. 20; ErfK/*Linsenmaier*, GG, Art. 9 Rn. 112 f. mwN.

103 So zumindest die ghM, BVerfG 20.10.1981 – 1 BvR 404/78, BVerfGE 58, 233; BAG 9.7.1968 – 1 ABR 2/67, BAGE 21, 98; Däubler/*Peter*, TVG, § 2 Rn. 2 f.

104 Vgl. *Schüren*, FS 50 Jahre BAG, S. 877, 880 ff.

105 BVerfG 20.10.1981 – 1 BvR 404/78, BVerfGE 58, 233, Rn. 50 spricht davon, dass nicht die „Chance des vollständigen Sieges" für die Koalition bestehen muss, sondern dass sie vom Gegner ernst genommen wird; BAG 28.3.2006 – 1 ABR 58/04, BAGE 117, 308, Rn. 45; *Löwisch/Rieble*, TVG, § 2 Rn. 178; *Schüren*, FS 50 Jahre BAG, S. 877, 882; krit. zur Gegengewichtsprinzip Wiedemann/*Oetker*, TVG, § 2 Rn. 403 ff.

106 *Schüren*, FS 50 Jahre BAG, S. 877, 883.

107 Näheres zur derzeitigen Tarifvertragslandschaft s. C. I. 4. b.; zur Frage, ob eine leiharbeitnehmereigene Gewerkschaft realistisch ist s. C. I. 5. c.

108 *Schüren*, FS 50 Jahre BAG, S. 877, 883.

erst als rechtswidrig, wenn sie zur Unterstützung des Hauptarbeitskampfs offensichtlich ungeeignet, nicht erforderlich oder unter Berücksichtigung der schützenswerten Interessen der betroffenen Dritten unangemessen sind.[109] *Schüren* geht von der Rechtmäßigkeit dieser Maßnahme aus und sieht auch die Legitimation der Interessenvertretung als gegeben an.[110] Maßgeblich dafür sei die Möglichkeit der Leiharbeitnehmer, durch den Beitritt zur Gewerkschaft ihre Interessenvertretung zu verwirklichen. Die Leiharbeitnehmer seien daher – anders als sonstige Randgruppen, die innerverbandliche Minderheiten darstellen – der „virtuellen Repräsentation“[111] nicht schutzlos ausgeliefert.[112]

Gegen diese Vermutung sprechen schon die Zahlenverhältnisse: Stellt man den ca. sechs Millionen Mitgliedern der DGB-Gewerkschaften[113] die vergleichsweise geringe Anzahl der Leiharbeitnehmer gegenüber,[114] ist zweifelhaft, ob die Leiharbeitnehmer tatsächlich je mehr als eine bloße Minderheit und Randgruppe in den jeweiligen Gewerkschaften darstellen könnten – selbst wenn sie zu einer der organisationswilligsten Arbeitnehmergruppen avancierten.[115]

b. Konnex von Tariffähigkeit und -zuständigkeit

Die Tariffähigkeit kann zunächst[116] nur als erste Hürde verstanden werden, um grundsätzlich zu klären, ob der strukturellen Unterlegenheit in hinreichendem

109 Vgl. nur BAG 19.6.2007 – 1 AZR 396/06, BAGE 123, 134, Rn. 32 mwN.

110 *Schüren*, FS 50 Jahre BAG, S. 877, 883 ff.

111 Krit. *Schwarze*, RdA 2001, 208 ff.

112 *Schüren*, FS 50 Jahre BAG, S. 877, 885.

113 Mitgliederzahlen der DGB-Gewerkschaften 2016, abrufbar unter http://www.dgb.de/uber-uns/dgb-heute/mitgliederzahlen/2010 (zul. abgerufen am 27.8.2017); die Arbeitnehmerüberlassung lässt sich am ehesten noch dem Dienstleistungssektor zuschreiben, vgl. Klassifikation der Wirtschaftszweige, Ausgabe 2008 Ziff. 78. Als solche kommt ver.di – mit über zwei Millionen Mitgliedern – als sachnächste Gewerkschaft grds. in Betracht. Den Leiharbeitnehmern würde also nicht nur ein ganz erheblicher Organisationsgrad abverlangt, um keine bloße Randgruppe mehr darzustellen, sondern auch, dass sie – trotz des branchenübergreifenden Charakters der Leiharbeit – sich in einer einzigen Gewerkschaft organisieren; zu den Auswirkungen des § 4a TVG s. C. I. 5. c. bb).

114 2015 wurden zum ersten Mal in der Geschichte der Aufzeichnung über eine Million Leiharbeitnehmer registriert, Arbeitsmarktberichterstattung der BA (Januar 2017): Blickpunkte Arbeitsmarkt – Aktuelle Entwicklungen der Zeitarbeit, S. 7 Abb. 2.

115 Zur Möglichkeit einer leiharbeitnehmereigenen Gewerkschaft s. C. I. 5. c.

116 Weiterführend zur Frage, ob eine relative/partielle Tariffähigkeit zielführend ist unter B. III. 2. c. aa).

Umfang entgegengewirkt wurde – ob also auf den ersten Blick eine annähernde Parität vorliegt. Im Vordergrund steht der Schutz der Koalition und ihrer Mitglieder vor einem oktroyierten Vertrag.[117] Die Tariffähigkeit kann jedoch nicht sicherstellen, dass tatsächlich Selbstbestimmung im Sinne echter Autonomie vorliegt, da sich keine Rückschlüsse auf die Betroffenheit ziehen lassen.

Das Erfordernis der Tariffähigkeit ist damit zwar eine wertvolle Maßgabe, um die Parität in den Verhandlungen als Aspekt der Selbstbestimmung annehmen zu können. Einen Rückschluss darauf, ob (verbandsintern) eine hinreichende Interessenberücksichtigung der vom Tarifvertrag Betroffenen und damit die für echte Autonomie erforderliche mitgliedschaftliche Legitimation besteht, vermag sie hingegen nicht zu leisten.[118] Denn nicht schon das Wirken einer Arbeitnehmervereinigung an sich führt zu Legitimation und Autonomie, sondern erst die „authentische Berücksichtigung der Mitgliederinteressen legitimiert die Normsetzung durch die Normunterworfenen."[119] Freilich ist es schwierig zu bestimmen, wann die „Authentizität der Vertretung der Mitgliederinteressen bei der tariflichen Normsetzung"[120] in hinreichendem Maße gewahrt ist.

An dieser Stelle wird die zweite Voraussetzung der Wirksamkeit von Tarifverträgen relevant: die Tarifzuständigkeit.[121] Tariffähigkeit und -zuständigkeit bilden „zentrale Zugangsfragen für die Koalitionsbetätigung".[122] Die zunächst einmal umfassende Kompetenz, die die Tariffähigkeit der Koalition verleiht, wird durch die in der Satzung autonom festgelegte Tarifzuständigkeit eingeengt.[123] Zweck dieses Erfordernisses ist es unter anderem,[124] die Kompetenz und Sachnähe der Koalitionen abzusichern.[125] Während also die Tariffähigkeit vor allem die

---

117 *Ricken*, Autonomie und tarifliche Rechtssetzung, S. 154.

118 *Ricken*, Autonomie und tarifliche Rechtssetzung, S. 154 f.

119 *Schüren*, Legitimation der tariflichen Normsetzung, S. 285; vgl. auch *Ricken*, Autonomie und tarifliche Rechtssetzung, S. 155; *Teubner*, Organisationsdemokratie und Verbandsverfassung, S. 248 ff.

120 *Schüren*, Legitimation der tariflichen Normsetzung, S. 285.

121 Ausf. zur Tarifzuständigkeit jener Gewerkschaften, die in der Arbeitnehmerüberlassung aktiv sind B. III. 2. c. bb).

122 *Greiner*, Rechtsfragen, S. 179.

123 *Konzen*, FS Kraft, S. 291, 292; *Stoppelmann*, Tariffähigkeit und Tarifzuständigkeit, S. 129, 136.

124 Vgl. dazu HMB/*Sittard*, Teil 2 Rn. 206; *Greiner*, Rechtsfragen, S. 184; *Rieble*, FS Buchner, S. 756, 761 ff.

125 *Preis*, Kollektivarbeitsrecht, Rn. 333; obgleich zu konzedieren ist, dass dieses Ziel nur eingeschränkt erreicht werden kann, da die Satzungsautonomie weitreichende Spielräume gewährt, HMB/*Sittard*, Teil 2 Rn. 206; vgl. *Greiner*, Rechtsfragen, S. 184 f.

Durchsetzungsfähigkeit der Koalition in den Blick nimmt und die Tarifautonomie an dieser Front sichern möchte,[126] zielt die Tarifzuständigkeit darauf ab, eine authentische Interessenwahrnehmung zu sichern.[127] Nur wenn der Beitretende erkennen kann, dass der Verband Tarifverträge für einen bestimmten Bereich abschließen will, lässt sich der Koalitionsbeitritt als Unterwerfungserklärung verstehen[128] – ein bedeutsamer Aspekt in einem auf mitgliedschaftliche Legitimation aufbauenden Tarifsystem.[129]

Gesehen werden muss jedoch auch, dass zu strenge Zugangsvoraussetzungen dem Tarifsystem seine Funktionalität rauben würden.[130] Tariffähigkeit und Tarifzuständigkeit dürfen daher nur sehr niederschwellig den Zugang zur Koalitionsbetätigung verhindern, da sonst bei jedem Tarifvertrag aufs Neue die Gefahr der Unwirksamkeit bestünde. Es darf, um Praktikabilität und Rechtssicherheit des Tarifsystems zu gewährleisten, erst – wie im Einzelnen noch zu zeigen ist[131] – das vollständige Fehlen der Authentizität Auswirkungen auf die Tarifzuständigkeit haben.

c. *Struktur der Tarif- und Koalitionslandschaft*

Die Struktur der Tariflandschaft in der Leiharbeit ist damit für die Frage nach der Tauglichkeit tarifdispositiven Gesetzesrechts von Bedeutung: Nur wenn die Gewerkschaften, in denen sich Leiharbeitnehmer organisieren, das Machtungleichgewicht auch tatsächlich ausgleichen können, vermögen die Abweichungstarifverträge die Funktion zu erfüllen, die ihnen im tarifdispositiven Gesetzesrecht zukommen soll: Einen adäquaten Ausgleich für die aufgegebenen sozialen Errungenschaften zu bewirken.[132]

Die enge Verknüpfung zwischen Kräfteverhältnis und freier Selbstbestimmung tritt bei Tarifverträgen deutlich zutage – sollen sie doch die strukturelle Unterlegenheit des Arbeitnehmers auf kollektiver Ebene kompensieren und auf diese

---

126 HMB/*Greiner*, Teil 2 Rn. 36; *Ricken*, Autonomie und tarifliche Rechtssetzung, S. 155.

127 *Ricken*, Autonomie und tarifliche Rechtssetzung, S. 155; allg. dazu *Schüren*, Legitimation der tariflichen Normsetzung, S. 248 ff.

128 Vgl. *Rieble*, FS Buchner, S. 756, 762; *Löwisch*, ZfA 1970, 295, 304.

129 Dazu B. I.; C. I. 4. e. bb) (b).

130 Ausf. s. B. III. 2. c.; vgl. auch *Greiner*, Rechtsfragen, S. 185, 187.

131 Ausf. zu der anzustellenden Evidenzkontrolle s. B. III. 2. c. bb) (c).

132 S. dazu B. IV. 1.

Weise ein gleichgewichtiges Aushandeln der Arbeitsbedingungen gewährleisten.[133] Das Paritätsgebot wird damit ein „systemischer Bestandteil der Tarifautonomie".[134] Erst die auf einem ausgewogenen Kräfteverhältnis fußende freie Selbstbestimmung schafft die Grundlage für die weitreichende Anerkennung des Tarifvertrags und seiner Richtigkeitsgewähr.[135] Um dieses ausgewogene Kräfteverhältnis zu erreichen, sind die Koalitionen auf einen entsprechend hohen – bzw. durchsetzungsfähigen – Mitgliederbestand angewiesen.[136] Der Staat kann sich nur dann aus dem Arbeitsleben zurückziehen und die staatliche Aufgabe der Festlegung von Arbeitsbedingungen einem anderen System – wie dem Tarifvertragssystem – überantworten, wenn dieses System auch funktionsfähig ist. Von hervorgehobener Bedeutung ist dann, dass in diesem alternativen System auch die Akteure selbst der Funktion gerecht werden können und eine entsprechende Zuverlässigkeit und Verantwortung aufweisen.[137]

aa) Tariffähigkeit

Eine Voraussetzung der Wirksamkeit von Tarifverträgen, die diese Funktionsfähigkeit sichern soll, ist die Tariffähigkeit.[138] Voraussetzungen der Tariffähigkeit sind, dass die Koalition „sich als satzungsgemäße Aufgabe die Wahrnehmung der Interessen ihrer Mitglieder in deren Eigenschaft als Arbeitnehmer gesetzt hat und willens ist, Tarifverträge abzuschließen. Sie muss frei gebildet, gegnerfrei, unabhängig und auf überbetrieblicher Grundlage organisiert sein und das

---

133 BVerfG 26.6.1991 – 1 BvR 779/85, BVerfGE 84, 212, Rn. 48; ErfK/*Franzen*, TVG, § 1 Rn. 2; HMB/*Greiner*, Teil 2 Rn. 35; *Löwisch/Rieble*, TVG, Grundlagen Rn. 26; *Sieber*, Tarifdispositives Recht, S. 99; *Buschmann*, FS Richardi, S. 93, 102 f.

134 So *Wiedemann*, BB 2013, 1397, 1398.

135 Ausführlich *Krämer*, Richtigkeitsgewähr, S. 51 ff.

136 *Löwisch/Rieble*, TVG, § 2 Rn. 178 f.; Stärke und Zuverlässigkeit der Gewerkschaften sind damit vertragsfunktionale Voraussetzung, vgl. HMB/*Greiner*, Teil 2 Rn. 36; *Rieble*, FS Wiedemann, S. 526.

137 HMB/*Greiner*, Teil 2 Rn. 33; Däubler/*Peter*, TVG, § 2 Rn. 2 f.; *Wank/Schmidt*, RdA 2008, 257, 258; von einer solchen Zuverlässigkeit auch gegenüber Außenseitern geht der Gesetzgeber auch bei tarifdispositivem Recht aus, Wiedemann/*Wiedemann*, TVG, Einl. Rn. 380; krit. für die Arbeitnehmerüberlassung und Ansätze einer Korrektur herausarbeitend *Ulber*, Tarifdispositives Gesetzesrecht, S. 495 ff., 595.

138 BVerfG 20.10.1981 – 1 BvR 404/78, BVerfGE 58, 233; BAG 9.7.1968 – 1 ABR 2/67, BAGE 21, 98; Däubler/*Peter*, TVG, § 2 Rn. 2 f.

geltende Tarifrecht als verbindlich anerkennen“[139] sowie eine leistungsfähige Organisation aufweisen.[140]

(a) Soziale Mächtigkeit

Das Kriterium, das im CGZP-Beschluss[141] von entscheidender Bedeutung und in der Arbeitnehmerüberlassung generell virulent ist, ist das der sozialen Mächtigkeit.[142] Bei einer Interpretation der Tarifautonomie als im Ausgangspunkt kollektiv ausgeübter Privatautonomie[143] dient das Erfordernis der Mächtigkeit dazu, den Tarifvertrag als fähiges Gestaltungsinstrument zu sichern.[144] Erwägungen zur Privatautonomie, wie sie im Nachtarbeitsurteil des BVerfG[145] zutage getreten sind, heben diesen Umstand hervor:

> Das dem Vertragsrecht zugrundeliegende Prinzip der Privatautonomie kann hinreichenden Schutz nur gewährleisten, soweit die Bedingungen freier Selbstbestimmung gegeben sind. Wo es an einem annähernden Kräftegleichgewicht der Beteiligten fehlt, ist mit den Mitteln des Vertragsrechts allein kein sachgerechter Ausgleich der Interessen zu gewährleisten.[146]

Die Organisationsstärke iSd. Mitgliederbestandes wird als starkes Indiz für bzw. gegen die Tariffähigkeit einer Koalition angeführt.[147] Dass der Mitgliederzahl entscheidende Bedeutung zukommt, betont das BAG im GKH-Beschluss.[148] Das BAG hat bereits bei Einführung der sozialen Mächtigkeit als Element der Tariffähigkeit betont, dass nicht allein die absolute Zahl der Mitglieder entscheidend

---

139 BAG 14.12.2010 – 1 ABR 19/10, BAGE 136, 302, Rn. 67.

140 BAG 14.12.2010 – 1 ABR 19/10, BAGE 136, 302, Rn. 67; BAG 5.10.2010 – 1 ABR 88/09, BAGE 136, 1, Rn. 29 f.

141 BAG 14.12.2010 – 1 ABR 19/10, BAGE 136, 302.

142 Zur Tariffähigkeit als Wirksamkeitsvoraussetzung allg. vgl. HMB/*Greiner*, Teil 2 Rn. 34; HWK/*Henssler*, TVG, § 2 Rn. 3.

143 Ausf. dazu B. I.; BAG 7.7.2010 – 4 AZR 549/08, NZA 2010, 1068; BAG 18.7.2006 – 1 ABR 36/05, NZA 2006, 1225, Rn. 55; *Bayreuther*, Tarifautonomie, S. 57 ff.; *Söllner*, RdA 1989, 144, 149.

144 So HMB/*Greiner*, Teil 2 Rn. 36; vgl. auch BAG 28.3.2006 – 1 ABR 58/04, BAGE 117, 308, Rn. 34; BAG 14.12.2004 – 1 ABR 51/03, BAGE 113, 82, Rn. 44; BAG 6.6.2000 – 1 ABR 10/99, BAGE 95, 36; BAG 16.1.1990 – 1 ABR 10/89, BAGE 64, 16, Rn. 30; BAG 25.11.1986 – 1 ABR 22/85, BAGE 53, 347.

145 BVerfG 28.1.1992 – 1 BvR 1025/82, 1 BvL 16/83, 1 BvL 10/91, BVerfGE 85, 191.

146 BVerfG 28.1.1992 – 1 BvR 1025/82, 1 BvL 16/83, 1 BvL 10/91, BVerfGE 85, 191, Rn. 70; vgl. auch BVerfG 23.11.2006 – 1 BvR 1909/06, NJW 2007, 286, Rn. 46.

147 Vgl. Thüsing/Braun/*Emmert*, Tarifrecht, 2. Kap. Rn. 40; *Wank/Schmidt*, RdA 2008, 257.

148 BAG 5.10.2010 – 1 ABR 88/09, BAGE 136, 1, Rn. 38.

ist, sondern auch eine geringe Mitgliederzahl ausreicht, sofern es sich „um unentbehrliche Schlüsselkräfte handelt".[149] Entscheidendes Kriterium ist demnach, ob Druck auf den Gegenspieler aufgebaut werden kann, den dieser nicht zu ignorieren in der Lage ist.[150] Zwar kann der zahlreiche Abschluss von Tarifverträgen die Tariffähigkeit indizieren,[151] gerade bei jungen Koalitionen jedoch nicht losgelöst von der Mitgliederzahl betrachtet werden.[152] Besonders für Tarifverträge im Bereich tarifdispositiven Gesetzesrechts kann der erfolgreiche Abschluss in der Vergangenheit nicht als Indikator für die Tariffähigkeit angeführt werden – aufgrund des evidenten Eigeninteresses des Arbeitgebers an einem absenkenden Tarifvertragsschluss kann nicht von einem Indiz für die Fähigkeit gesprochen werden, Druck auszuüben.[153]

Hier lässt sich ein Ansatzpunkt ausmachen, der die tarifdispositive Ausgestaltung in der Arbeitnehmerüberlassung zweifelhaft erscheinen lässt: Das allgemein konstatierte Problem schwindender Gewerkschaftszugehörigkeit[154] verschärft sich noch einmal für Leiharbeitnehmer – liegt der Organisationsgrad doch bei gerade einmal zwei Prozent.[155] Als Gründe dafür lassen sich verschiedene Faktoren anführen: Sei es das junge Alter der Leiharbeitnehmer[156] und der Umstand, dass die Gewerkschaftszugehörigkeit unter jüngeren Arbeitnehmern weniger verbreitet

149 BAG 9.7.1968 – 1 ABR 2/67, BAGE 21, 98, Rn. 26.

150 BAG 28.3.2006 – 1 ABR 58/04, BAGE 117, 308, Rn. 59 ff. unter Hinweis darauf, dass die Durchsetzungsfähigkeit uU anhand vergangener Tarifvertragsschlüsse belegt werden kann; dazu und zur Bewertung bei Schein- und Gefälligkeitstarifverträgen BAG 28.3.2006 – 1 ABR 58/04, BAGE 117, 308, Rn. 67 f.; HMB/*Greiner*, Teil 2 Rn. 65 ff.

151 BAG 28.3.2006 – 1 ABR 58/04, BAGE 117, 308, Rn. 59 ff.; dazu *Henssler*, Soziale Mächtigkeit und organisatorische Leistungsfähigkeit, S. 43.

152 BAG 5.10.2010 – 1 ABR 88/09, BAGE 136, 1, Rn. 43; *Greiner*, Anm. BAG 28.3.2006 – 1 ABR 58/04 – EzA TVG § 2 Nr. 28; *Henssler*, Soziale Mächtigkeit und organisatorische Leistungsfähigkeit, S. 43.

153 Ausf. mwN *Deinert*, NZA 2009, 1176, 1180.

154 *Isenhardt*, Relative Tariffähigkeit, S. 11; *Reichold*, RdA 2013, 108, 110; *Seiwerth*, NZA 2014, 708 mit Verweis auf BT-Drs. 17/2600, 326 f.; Amsterdam Institute for Advanced Labour Studies (Hrsg.): ICTWSS Database 2013, abrufbar unter www.uva-aias.net/208 (zul. abgerufen am 27.8.2017).

155 UBGH/*Hurst*, § 8 Rn. 66; Däubler/*Heuschmid*, TVG, § 1 Rn. 811; *Sansone*, Gleichstellung, S. 363; *Rieble*, BB 2012, 2177; vgl. *Karthaus/Klebe*, FS Kempen, S. 295, 297, Fn. 9.

156 Vgl. Arbeitsmarktberichterstattung der BA (Januar 2017): Blickpunkte Arbeitsmarkt – Aktuelle Entwicklungen der Zeitarbeit, S. 4.

ist, sei es das fehlende Gefühl einer einheitlichen Branchenzugehörigkeit.[157] Auch spielen für die fehlende Attraktivität der Gewerkschaftszugehörigkeit die Tarifdispositivität[158] und die aufgrund des Minderheitenstatus[159] fehlenden Einflussnahmemöglichkeiten[160] eine Rolle. Darüber hinaus besteht aufgrund des erhofften „Klebeeffekts" kein Interesse daran, in eine Gewerkschaft einzutreten.[161] Das unbestrittene Ergebnis ist, dass die Abweichungstarifverträge nahezu ausschließlich aufgrund individualvertraglicher Bezugnahme wirken – und nicht aufgrund der Gewerkschaftszugehörigkeit.[162]

Diese Problemstellung der sozialen Mächtigkeit, die der CGZP zum Verhängnis wurde, spricht aber zunächst nicht gegen die Tariffähigkeit der noch aktiven Gewerkschaften: Die von der CGZP hinterlassene Lücke wurde schnell von den DGB-Gewerkschaften gefüllt. Zwar sind auch in diesen Gewerkschaften die Organisationsgrade der Leiharbeitnehmer bescheiden,[163] doch lässt sich

157 Abl. zur Arbeitnehmerüberlassung als eigenständigem Wirtschaftszweig *Franzen*, BB 2009, 1472, 1473 f.; den branchenübergreifenden Charakter der Arbeitnehmerüberlassung betont *Fischer*, RdA 2013, 326, 327.

158 Zur Gefahr, dass Leiharbeitnehmer so zur Verhandlungsmasse werden s.o. C. I. 4. e. bb) (b).

159 *Schüren*, FS 50 Jahre BAG, S. 877, 885 geht erstaunlicherweise davon aus, das Problem des Minderheitenschutzes stelle sich nicht, da die Leiharbeitnehmer durch den Eintritt in die jeweilige Gewerkschaft ihre eigene Interessenwahrnehmung hinreichend verwirklichen könnten. Das ist angesichts der Zahlenverhältnisse äußerst zweifelhaft: Es sind ca. eine Million Menschen als Leiharbeitnehmer beschäftigt. Vergegenwärtigt man sich, dass die DGB-Gewerkschaften insgesamt ca. sechs Millionen Arbeitnehmer organisieren, müssten die Leiharbeitnehmer wohl zu einer der organisationswilligsten Arbeitnehmergruppen avancieren, um nicht mehr bloß eine innerverbandliche Minderheit zu bleiben. Vgl. Arbeitsmarktberichterstattung der BA (Januar 2017): Blickpunkte Arbeitsmarkt – Aktuelle Entwicklungen der Zeitarbeit, S. 7 Abb. 2; Mitgliederzahlen der DGB-Gewerkschaften 2016, abrufbar unter http://www.dgb.de/uber-uns/dgb-heute/mitgliederzahlen/2010 (zul. abgerufen am 27.8.2017).

160 Die dazu führt, dass die Leiharbeitnehmer zur Verhandlungsmasse bzw. zum Spielball im tarifpolitischen Ringen werden, näher dazu C. I. 4. e. bb) (b).

161 Dazu *Fischer*, RdA 2013, 326, 333.

162 *Waltermann*, FS Bepler, S. 569, 581 f.; *Waltermann*, RdA 2014, 86, 89; *Schlachter/Klauk*, AuR 2010, 354, 355.

163 Däubler/*Heuschmid*, TVG, § 1 Rn. 811; vgl. *Karthaus/Klebe*, FS Kempen, S. 295, 297, Fn. 9.

ihnen der Vorwurf mangelnder Tariffähigkeit wohl kaum machen,[164] zumal die DGB-Gewerkschaften sich für die Leiharbeit zu einer Tarifgemeinschaft zusammengeschlossen haben und es sich nicht wie bei der CGZP um eine Spitzenorganisation handelt.[165]

(b) Partielle oder absolute Tariffähigkeit?

Etwas anderes könnte man nur annehmen, wenn man von einer teilbaren, partiellen[166] Tariffähigkeit[167] ausginge. Diese Konstruktion zielt darauf ab, die Tariffähigkeit je nach persönlichem, fachlichem oder räumlichen Geltungsbereich des Tarifvertrags zu beurteilen. In letzter Konsequenz kann es nach dieser Sichtweise dazu kommen, dass ein und dieselbe Gewerkschaft für den einen Wirtschaftszweig wirksame Tarifverträge abschließen kann, für den anderen jedoch nicht. Für jene Tarifverträge, die ihren persönlichen Anwendungsbereich auf die Arbeitnehmerüberlassung begrenzen, könnte nicht von einer ausreichenden sozialen Mächtigkeit und Durchsetzungsmacht ausgegangen werden. Selbst für die DGB-Gewerkschaften dürfte die Tariffähigkeit dann ausscheiden – organisieren sie doch in diesem Bereich keine nennenswerte Anzahl an Arbeitnehmern.

Allerdings lässt die relative Tariffähigkeit es auch zu, dass Defizite im Hinblick auf den Organisationsgrad einer Berufsgruppe durch die Stärke in einer anderen Gruppe ausgeglichen werden. *Rieble*, als Schöpfer der Konstruktion, führt das Beispiel von Piloten und Bodenpersonal bzw. Metallarbeitern und IT-Arbeitnehmern

---

164 Anders LAG Baden-Württemberg 20.3.2012 – 22 Sa 71/11, DB 2013, 127; das BAG 19.12.2012 – 1 AZB 72/12, juris verwies die Sache zurück und hatte keine Zweifel an der Tariffähigkeit. Die Sache hat sich durch Rücknahme erledigt, BAG 13.11.2013 – 5 AZA 14/13, nv.; *Rieble*, BB 2012, 2177 zieht dagegen die Tarifzuständigkeit der DGB-Gewerkschaften in Zweifel; für die Gewerkschaft ver.di wurde die Tarifzuständigkeit für die Arbeitnehmerüberlassung vom LAG Hessen 16.1.2014 – 9 TaBV 127/13, juris bestätigt, während das BAG die Frage offen ließ, vgl. BAG 25.4.2017 – 1 ABR 62/14, juris, Rn. 19 ff.; BAG 26.1.2016 – 1 ABR 13/14, BAGE 154, 64, Rn. 25 ff.

165 Vgl. dazu *Fischer*, RdA 2013, 326, 332.

166 Der ursprünglich verwendete Begriff der relativen Tariffähigkeit wird als nicht hinreichend exakt gemieden, vgl. *Löwisch/Rieble*, TVG, 3. Aufl. 2012, § 2 Rn. 20; *Franzen*, BB 2009, 1472, 1476, Fn. 50. Stattdessen wird von einer partiellen Tariffähigkeit gesprochen, so auch BAG 28.3.2006 – 1 ABR 58/04, BAGE 117, 308, Rn. 56.

167 Grundlegend *Rieble*, FS Wiedemann S. 519, 526 ff.; vgl. auch *Löwisch/Rieble*, TVG, § 2 Rn. 23 ff.; *Henssler*, Soziale Mächtigkeit und organisatorische Leistungsfähigkeit, S. 35 ff.; *Fuest*, Die demokratische Struktur von Spartengewerkschaften, S. 283 ff.; *Dütz*, DB 1996, 2385, 2389 f.; differenzierend *Isenhardt*, Relative Tariffähigkeit, S. 121 ff., 143 ff.; *Bayreuther*, BB 2005, 2633, 2637 f.

an.[168] Ausschlaggebend für eine Kompensation soll jedoch sein, dass das Beschäftigungsverhältnis den gleichen Arbeitgeber betrifft – eine Situation, die in der Arbeitnehmerüberlassung aufgrund der gespaltenen Arbeitgeberstellung nicht gegeben ist, beziehen die Gewerkschaftssatzungen sich doch auch auf Arbeitnehmer, die in die von der Satzung erfassten Betriebe überlassen werden, ohne dass an den Arbeitgeber angeknüpft würde.[169]

Die Rechtsprechung[170] und der überwiegende Teil der Literatur[171] gehen demgegenüber von einer unteilbaren Tariffähigkeit aus – das bedeutet, dass eine Gewerkschaft insgesamt tariffähig ist, sobald sie „Durchsetzungskraft und organisatorische Leistungsfähigkeit in einem zumindest nicht unerheblichen Teil des beanspruchten Zuständigkeitsbereichs besitzt".[172] Der beanspruchte Zuständigkeitsbereich – in räumlicher wie fachlicher Hinsicht – ergibt sich aus der Satzung der Gewerkschaft.[173] Legt man diese Sichtweise zugrunde, kommen keine Zweifel an der Tariffähigkeit der DGB-Gewerkschaften auf: Durchsetzungskraft und organisatorische Leistungsfähigkeit beziehen sie aus ihrem „Kerngeschäft" – die Arbeitnehmerüberlassung wird in den Satzungen der DGB-Gewerkschaften gewissermaßen als Annex[174] zu diesem Kerngeschäft verstanden.

---

168 *Rieble*, FS Wiedemann, S. 518, 533.

169 Vgl. § 2 Nr. 2 iVm. Anlage 1 Nr. 4 aE Satzung IG BAU, abrufbar unter: https://www.igbau.de/Binaries/Binary10751/Beihefter_GS_Druckdatei.pdf; § 1 Abs. 3 Satzung IG BCE, abrufbar unter: https://www.igbce.de/blob/8538/33965397ae49855f68cf6bea9baef28e/satzung-data.pdf; § 3 Abs. 1 iVm. Anhang 2 Satzung IG Metall, abrufbar unter: https://www.igmetall.de/docs_4257762_IGM_Satzung_screen_e1588f09eddcc914462821a9a3ef6c00aaa6136d.pdf; § 4 Abs. 1 iVm. Anhang 1 unter 1.2.4. Satzung ver.di, abrufbar unter: https://www.verdi.de/++file++5073a207deb5011af9001810/download/ver.di-Satzung.pdf (jew. zul. abgerufen am 27.8.2017).

170 Grundlegend BAG 28.3.2006 – 1 ABR 58/04, BAGE 117, 308, Rn. 56; nachfolgend BAG 14.12.2010 – 1 ABR 19/10, BAGE 136, 302, Rn. 81; BAG 5.10.2010 – 1 ABR 88/09, BAGE 136, 1, Rn. 24.

171 Däubler/*Peter*, TVG, § 2 Rn. 15; ErfK/*Franzen*, TVG § 2 Rn. 13; HMB/*Greiner*, Teil 2 Rn. 86 ff.; *Doerlich*, Tariffähigkeit, S. 243 ff.; *Greiner*, Rechtsfragen, S. 237 ff.; *Kissel*, Arbeitskampfrecht, S. 106 f.; *Ricken*, Autonomie und tarifliche Rechtssetzung, S. 158 ff.; Wiedemann/*Oetker*, TVG, § 2 Rn. 394 f.

172 BAG 5.10.2010 – 1 ABR 88/09, BAGE 136, 1, Rn. 24; BAG 28.3.2006 – 1 ABR 58/04, BAGE 117, 308, Rn. 56; ganz ähnlich BAG 14.12.2010 – 1 ABR 19/10, BAGE 136, 302, Rn. 81.

173 BAG 10.2.2009 – 1 ABR 36/08, BAGE 129, 322, Rn. 27; BAG 18.7.2006 – 1 ABR 36/05, BAGE 119, 103, Rn. 41; BAG 29.6.2004 – 1 ABR 14/03, BAGE 111, 164, Rn. 35.

174 B. III. 2. c. bb); vgl. § 2 Nr. 2 iVm. Anlage 1 Nr. 4 aE Satzung IG BAU, abrufbar unter: https://www.igbau.de/Binaries/Binary10751/Beihefter_GS_Druckdatei.pdf;

(c) Streitentscheid

Für die partielle Tariffähigkeit wird ins Feld geführt, dass sie in der Lage ist, konsequent die Beziehung zwischen Mächtigkeit und Tariffähigkeit zu verwirklichen[175] und dass sie verhältnismäßig ist: Das Alles-oder-nichts-Prinzip fällt Pauschalurteile, wohingegen die partielle Tariffähigkeit gezielte Einzelfallurteile erlaubt.[176] Koalitionen würde dann nicht die Tariffähigkeit als Ganzes abgesprochen, sondern nur in den relevanten Teilen. Diese Einzelfallurteile sind zugleich Argument gegen die partielle Tariffähigkeit. Durch die Betonung von Einzelfallurteilen fehlt es an Rechtssicherheit und Stabilität:[177] Bei jedem Tarifvertragsschluss müsste erneut die Frage aufgeworfen werden, ob die Gewerkschaft für diesen Tarifvertrag überhaupt tariffähig ist.

Andererseits bietet die partielle Tariffähigkeit ein gewisses Maß an Bestandsschutz für Koalitionen, die ihren Zugriffsbereich ausweiten wollen, in diesen Bereichen aber nicht sozial mächtig sind: Ihnen könnte die Tariffähigkeit bei absoluter Betrachtung auch für Bereiche abgesprochen werden, in denen sie ohne Zweifel tariffähig sind.[178] Dieses Argument spricht aber an sich nicht gegen ein absolutes Verständnis, sondern hat sogar den positiven Effekt, dass Koalitionen bei Tarifvertragsschlüssen den Geltungsbereich bewusster fassen – es entsteht eine selbstregulierende Wirkung der absoluten Tariffähigkeit: Aufgrund der vorgenannten Gefahren werden sie darauf achten, keine Organisationsbereiche erschließen zu wollen, die mehr als nur unbedeutende Teilbereiche darstellen. Die ausreichende Mächtigkeit in einem nicht nur unbedeutenden Zuständigkeitsbereich wirkt insofern als Korrektiv.[179] Gewerkschaften, die in anderen Bereichen

§ 1 Abs. 3 Satzung IG BCE, abrufbar unter: https://www.igbce.de/blob/8538/33965397ae49855f68cf6bea9baef28e/satzung-data.pdf; § 3 Abs. 1 iVm. Anhang 2 Satzung IG Metall, abrufbar unter: https://www.igmetall.de/docs_4257762_IGM_Satzung_screen_e1588f09eddcc914462821a9a3ef6c00aaa6136d.pdf; § 4 Abs. 1 iVm. Anhang 1 unter 1.2.4. Satzung ver.di, abrufbar unter: https://www.verdi.de/++file++5073a207deb5011af9001810/download/ver.di-Satzung.pdf (jew. zul. abgerufen am 27.8.2017).

175 BAG 28.3.2006 – 1 ABR 58/04, BAGE 117, 308, Rn. 58.

176 NK-GA/*Krois*, TVG, § 2 Rn. 51; HMB/*Greiner*, Teil 2 Rn. 88, die letztlich die Konstruktion ablehnen.

177 BAG 28.3.2006 – 1 ABR 58/04, BAGE 117, 308, Rn. 58; NK-GA/*Krois*, TVG, § 2 Rn. 52; HMB/*Greiner*, Teil 2 Rn. 89; Thüsing/Braun/*Emmert*, Tarifrecht, 2. Kap. Rn. 48a; ErfK/*Franzen*, TVG, § 2 Rn. 13; Wiedemann/*Oetker*, TVG, § 2 Rn. 394; *Doerlich*, Tariffähigkeit, S. 243–323.

178 *Rieble*, FS Wiedemann, S. 518, 530; NK-GA/*Krois*, TVG, § 2 Rn. 51.

179 BAG 14.12.2010 – 1 ABR 19/10, BAGE 136, 302, Rn. 81; in diese Richtung auch BAG 28.3.2006 – 1 ABR 58/04, BAGE 117, 308, Rn. 60.

hinreichendes mitgliedschaftliches und organisatorisches Gewicht aufweisen, laufen nicht Gefahr, sich beim Tarifvertragsschluss einem Diktat der Arbeitgeberseite zu unterwerfen. Freilich stellt sich dann wieder die Frage, wie viel mehr Rechtssicherheit durch die Begrifflichkeit des zumindest nicht unerheblichen Teils des Zuständigkeitsbereichs gewonnen ist.[180]

Mit Blick auf das gesamte Tarifvertragssystems muss der absoluten Tariffähigkeit der Vorrang eingeräumt werden:[181] Zum einen können Gewerkschaften neue Betätigungsbereiche erschließen, ohne ihre Tariffähigkeit zu gefährden.[182] Die Gründung neuer Gewerkschaften wird dadurch vereinfacht, dass sie eher mit dem Abschluss wirksamer Tarifverträge werben kann.[183] Vor allen Dingen wird jedoch durch die absolute Tariffähigkeit das Tarifvertragssystem stabilisiert – die großen DGB-Gewerkschaften können sinkenden Organisationsgraden zum Trotz ihre Tariffähigkeit erhalten.[184] Dass die Gewerkschaften nur geringe Zahlen an Leiharbeitnehmern organisieren, trifft darüber hinaus genau den Vorteil, den die absolute Tariffähigkeit bereithält:

> Eine expandierende Koalition [...] kann ihre Bewährung auf anderen Gebieten und die daraus resultierende Tariffähigkeit nutzen, um sich weitere Betätigungsgebiete zu erschließen, mag sie auf diesen anfänglich auch noch über keinen hinreichenden Mitgliederbestand verfügen.[185]

Die absolute Tariffähigkeit kann dann als Mittel wirken, um Tarifgebiete zu etablieren und ggf. einen Anreiz zur Mitgliedschaft schaffen. Wenngleich dazu die Abweichungstarifverträge entsprechend attraktive Konditionen für Leiharbeitnehmer bereithalten müssten – was sich gegenwärtig stark bezweifeln lässt.

bb) Tarifzuständigkeit der Arbeitnehmervereinigungen

Damit der Tarifvertrag wirksam ist, müssen die tarifvertragschließenden Parteien neben der Tariffähigkeit nach allgemeiner Ansicht auch Tarifzuständigkeit besitzen.[186] Tarifzuständigkeit bedeutet die Fähigkeit eines an sich tariffähigen

---

180 *Löwisch/Rieble*, TVG; § 2 Rn. 29.
181 HMB/*Greiner*, Teil 2 Rn. 72 f., 89 f.
182 HMB/*Greiner*, Teil 2 Rn. 72 f., 89 f.
183 HMB/*Greiner*, Teil 2 Rn. 72 f., 89 f.
184 HMB/*Greiner*, Teil 2 Rn. 73, 89.
185 *Greiner*, Anm. zu EzA § 2 TVG Nr. 30, 31, S. 59.
186 BAG 14.1.2014 – 1 ABR 66/12, BAGE 147, 113, Rn. 49; BAG 25.6.2002 – 9 AZR 405/00, BAGE 101, 357, Rn. 38; BAG 27.11.1964 – 1 ABR 13/63, BAGE 16, 329, Rn. 16; BAG 27.7.1956 – 1 AZR 430/54, BAGE 3, 303; BeckOK ArbR/*Waas*, TVG, § 2 Rn. 46; HMB/*Sittard*, Teil 2 Rn. 205; Däubler/*Peter*, TVG, § 2 Rn. 186; Thüsing/

Verbandes, Tarifverträge mit einem bestimmten Geltungsbereich abschließen zu können.[187] Die Verbände bestimmen autonom in ihrer Satzung, für welchen örtlichen und fachlichen Bereich sie Tarifregelungen abschließen.[188] Die Verbände können den Umfang der Tarifzuständigkeit im Rahmen der Satzungsautonomie frei bestimmen, unterliegen allerdings dem Bestimmtheitserfordernis. Die Satzungen sind aufgrund der ihnen zukommenden normähnlichen Wirkung nach den Grundsätzen der Gesetzesinterpretation auszulegen.[189] Es kommt maßgeblich auf den objektivierten Willen des Satzungsgebers an, zu dessen Ermittlung zunächst der Wortlaut und der durch ihn vermittelte Wortsinn, ferner der Gesamtzusammenhang, der Sinn und Zweck und die Entstehungsgeschichte der Satzung heranzuziehen sind.[190] Auch die bisherige tatsächliche Handhabung und die Anschauungen der beteiligten Berufskreise können von Bedeutung sein. Unerheblich sind dagegen der tatsächliche Abschluss von Tarifverträgen oder die Praxis der Aufnahme von Mitgliedern als solche.[191] Während die Tarifzuständigkeit der Arbeitgeberverbände BAP und iGZ für die Arbeitnehmerüberlassung keinen Bedenken begegnet, da sie ausschließlich Personaldienstleister organisieren, bedürfen die Satzungen der Gewerkschaften einer näheren Betrachtung.[192]

Braun/*Emmert*, 2. Kap. Rn. 63, 192a; Wiedemann/*Oetker*, TVG, § 2 Rn. 52; zum Streitstand, welche Auswirkungen das Fehlen der Tarifzuständigkeit auf den Tarifvertrag hat *Ricken*, Autonomie und tarifliche Rechtsetzung, S. 244 ff.

187 BAG 24.7.1990 – 1 ABR 46/89, NZA 1991, 21, Rn. 41; BAG 27.11.1964 – 1 ABR 13/63, BAGE 16, 329, Rn. 16; *Junker*, ZfA 2007, 229, 232.

188 BAG 24.7.1990 – 1 ABR 46/89, NZA 1991, 21, Rn. 41; BAG 19.11.1985 – 1 ABR 37/83, BAGE 50, 179; ErfK/*Franzen*, TVG, § 2 Rn. 33; *Löwisch/Rieble*, TVG, § 2 Rn. 251; *Greiner*, Rechtsfragen, S. 183.

189 BAG 17.4.2012 – 1 ABR 5/11, BAGE 141, 110, Rn. 54 f.; BAG 10.2.2009 – 1 ABR 36/08, BAGE 129, 322, Rn. 27; BeckOK ArbR/*Waas*, TVG, § 2 Rn. 48; ErfK/*Franzen*, TVG, § 2 Rn. 33.

190 BAG 17.4.2012 – 1 ABR 5/11, BAGE 141, 110, Rn. 55; BAG 10.2.2009 – 1 ABR 36/08, BAGE 129, 322, Rn. 27.

191 BAG 10.2.2009 – 1 ABR 36/08, BAGE 129, 322, Rn. 27; BAG 29.6.2004 – 1 ABR 14/03, BAGE 111, 164, Rn. 35; BAG 24.7.1990 – 1 ABR 46/89, NZA 1991, 21, Rn. 49; diff. *Greiner*, Rechtsfragen, S. 185, der bei einer Tarifaktivität, die über den satzungsmäßigen Zuständigkeitsbereich hinausgeht, die Satzung „zuständigkeitsfreundlich“ auslegen möchte.

192 Das BAG ließ sich nicht zu der Frage aus, ob die IG-Metall Tarifzuständigkeit für die Arbeitnehmerüberlassung besitzt, BAG 25.4.2017 – 1 ABR 62/14, juris, Rn. 19 ff.; BAG 26.1.2016 – 1 ABR 13/14, BAGE 154, 64, Rn. 25 ff.

(a) Inhalt der Gewerkschaftssatzungen der DGB-Tarifgemeinschaft

Um die eigene Tarifzuständigkeit auf Arbeitnehmer der Arbeitnehmerüberlassung zu erstrecken, bedienen sich die Gewerkschaften, die sich in der DGB-Tarifgemeinschaft zusammengetan haben, im Wesentlichen zweier Formulierungen:[193] Zum einen sehen die Satzungen vor, dass eine Gesamtzuständigkeit für Verleihbetriebe besteht, die ausschließlich oder (ganz) überwiegend an Betriebe verleihen, die vom eigentlichen „Kerngeschäft" der Gewerkschaft erfasst sind. Zum anderen werden einzelne Leiharbeitnehmer erfasst, sobald – und solange – sie in einen Betrieb der Stammbranche entliehen werden – eine von *Rieble* als „Sekundär- oder Annexzuständigkeit"[194] bezeichnete Konstruktion. Die Formulierungen im Einzelnen:

- EVG:[195] „Beschäftigte, die von einem Verleihbetrieb an die vom Organisationsbereich der EVG erfassten Betriebe und/oder Unternehmen zur Arbeitsleistung überlassen werden sowie aus Verleihbetrieben, die ausschließlich oder ganz überwiegend an vom Organisationsbereich der EVG erfasste Betriebe Arbeitnehmerüberlassung betreiben."
- GdP:[196] „Mitglieder der GdP können die Beschäftigten und ehemals Beschäftigten der Polizei, Teilnehmerinnen und Teilnehmer an berufsvorbereitenden Ausbildungen für den Polizeiberuf sowie Beschäftigte der GdP und ihrer Wirtschaftsunternehmen werden, soweit sie sich zu den Zielen und Aufgaben der GdP bekennen. Dies gilt auch für die in diesen Bereichen beschäftigten Arbeitnehmerinnen und Arbeitnehmer aus der Arbeitnehmerüberlassung (Leiharbeit). […]"
- GEW:[197] „In ihrem Bereich ist die GEW zuständig für die ihr im Rahmen des DGB zufallenden Gruppen von Arbeitnehmerinnen und Arbeitnehmern, Beamtinnen und Beamte und nicht betriebsgebundene Freie Mitarbeiterinnen und Mitarbeiter. Dies gilt auch für die in diesen Bereichen

---

193 Ausf. dazu *Löwisch/Rieble*, TVG, § 2 Rn. 373.

194 *Rieble*, BB 2012, 2177, 2179.

195 § 2 g) Satzung EVG, abrufbar unter: https://www.evg-online.org/fileadmin/user_upload/16-07-27-Satzung_11_11_2015.pdf (zul. abgerufen am 27.8.2017).

196 § 4 Abs. 1 Satzung GdP abrufbar unter: https://www.gdp.de/gdp/gdp.nsf/res/E5CA8BF9747FB4DAC1257F5A00484D36/$file/141111GdPSatzung.pdf (zul. abgerufen am 27.8.2017).

197 § 6 Nr. 2 Satzung GEW, abrufbar unter: https://www.gew.de/fileadmin/media/publikationen/hv/GEW/Antrag_auf_Mitgliedschaft__Beitragsordnung__Satzung/GEW-Satzung_2016_web.pdf (zul. abgerufen am 27.8.2017).

beschäftigten Arbeitnehmerinnen und Arbeitnehmer aus Arbeitnehmerüberlassungen (Leiharbeit). [...]"

- IG BAU:[198] „Zum Organisationsbereich gehören zudem ArbeitnehmerInnen, die von einem Betrieb oder einer selbständigen Betriebsabteilung an vom Organisationsbereich erfasste Betriebe oder selbständige Betriebsabteilungen (Entleihbetriebe) zur Arbeitsleistung überlassen sind oder überwiegend überlassen werden, sowie aus Verleihbetrieben oder selbständigen Verleihbetriebsabteilungen, die überwiegend an vom Organisationsbereich erfasste Betriebe oder selbständige Betriebsabteilungen Arbeitnehmer überlassen."
- IG BCE:[199] „Mitglied werden können auch Arbeitnehmer/-innen, die von einem Verleihbetrieb an die vom Organisationsbereich der IG BCE erfassten Betriebe (Entleihbetrieb) zur Arbeitsleistung überlassen sind, sowie aus Verleihbetrieben, die ausschließlich oder ganz überwiegend an Betriebe Arbeitnehmerüberlassung betreiben, die vom Organisationsbereich der IG BCE erfasst werden"
- IG Metall:[200] „Der Organisationsbereich der IGMetall [...] umfasst [...] Arbeitnehmer/innen, die von einem Verleihbetrieb an die vom Organisationsbereich der IG Metall erfassten Betriebe (Entleihbetriebe) zur Arbeitsleistung überlassen sind, sowie Verleihbetriebe, die ausschließlich oder ganz überwiegend an Betriebe Arbeitnehmerüberlassung betreiben, die vom Organisationsbereich der IG Metall erfasst werden"
- NGG:[201] „Mitglied können Arbeitnehmer/innen werden, die in einem zum Organisationsbereich gehörenden Unternehmen oder Betrieb beschäftigt sind, als Leiharbeitnehmer/innen eingesetzt werden oder in einem Betrieb arbeiten, der ganz oder überwiegend Arbeitnehmerüberlassung an Betriebe betreibt, die vom Organisationsbereich der Gewerkschaft NGG erfasst sind oder eine einschlägige schulische Ausbildung erfahren. [...]"

---

198 Gem. § 2 Nr. 2 ist der Organisationskatalog in der Anlage Bestandteil der Satzung; § 4 Nr. 1 macht die Möglichkeit zum Eintritt davon abhängig, dass ein Beschäftigungsverhältnis vom Organisationsbereich erfasst ist; Anlage 1 Nr. 4 aE Satzung IG BAU, abrufbar unter: https://www.igbau.de/Binaries/Binary10751/Beihefter_GS_Druckdatei.pdf (zul. abgerufen am 27.8.2017).

199 § 1 Nr. 3 Abs. 3 Satzung IG BCE, abrufbar unter: https://www.igbce.de/blob/8538/33965397ae49855f68cf6bea9baef28e/satzung-data.pdf (zul. abgerufen am 27.8.2017).

200 § 3 Abs. 1 iVm. Anhang 2 Satzung IG Metall, abrufbar unter: https://www.igmetall.de/docs_4257762_IGM_Satzung_screen_e1588f09eddcc914462821a9a3ef6c00aaa6136d.pdf (zul. abgerufen am 27.8.2017).

201 § 4 Nr. 1 Satzung NGG, abrufbar unter: https://www.ngg.net/fileadmin/medien/2014/PDFs/grundsaetzliches/satzung_2014.pdf (zul. abgerufen am 27.8.2017).

- ver.di:[202] „Dies umfasst auch Betriebe der gewerblichen Arbeitnehmerüberlassung, sofern diese Leistungen für den allgemeinen Markt oder, ausschließlich oder überwiegend, Leistungen für Betriebe und Verwaltungen im Organisationsbereich der ver.di anbieten. Die Zuständigkeit erstreckt sich außerdem auf Arbeitnehmer/innen, die von einem Verleihbetrieb an die vom Organisationsbereich der ver.di erfassten Betriebe und Verwaltungen (Entleihbetrieb) zur Arbeitsleistung überlassen sind."

(b) Kritik an der Satzungspraxis

Während das LAG Hessen die Tarifzuständigkeit von ver.di festgestellt hat,[203] setzt sich die Literatur kritisch mit der Satzungspraxis auseinander. *Rieble* äußert erhebliche Bedenken an der Zulässigkeit der vorgenannten Satzungsbestimmungen.[204] Die Bedenken an der „Auffangzuständigkeit" von ver.di[205] und dem Mitwirken von EVG, NGG und GdP an der Tarifgemeinschaft dürften in der derzeit geltenden Fassung der Satzungen wegfallen. Ver.di beansprucht nicht mehr eine bloße Auffangzuständigkeit, sondern erfasst selbständig Betriebe des Organisationsbereichs. Die Satzungen der EVG, GdP und NGG enthalten in den aktuellen Fassungen Satzungsklauseln, die sich auf die Arbeitnehmerüberlassung beziehen – von „Gewerkschaften ohne jede Zuständigkeit"[206] kann nunmehr keine Rede sein.

(1) Entleihbezogene Alternative („Annexzuständigkeit")

Die Formulierung, nach der die Zuständigkeit für einzelne Arbeitnehmer begründet wird, sobald und solange sie in Betriebe der Stammbranche entliehen werden, findet sich in allen Satzungsbestimmungen der genannten DGB-Gewerkschaften. *Rieble* kritisiert an dieser Formulierung, dass ein Arbeitsverhältnis dann in Einsatzphasen unterschiedlicher Tarifzuständigkeit „aufgesplittet"

---

202 § 4 Abs. 1 iVm. Anhang 1 unter 1.2.4. Satzung ver.di, abrufbar unter: https://www.verdi.de/++file++5073a207deb5011af9001810/download/ver.di-Satzung.pdf (zul. abgerufen am 27.8.2017).

203 LAG Hessen 16.1.2014 – 9 TaBV 127/13, juris, Rn. 167 ff.; offenlassend BAG 25.4.2017 – 1 ABR 62/14, juris, Rn. 19 ff.; BAG 26.1.2016 – 1 ABR 13/14, BAGE 154, 64, Rn. 25 ff.; bejahend zur IG Metall ArbG Frankfurt 11.2.2014 – 4 BV 523/13, n.v.; keine Bedenken an der Tarifzuständigkeit *Bayreuther*, NZA 2017, 18, 19; *Bayreuther*, DB 2014, 717; *Bayreuther*, NZA 2012, 14, 15 f.

204 *Löwisch/Rieble*, TVG, § 2 Rn. 372 ff.

205 So noch *Löwisch/Rieble*, TVG, 3. Aufl. 2012, § 2 Rn. 223.

206 So noch *Löwisch/Rieble*, TVG, 3. Aufl. 2012, § 2 Rn. 225.

würde.[207] Eine einheitliche Tarifzuständigkeit für das Arbeitsverhältnis sei aber erforderlich – schließlich benenne § 4 Abs. 1 Satz 1 TVG das Arbeitsverhältnis als kleinste Geltungseinheit des Tarifvertrags. Jeder phasenweisen Tarifzuständigkeit sei damit die Wirksamkeit zu versagen.

Dieser Ansatz geht von einem verzerrten Verständnis der Tarifzuständigkeit aus. Die Tarifzuständigkeit ist keine Eigenschaft, die einem Arbeitsverhältnis zukommen könnte – die Formulierung von *Rieble*, „Individualarbeitsverhältnisse können nicht in Einsatzphasen mit unterschiedlicher Tarifzuständigkeit aufgesplittet werden", scheint demgegenüber von eben diesem Verständnis auszugehen. Die Tarifzuständigkeit ist die Festlegung des Organisationsbereichs der Gewerkschaft und bestimmt die äußerste Grenze der Tarifnormsetzung[208] – lediglich ein kollektives Gepräge ist erkennbar. Sie ist primär Innenrecht der Koalition und setzt den Rahmen für die Tariffähigkeit.[209] Ein Bezug zum Individualarbeitsverhältnis besteht nicht unmittelbar und kann nicht unter Berufung auf den Anknüpfungspunkt des Tarifvertrags begründet werden. Ob der Organisationsbereich betriebs-, unternehmens-, branchen-, berufs-, regional- oder personenbezogen festgelegt wird, ist eine von der verfassungsrechtlich geschützten Vereins- und Koalitionsfreiheit umfasste autonome Entscheidung.[210] Wenn eine rein betriebsbezogene Satzungsbestimmung keinen grundsätzlichen Bedenken begegnet, ist die von *Rieble* identifizierte uneinheitliche Tarifzuständigkeit lediglich Konsequenz der Besonderheit der Arbeitnehmerüberlassung als Drei-Personen-Verhältnis. Dieses Ergebnis legt auch der gesetzgeberische Wille nahe, der sich im Gleichbehandlungsgrundsatz realisiert:[211] Das Gesetz sieht vor, dass die Gleichbehandlung an den jeweiligen Einsatz beim Entleiher anknüpft – dass das Arbeitsverhältnis nicht durchgehend vom selben Tarifvertrag erfasst ist, ist dementsprechend sogar der gesetzlich vorgesehene Normalfall.

Zudem lässt sich die Formulierung als Ausdruck des gewerkschaftlichen Selbstverständnisses verstehen: Die DGB-Gewerkschaften knüpfen ihren Organisationsbereich, anders als Berufs-/Spartengewerkschaften, nicht an die Art der ausgeübten Tätigkeit an. Vielmehr verstehen sie sich als Vertretung aller Arbeitnehmer des Industriezweigs. Dass die Gewerkschaften auch den dort

207 *Löwisch/Rieble*, TVG § 2 Rn. 376; *Rieble*, BB 2012, 2177, 2179.

208 HMB/*Sittard*, Teil 2 Rn. 205.

209 Dazu *Greiner*, Rechtsfragen, S. 183 ff.

210 BAG 25.9.1996 – 1 ABR 4/96, BAGE 84, 166, Rn. 57; ErfK/*Franzen*, TVG, § 2 Rn. 34; Däubler/*Peter*, TVG, § 2 Rn. 187; *Ricken*, Autonomie und tarifliche Rechtsetzung, S. 150.

211 In diese Richtung wohl JKOS/*Schubert*, Tarifvertragsrecht, § 2 Rn. 185.

eingesetzten Leiharbeitnehmern die Mitgliedschaft eröffnen, ist nicht nur logische, sondern vielmehr zwingende Folge des Industrieverbandsprinzips und des Programmsatzes „ein Betrieb – eine Gewerkschaft". Jede Gewerkschaft, die sich als Vertretung all jener Arbeitnehmer versteht, die in den Betrieben des Organisationsbereichs zum Einsatz kommen, hat ein Interesse daran, auch Leiharbeitnehmer zu erfassen – schließlich sind diese genau wie Stammarbeitnehmer organisatorisch in die Betriebe eingegliedert und unterliegen dortigen Weisungen. Möchte eine Gewerkschaft die Arbeitsbedingungen in ihrem Organisationsbereich umfassend regeln, können sie angesichts der wachsenden Bedeutung der Arbeitnehmerüberlassung[212] die Leiharbeitnehmer nicht außen vor lassen.

Rieble kritisiert weiter, dass die Gewerkschaft sich mit der Beschränkung auf Einsatzphasen allen übergreifenden Arbeitsbedingungen verweigere[213] – also für alle Fragen, die das Arbeitsverhältnis als solches und nicht nur den Einsatz betreffen, keine Regelungsmacht beanspruche. Das führe zu einer Beschränkung der Tarifzuständigkeit auf Arbeitsbedingungen, die unzulässig sei. Während die Aussage im Grundsatz richtig ist – eine Tarifzuständigkeit auf einige Arbeitsbedingungen zu beschränken kommt tatsächlich nicht in Betracht[214] –, liegt sie doch in der Arbeitnehmerüberlassung nicht vor. Das veranschaulichen die Tarifverträge zwischen den DGB-Gewerkschaften und dem iGZ: *Rieble* vertritt den Standpunkt, eine nur phasenzuständige Gewerkschaft könne bei kurzen Einsätzen keine monatliche Arbeitszeit, kein Arbeitszeitkonto und nichts über Begründung/Beendigung des Arbeitsverhältnisses regeln. Auch seien keine Vorgaben für die Entgeltfortzahlung im einsatzfreien Krankheitsfall möglich.[215] Es entstünden auf diese Weise „Tabuzonen".[216]

Dieses Problem wird durch die Bildung der Tarifgemeinschaft gelöst: Es ist hinsichtlich der Tarifzuständigkeit für Tarifgemeinschaften nicht erforderlich, dass die Tarifzuständigkeit kongruent sein muss – die Mitglieder können unterschiedliche Zuständigkeiten „zusammenlegen".[217] Einmal Mitglied in einer der Gewerkschaften geworden, findet der Tarifvertrag dann Anwendung und die Regelungen entfalten Wirkung – unabhängig vom letztlichen Einsatzgebiet. Hierfür spricht

---

212 Arbeitsmarktberichterstattung der BA (Januar 2017): Blickpunkte Arbeitsmarkt – Aktuelle Entwicklungen der Zeitarbeit, S. 7 Abb. 2.

213 *Rieble*, BB 2012, 2177, 2179.

214 Vgl. Wiedemann/*Oetker*, TVG, § 2 Rn. 81.

215 *Rieble*, BB 2012, 2177, 2179.

216 *Rieble*, BB 2012, 2177, 2179.

217 *Löwisch/Rieble*, TVG, § 2 Rn. 551; Thüsing/Braun/*Emmert*, Tarifrecht, 2. Kap. Rn. 118; HMB/*Sittard*, Teil 2 Rn. 216.

auch die Richtlinie Organisationszuständigkeit Zeit- und Leiharbeit,[218] in der die DGB-Mitgliedsgewerkschaften sich im Jahr 2003 dazu verpflichteten, nur einheitliche Tarifverträge für die Arbeitnehmerüberlassung abzuschließen – gerade um die Geltung unterschiedlicher Regelungen zu vermeiden.

(2) Betriebsbezogene Alternative

Die Zuständigkeit für Arbeitnehmer solcher Betriebe, die (ganz) überwiegend Arbeitnehmerüberlassung an Betriebe der Stammbranche betreiben, begründen derzeit die Satzungen der EVG, IG BAU, IG BCE, IG Metall, NGG und ver.di.

Die Kritik von *Rieble* differenziert zwischen Bestimmungen, die lediglich auf eine überwiegende Tätigkeit der Verleihbetriebe abstellen und solchen, die eine „ganz" überwiegende Tätigkeit erfordern. Es fehle bei Wahl eines nicht näher bestimmten quantitativen Elements – also der zweitgenannten Alternative – an der Bestimmtheit.[219] Diese Auslegung ist deutlich strenger, als es die funktionale Einordnung, die die Anforderungen des Bestimmtheitsgebots vorgibt,[220] erforderlich macht. Das Bestimmtheitsgebot soll Transparenz[221] für Organe der Vereinigung, Gegenspieler und Dritte im Hinblick auf die Zuständigkeit schaffen.[222] Das bedeutet aber nicht, dass in jedem Fall eine völlig unstreitige Zuordnung verlangt ist. Vielmehr existiert kein Rechtsbegriff, der ohne Auslegung auskäme.[223] Letztlich ist es jeder Auslegung immanent, „dass sie keine vollständig unstreitige – über jeden Zweifel erhabene – Konkretisierung erzielt."[224] Auch muss die Satzungsbestimmung die Auslegungsbedürftigkeit nicht so gering wie irgend möglich halten[225] – sie muss lediglich „hinreichend"[226] bestimmt sein. Eine solche hinreichende Bestimmtheit lässt sich bei der infrage stehenden Satzungsbestimmung wohl im Einzelfall durch Auslegung erzielen. Gemessen an

218 Vgl. dazu BeckOK ArbR/*Motz*, AÜG, § 8 Rn. 69.3.

219 *Löwisch/Rieble*, TVG, § 2 Rn. 376; *Rieble*, BB 2012, 2177, 2180 f.

220 Dazu *Stoppelmann*, Tariffähigkeit und Tarifzuständigkeit, S. 144.

221 Angesichts fehlender Publizitätspflicht krit. *Greiner*, Rechtsfragen, S. 184.

222 BAG 10.2.2009 – 1 ABR 36/08, BAGE 129, 322, Rn. 38; vgl. *Stoppelmann*, Tariffähigkeit und Tarifzuständigkeit, S. 141.

223 *Rieble*, FS Buchner, S. 756, 769; *Stoppelmann*, Tariffähigkeit und Tarifzuständigkeit, S. 144.

224 *Stoppelmann*, Tariffähigkeit und Tarifzuständigkeit, S. 152.

225 *Stoppelmann*, Tariffähigkeit und Tarifzuständigkeit, S. 144.

226 HMB/*Sittard*, Teil 2 Rn. 212; Wiedemann/*Oetker*, TVG, § 2 Rn. 72; *Stoppelmann*, Tariffähigkeit und Tarifzuständigkeit, S. 144.

der Funktion des Bestimmtheitsgebots würde die strenge Auslegung von *Rieble* zu weit gehen.

Weiter kritisiert *Rieble* an der Satzung von ver.di, dass auf Betriebe der „gewerblichen“ Arbeitnehmerüberlassung abgestellt wird. Dies sei unzureichend, weil das AÜG seit 2011 richtlinienkonform eine wirtschaftliche Tätigkeit zum Ausgangspunkt nimmt.[227] Hiergegen ist einzuwenden, dass die Satzung auf den – engeren[228] – Begriff der gewerbsmäßigen Überlassung abstellt, würde eine wortlautnahe Auslegung lediglich einen Teilbereich der Verleihbetriebe nicht erfassen. Unter Berücksichtigung der Satzungsautonomie bestehen hiergegen keinerlei Bedenken – es muss den Gewerkschaften freistehen, ob sie sich leidglich für einen bestimmten Teilbereich einer Branche zuständig erklären. Zudem lässt sich anzweifeln, ob die strenge juristische Differenzierung auch in der – selbst nach *Rieble* bedeutsamen – „Parallelwertung in der Laiensphäre“[229] Bestand hätte.

Die beiden Formulierungen der Satzung halten sich somit im Rahmen des durch die Satzungsautonomie geschützten Freiheitsraums und begegnen keinen durchgreifenden Bedenken.

(c) Begrenzung auf den aktuellen Mitgliederbestand

Zweifel an der Tarifzuständigkeit der DGB-Gewerkschaften könnten sich demnach nur ergeben, wenn man eine Verknüpfung von Mitgliederbestand und Tarifzuständigkeit in der Weise annimmt, dass sich die Tarifzuständigkeit auf die vorhandenen Mitglieder beschränkt.[230] *Wiedemann* führt dazu aus, die Satzung dürfe sich die Zuständigkeit nur für wirklich vorhandene Mitglieder geben – und die Zuständigkeit für nicht vorhandene Mitglieder nicht „usurpieren“.[231]

Darüber geht das von *Ricken*[232] monografisch ausgearbeitete Modell hinaus, das neben dem Vorhandensein von Mitgliedern auch einen ausreichenden Organisationsgrad zur Voraussetzung erhebt – es bedürfe einer „ausreichenden

---

227 *Löwisch/Rieble*, TVG, § 2 Rn. 376; *Rieble*, BB 2012, 2177, 2180 f.

228 Ausf. dazu D. V. 1.

229 So *Rieble*, FS Buchner, S. 756, 767.

230 Urspr. *Wiedemann*, RdA 1975, 78, 82; Ebenso JKOS/*Schubert*, Tarifvertragsrecht, § 2 Rn. 182; HWK/*Henssler*, TVG, § 2 Rn. 44; Wiedemann/*Oetker*, TVG, § 2 Rn. 77; diff. HMB/*Sittard*, Teil 2 Rn. 229; diese Frage ist davon abzugrenzen, dass eine Satzungsbestimmung unzulässig ist, die den Organisationsbereich ohne weitere Bezugspunkte von einer hinreichenden Repräsentativität abhängig macht, vgl. BAG 18.7.2006 – 1 ABR 36/05, BAGE 119, 103, Rn. 43; HMB/*Sittard*, Teil 2 Rn. 229.

231 *Wiedemann*, RdA 1975, 78, 82.

232 *Ricken*, Autonomie und tarifliche Rechtsetzung, S. 151 ff.

mitgliedschaftlichen Legitimation".[233] *Ricken* begründet dieses zusätzliche objektive[234] Element der Tarifzuständigkeit mit einer Argumentation, die im Kern auf die Grundlage der Normsetzungskompetenz[235] zurückgeht: Der staatliche Geltungsbefehl, dessen Voraussetzungen Tariffähigkeit und -zuständigkeit sind,[236] bedarf der mitgliedschaftlichen Legitimation.[237] Im Ergebnis wird – der Situation bei Anerkennung einer relativen/partiellen Tariffähigkeit ähnlich[238] – die Tarifsetzungsmacht relativiert und begrenzt.[239]

Gegen das Modell werden – ebenso wie bei der relativen/partiellen Tariffähigkeit – Gründe der Praktikabilität und Rechtssicherheit in Stellung gebracht. Die Forderung nach einem gewissen Organisationsgrad würde im Fall einer Austrittswelle die Tarifzuständigkeit gefährden und zur sofortigen Unwirksamkeit des Tarifvertrags führen, ohne dass § 3 Abs. 3 oder § 4 Abs. 5 TVG Anwendung fänden.[240] Dieser Effekt könnte jedoch auch in eine positive Richtung gedeutet werden: Verlassen Arbeitnehmer die Gewerkschaft in einer Zahl, die den erforderlichen Organisationsgrad infrage stellt, lässt sich dies als „Urabstimmung"[241] verstehen, die der Gewerkschaft das Tarifmandat entzieht. Diese Bedenken, die schon iRd. Legitimation der Tarifwerke in der Arbeitnehmerüberlassung Beachtung fanden,[242] fließen an dieser Stelle in die Bewertung der Tarifzuständigkeit ein. Das führt dazu, dass das gewerkschaftliche Agieren eine stärkere Rückbindung an die Interessen der tatsächlichen Mitglieder erfahren muss, um Anreize zur Mitgliedschaft zu schaffen bzw. zu erhalten.

Richardi[243] stellt seine Kritik an diesem Modell auf ein grundrechtliches Fundament: Die Beschränkung sei mit dem Charakter des Art. 9 Abs. 3 GG als Freiheitsrecht, der auch die Koalitionsbildung erfasst, unvereinbar. Gerade bei einer restriktiven Handhabung würde neuen Koalitionen der Zugang ins tarifpolitische

---

233 *Ricken*, Autonomie und tarifliche Rechtsetzung, S. 164 ff.
234 *Ricken*, Autonomie und tarifliche Rechtsetzung, S. 151.
235 Dazu B. I.
236 *Ricken*, Autonomie und tarifliche Rechtsetzung, S. 118 ff.
237 So zusammenfassend *Junker*, ZfA 2007, 229, 236; *Ricken*, Autonomie und tarifliche Rechtsetzung, S. 133 ff.
238 Vgl. dazu B. III. 2. c. aa).
239 So *Greiner*, Rechtsfragen, S. 186.
240 *Greiner*, Rechtsfragen, S. 187.
241 So *Rieble*, FS Wiedemann, S. 519, 538 f.
242 Vgl. dazu C. I. 4. e. bb) (b) (1).
243 Staudinger/*Richardi*, BGB, §§ 611–615, 1999, Vorbem. zu § 611 Rn. 617; in diese Richtung auch *Stoppelmann*, Tariffähigkeit und Tarifzuständigkeit, S. 160.

Geschehen „unverhältnismäßig erschwert".[244] *Junker*[245] gibt zu bedenken, dass Verfahren nach § 97 Abs. 5 Satz 1 ArbGG sich durch die von *Ricken* verlangte zusätzliche Dimension der Tarifzuständigkeit „vervielfältigen, ohne dass daraus ein sichtbarer Mehrwert für die Tarifautonomie entstünde." Für die ganz überwiegenden Fälle lässt sich dem wohl unumwunden zustimmen – eine strenge Rückbindung an den Organisationsgrad iRd. Tarifzuständigkeit nach dem Modell von *Ricken* überzeugt daher nicht.

Angesichts dessen scheint der von *Greiner*[246] aufgezeigte einschränkende Lösungsansatz sachgerecht, der lediglich eine Evidenz- oder Rechtsmissbrauchskontrolle vornimmt. Erst, „wenn in einem Tarifgebiet jegliche Repräsentativität [...] fehlt und auch die Prognose bald eintretender Repräsentativität nicht begründbar ist, könnte dem mitgliedschaftlich überhaupt nicht legitimierten Tarifabschluss der Vorwurf der Missbräuchlichkeit entgegenzuhalten sein."[247]

Die Arbeitnehmerüberlassung stellt genau ein solches Tarifgebiet dar, dem es evident an Repräsentativität mangelt. Ein „konservierendes Element",[248] das in Form einer Vermutung zugunsten der Repräsentativität der etablierten Gewerkschaften gewährt wird, ist nicht ersichtlich. Die jüngsten Bestrebungen des Gesetzgebers[249] lassen auch nicht die Prognose zu, die Gewerkschaftsmitgliedschaft werde für Leiharbeitnehmer attraktiver. Diese Evidenzkontrolle überfrachtet das Tarifvertragssystem nicht durch eine weitere Verschärfung der Anforderungen an die Tarifzuständigkeit, allerdings lässt sich den aufgezeigten eklatanten Missständen im Hinblick auf die dogmatische Grundlage der Tarifverträge in sachgerechter Weise begegnen.

cc) Ergebnis

Ob die gegenwärtige Gewerkschaftslandschaft für die Arbeitnehmerüberlassung das halten kann, was die Tarifautonomie verspricht, erscheint angesichts der aufgezeigten Schwächen mitgliedschaftlicher Legitimation zweifelhaft. Die Wirksamkeit der abgeschlossenen Tarifverträge wird zwar nicht durch die Tariffähigkeit oder die Satzungen der Gewerkschaften infrage gestellt. Mangels mitgliedschaftlicher Rückbindung bzw. Repräsentativität und evidenter Missbrauchsmöglichkeit muss den Tarifwerken in der Arbeitnehmerüberlassung

---

244 *Stoppelmann*, Tariffähigkeit und Tarifzuständigkeit, S. 160.
245 *Junker*, ZfA 2007, 229, 238.
246 *Greiner*, Rechtsfragen, S. 187.
247 *Greiner*, Rechtsfragen, S. 187.
248 *Greiner*, Rechtsfragen, S. 187.
249 BT-Drs. 18/9232.

jedoch die Wirksamkeit abgesprochen werden. Die Tarifdispositivität in dieser Form zu erhalten, stellt daher eine politische Fehlentscheidung dar, welche die Tarifautonomie zu einem den Arbeitnehmer schädigenden Instrument pervertiert.

IV. Tarifdispositives Gesetzesrecht

Gesetzesnormen, die grundsätzlich zwingend sind, aber den Tarifvertragsparteien Abweichungsmöglichkeiten eröffnen, werden als tarifdispositives Recht bezeichnet.[250] Im tarifdispositiven Gesetzesrecht offenbaren sich verschiedene gesetzgeberische Bestrebungen: Zum einen soll einem wirtschaftlichen Flexibilisierungsbedarf Rechnung getragen werden. Ein Mittel für den Gesetzgeber, um eine solche Flexibilisierung zu erreichen, ist die legislative Deregulierung und die Ersetzung zwingender durch – auch individualvertraglich – dispositive Normen. Dieses Vorgehen birgt allerdings die Gefahr, wichtige soziale Errungenschaften zu verlieren.[251]

1. Chancen und Risiken tarifdispositiven Gesetzesrechts

Um diesen Effekt ganz zu verhindern oder zumindest abzumildern, nutzt der Gesetzgeber tarifdispositives Recht: Die Arbeitgeberseite kann sich im Wettbewerb besser positionieren, während die Gewerkschaften die Rechte der Betroffenen so weit schützen, wie sie es für richtig halten.[252] Zum anderen bietet tarifdispositives Gesetzesrecht den Vorteil, flexibler auf geänderte tatsächliche Umstände zu reagieren als Gesetzesrecht es könnte[253] – lässt sich doch eine Änderung des Tarifvertrags schneller verwirklichen als die Anpassung von Gesetzesrecht. Zudem wird tarifdispositives Recht als Mittel verstanden, um der Bedeutung von Art. 9 Abs. 3 GG Rechnung zu tragen:[254] Der Gestaltungsspielraum der Tarifvertragsparteien wird erweitert, sodass ihre Bedeutung für die Ordnung der Arbeits- und Wirtschaftsbedingungen gesteigert wird[255] – womit

250 HWK/*Henssler*, TVG, Einl. Rn. 26; Wiedemann/*Wiedemann*, TVG, Einl. Rn. 378; Thüsing/Braun/*Thüsing*, Tarifrecht, 1. Kap. Rn. 50.

251 *Sieber*, Tarifdispositives Recht, S. 105.

252 *Sieber*, Tarifdispositives Recht, S. 105.

253 Wiedemann/*Wiedemann*, TVG, Einl. Rn. 380.

254 Thüsing/Braun/*Thüsing*, Tarifrecht, 1. Kap. Rn. 54; Wiedemann/*Wiedemann*, TVG, Einl. Rn. 380; *Schlachter/Klauk*, AuR 2010, 354.

255 Thüsing/Braun/*Thüsing*, Tarifrecht, 1. Kap. Rn. 54; Wiedemann/*Wiedemann*, TVG, Einl. Rn. 380; *Schlachter/Klauk*, AuR 2010, 354.

auch die Hoffnung verbunden ist, die Attraktivität der Gewerkschaftszugehörigkeit zu steigern.[256] Darüber hinaus sollen Gewerkschaften die Möglichkeit zur Negativabweichung durch Tarifverträge als Lockmittel nutzen können, um Arbeitgeber zum Abschluss von Tarifverträgen zu bewegen.[257] Die Absenkung des Schutzniveaus soll dadurch kompensiert werden, dass der Tarifvertrag an anderer Stelle Vorteile bereithält, sodass der Tarifvertrag bei der anzustellenden Gesamtbetrachtung ein angemessenes Schutzniveau verwirklicht.[258] Dadurch soll eine ausgewogene Lösung herbeigeführt werden,[259] die sich die Sachnähe der Tarifvertragsparteien zunutze macht.[260]

Diese Bestrebungen legen die eigentliche Funktion tarifdispositiven Gesetzesrechts offen: Gesellschaftlichen Gruppen soll die Möglichkeit eröffnet werden, in Staatsunabhängigkeit selbstbestimmt die eigenen Angelegenheiten zu regeln.[261] Diese Funktion basiert auf der Annahme, dass die Tarifparteien verantwortungsbewusst handeln[262] und starke Gewerkschaften beteiligt sind, die in der Lage sind, das bestehende Machtungleichgewicht einzuebnen.[263]

Diese Annahmen nehmen einen legitimen Grundgedanken auf, greifen aber insbesondere mit Blick auf die Besonderheiten der Arbeitnehmerüberlassung an entscheidender Stelle zu kurz: Nicht allein die absolut verstandene[264] Stärke der

---

256 Thüsing/Braun/*Thüsing*, Tarifrecht, 1. Kap. Rn. 54; krit. *Däubler*, Tarifvertragsrecht, Rn. 376 („Danaergeschenk"); *Buschmann*, FS Richardi, S. 93, 99.

257 Tarifdispositives Recht schafft „gewerkschaftliche Verhandlungsmacht", Thüsing/Braun/*Thüsing*, Tarifrecht, 1. Kap. Rn. 54 f.

258 Dazu und zum taridispositiven Gesetzesrecht als Ausdruck der Richtigkeitsgewähr *Krämer*, Richtigkeitsgewähr, S. 204; *Seiwerth*, Noerr Academy 2011, 261, 281; *Waltermann*, NZA 2010, 482, 486 f.

259 Thüsing/Braun/*Thüsing*, Tarifrecht, 1. Kap. Rn. 57 unter Hinweis auf BT-Drs. 12/5888, S. 20, die sich auf die tarifdispositive Ausgestaltung im Arbeitszeitrecht beziehen.

260 Thüsing/Braun/*Thüsing*, Tarifrecht, 1. Kap. Rn. 54; Wiedemann/*Wiedemann*, TVG, Einl. Rn. 380; *Schlachter/Klauk*, AuR 2010, 354; vgl. auch BT-Drs. 12/5888, S. 20, BT-Drs. 18/9232, S. 22; dass diese Sachnähe in der Leiharbeit zweifelhaft ist, stellt *Nielebock*, FS Bepler, S. 455, 464 heraus; allg. krit. *Buschmann*, FS Richardi, S. 93, 96 („unpräzise, gar lyrisch daherkommende Begründungen erwecken eher Zweifel").

261 *Waltermann*, FS Bepler, S. 569, 573; Wiedemann/*Wiedemann*, TVG, Einl. Rn. 379 f.; zu dieser Funktion des Tarifvertrags allgemein *Bayreuther*, Tarifautonomie, S. 80 ff.; grundlegend aber zu individualvertraglichen Schuldverhältnissen *Schmidt-Rimpler*, AcP, 147 (1941), 130 ff.

262 Vgl. Thüsing/Braun/*Thüsing*, Tarifrecht, 1. Kap. Rn. 57.

263 *Sieber*, Tarifdispositives Recht, S. 97.

264 Vgl. dazu die Ausführungen zur Tariffähigkeit, s.u. B. III. 2. c. aa).

Koalition führt zu verantwortungsbewusstem Handeln. Es bedarf vielmehr auch der Sachnähe,[265] die primär durch die Mitgliedschaft der Arbeitnehmer, die von der Regelung tatsächlich betroffen sind, vermittelt wird.[266]

Die für die Tarifdispositivität ins Feld geführten Chancen werden teils in Abrede gestellt.[267] Die Herabsetzung gesetzlicher Mindeststandards durch Tarifverträge führe zu einem „Abbau des gesetzlichen Arbeitnehmerschutzes durch kollektives Arbeitsrecht".[268] Es mache keinen Unterschied, ob dieser durch Individual- oder Tarifvertrag erfolge.[269] Auch der Gedanke, tarifdispositives Recht stärke die Verhandlungsposition der Gewerkschaften durch die Möglichkeit des Rückzugs auf den gesetzlichen Standard, wird kritisch betrachtet:[270] Tarifverträge sind schließlich keine „eindimensionale"[271] Regelung, die sich nur auf die tarifdispositiv ausgestaltete Norm bezieht, sondern vielmehr umfassende Pakete, die durch die tarifdispositive Norm eine breitere Verhandlungsmasse erhalten.[272] Die Gewerkschaften, die bei anderen Regelungsgegenständen aufgrund des Fehlens einer gesetzlichen Regelung darauf angewiesen sind, einen Tarifvertrag über diese Arbeitsbedingungen abzuschließen, müssen bei tarifdispositivem Recht noch über einen weiteren Regelungsgegenstand verhandeln und ihn verteidigen.

---

265 Alternativ lässt sich – in Übereinstimmung mit der im Zusammenhang mit der Privatautonomie gebräuchlichen Begrifflichkeit – auch von Betroffenheit sprechen, s. B II. 1.

266 *Buschmann*, FS Richardi, S. 93, 97 („Gewerkschaftliche Legitimation begründet sich aus der mitgliedschaftlichen Bindung und der binnendemokratischen Herstellung des Kollektivwillens").

267 Krit. *Däubler*, Tarifvertragsrecht, Rn. 375 f.; *Buschmann*, FS Richardi, S. 93, 94 ff.; *Ulber*, Tarifdispositives Gesetzesrecht, S. 59; Däubler/*Ulber*, TVG, Einl. Rn. 476.

268 *Buschmann*, FS Richardi, S. 93, 94 ff.; *Ulber*, Tarifdispositives Gesetzesrecht, S. 59; Däubler/*Ulber*, TVG, Einl. Rn. 476.

269 *Däubler*, Tarifvertragsrecht, Rn. 375.

270 *Däubler*, Tarifvertragsrecht, Rn. 376; Umbach/Clemens/*Gneiting*, GG, Art. 9 Abs. 3 GG Rn. 131; *Ulber*, Tarifdispositives Gesetzesrecht, S. 302 f.; zur Frage nach einer Beeinträchtigung der Tarifautonomie vgl. *Löwisch/Rieble*, TVG, Grundlagen Rn. 193; vgl. auch *Kämmerer/Thüsing*, Leiharbeit und Verfassungsrecht, S. 32 f., die einen Eingriff in die positive individuelle Koalitionsfreiheit der Leiharbeitgeber bejahen: Den Gewerkschaften sei es möglich, Verhandlungen abzubrechen und den Arbeitnehmern eine „auskömmliche Position" iSe. „Maximallösung" zu sichern, während die Arbeitgeber keine solche Möglichkeit haben, sondern auf das Entgegenkommen der Gewerkschaft angewiesen sind. Der Staat ergreife Partei und verschiebe die Parität der Verhandlungspartner.

271 *Ulber*, Tarifdispositives Gesetzesrecht, S. 302.

272 *Ulber*, Tarifdispositives Gesetzesrecht, S. 302.

Tarifdispositive Regelungen schaffen für die Arbeitgeberseite damit weitere Felder, auf denen der Gewerkschaft Zugeständnisse abverlangt werden können.[273]

Deutlich wird, dass bei theoretischer Betrachtung die Auswirkungen des tarifdispositiven Rechts nicht pauschal als nachteil- oder vorteilhaft für die Arbeitnehmer betrachtet werden können.[274] Ob sich die Tarifdispositivität tatsächlich als Chance auswirkt, oder ob sie negative Auswirkungen hat, bleibt letztlich eine Frage, die massiv von der Durchsetzungsfähigkeit der Gewerkschaft abhängig ist: Kann die Gewerkschaft sich gegen die Arbeitgeberseite gut behaupten, erzielt der Tarifvertrag sachgerechte Lösungen, deren Nachteile an anderen Stellen aufgewogen werden. Befindet sich die Gewerkschaft hingegen in einer schwachen Verhandlungsposition, besteht die Gefahr von Konzessionsgeschäften zum Nachteil der Arbeitnehmer. Dieser Zustand spricht weder für noch gegen eine tarifdispositive Ausgestaltung an sich, sondern ist letztlich nur das Resultat eines Tarifsystems, das ein freies Ringen der Kräfte vorsieht – je stärker die Gewerkschaft, desto vorteilhafter der Tarifvertrag.

2. Gebot zu tarifdispositiver Ausgestaltung

Teilweise wird vertreten, es sei grundrechtlich sogar geboten, tarifdipositives Recht zu schaffen. Müsste man die Koalitionsfreiheit so verstehen, dass ein Gebot des Gesetzgebers besteht, Arbeitnehmerschutzrecht tarifdispositiv auszugestalten, würden die gestalterischen Möglichkeiten des Gesetzgebers in der Arbeitnehmerüberlassung deutlich verkürzt: Eine Abschaffung der Tarifdispositivtät ließe sich dann gar als eine Beeinträchtigung von Art. 9 Abs. 3 GG verstehen.[275]

a. Für eine Pflicht

Für ein Gebot zur Schaffung tarifdispositiven Rechts spricht sich *Badura*[276] aus. Er zieht aus dem Verhältnismäßigkeitsprinzip den Schluss, tarifdispositive Normen müssten den Regelfall darstellen. *Biedenkopf*[277] nimmt ebenfalls ein Gebot an, beschränkt dieses aber auf Regelungen, welche die Beziehungen unter

273 *Däubler*, Tarifvertragsrecht, Rn. 376; Umbach/Clemens/*Gneiting*, GG, Art. 9 Abs. 3 GG Rn. 131; *Ulber*, Tarifdispositives Gesetzesrecht, S. 302.

274 Däubler/*Ulber*, TVG, Einl. Rn. 476; vgl. auch *Ulber*, Tarifdispositives Gesetzesrecht, S. 299.

275 Ausf. zu den Möglichkeiten, die dem Gesetzgeber offenstehen, um Defiziten zu begegnen, die in der Arbeitnehmerüberlassung bestehen, s.u. C. I. 5.

276 *Badura*, RdA 1974, 129, 135.

277 *Biedenkopf*, Grenzen der Tarifautonomie, S. 154, 210, 211.

den Parteien des Einzelvertrages betreffen. Hinsichtlich der Schaffung existenzsichernder Normen geht *Biedenkopf* demgegenüber von der unbeschränkten Zulässigkeit zwingenden Gesetzesrechts aus.[278] Ähnlich argumentiert *Henssler*, der eine grundsätzliche Tarifdispositivität auf den Bereich jenseits „echter Mindestarbeitsbedingungen"[279] beschränkt.

Hanau wirft die Frage auf, ob „das Arbeitsrecht nicht in viel größerem Maße tarifdispositiv ausgestaltet werden muß, weil sein zwingender Charakter nur im Bereich übergeordneter öffentlicher Interessen und bei gestörter Verhandlungsparität gerechtfertigt ist".[280] Eine Tendenz für ein Gebot lassen *Löwisch* und *Rieble* erkennen, die ausführen, dass der Gesetzgeber im Rahmen der Verhältnismäßigkeitsprüfung zu erwägen habe, ob tarifdispositives Recht als mildere Einschränkung der Tarifautonomie zu wählen ist, wobei jedoch ein weiter Ermessensspielraum bestehe.[281] Allerdings könne auch in der Schaffung tarifdispositiven Rechts ein grundrechtlicher Konflikt bestehen, da „die tarifdispositive Regelung derjenigen Tarifpartei eine bessere Ausgangsposition [verschafft], die der gesetzlichen Regelung näher steht und die sie nur zu verteidigen braucht."[282]

In eine ähnliche Richtung geht *Bock*,[283] die eine Verhältnismäßigkeitsprüfung anstellt und vor allem in den Blick nimmt, ob die entsprechende Regelung für die Tarifvertragsparteien zentrale Bereiche erfasst.[284] Der Tarifvertrag stelle grds. aufgrund seiner Flexibilität bei wachsender Komplexität der Materie ein dem starren Gesetzesrecht gegenüber vorzugswürdiges Regelungsinstrument dar.[285] All diesen Ansätzen lässt sich der Vorwurf machen, dass sie einen nur rudimentär konturierten Bereich abstecken.

---

278 *Biedenkopf*, Grenzen der Tarifautonomie, S. 156.

279 *Henssler*, ZfA 1998, 1, 18.

280 *Hanau*, ZIP 1996, 447.

281 *Löwisch/Rieble*, TVG, Grundlagen Rn. 200; ähnlich *Bock*, Tarifdispositives Arbeitnehmerschutzrecht, S. 348 ff., 367 ff., die eine solche Prüfung in der Angemessenheit verortet und nur eine Evidenz- oder Vertretbarkeitskontrolle durchführen möchte.

282 *Löwisch/Rieble*, TVG, Grundlagen Rn. 193; aA *Däubler*, Tarifvertragsrecht, Rn. 376; Umbach/Clemens/*Gneiting*, GG, Art. 9 Abs. 3 GG Rn. 131; *Ulber*, Tarifdispositives Gesetzesrecht, S. 302.

283 *Bock*, Tarifdispositives Arbeitnehmerschutzrecht, S. 301 ff.

284 *Bock*, Tarifdispositives Arbeitnehmerschutzrecht, S. 371.

285 *Bock*, Tarifdispositives Arbeitnehmerschutzrecht, S. 358.

b. Gegen ein Gebot

Tendenziell gegen ein Gebot spricht sich *Oetker*[286] aus, der die Berufsfreiheit als gewichtigen Gegenpol anführt aber im Einzelfall eine Verpflichtung anerkennt. *Wiedemann* macht die Antwort, ob bzw. wann eine solche Pflicht zur Schaffung tarifdispositiven Gesetzesrechts besteht, davon abhängt, ob Art. 9 Abs. 3 GG einen funktionalen oder auch einen gegenständlichen Schutzbereich aufweist.[287] Er geht davon aus, es werde kein gegenständlicher Kernbereich geschützt, in dem der Gesetzgeber nicht in Konkurrenz zu den Tarifparteien treten darf. Eine Pflicht bestehe dementsprechend nicht.

Eine deutlichere Position nimmt *Ulber* ein:[288] Weder in der Schaffung einseitig zwingenden, noch in der Schaffung tarifdispositiven Rechts liege ein Eingriff in die Tarifautonomie. Dieser Ansicht liegt die Interpretation der Tarifautonomie als Normsetzungsverfahren ohne vorrangige Regelungsbefugnis zugrunde. Die Tarifautonomie fungiere als prozedurale Korrektur des gestörten Vertragsmechanismus im Einzelarbeitsverhältnis. Ein Schutzbedürfnis der Tarifautonomie sei erst auszumachen, wenn das Normsetzungsverfahren selbst Schaden nimmt. Das sei aber nicht schon bei einer tarifdispositiven Ausgestaltung der Fall, sondern erst wenn der Gesetzgeber eine zweiseitig zwingende Regelung schafft und „konkrete Tarifverhandlungen gezielt vorwegnimmt oder die Regelungsbefugnis aushöhlt".[289] Diese Lesart wird auch durch die Entstehungsgeschichte gestützt: Die Tarifautonomie ist nicht als „Gegenkonzept" zur staatlichen Gesetzgebung entstanden, sondern sollte Defizite der staatlichen Schutzgesetzgebung ausgleichen.[290]

Überträgt man diesen Ansatz auf die spezielle Situation der Arbeitnehmerüberlassung, zeigt sich ein deutliches Bild: Als defizitär wird hier gerade nicht die staatliche, sondern vielmehr die tarifautonome Gestaltung angesehen. Durch eine einseitig zwingende Geltung des Gleichbehandlungsgrundsatzes würden keine konkreten Tarifverhandlungen vorweggenommen oder Regelungsbefugnisse ausgehöhlt.

286 *Oetker*, ZfA 2001, 287, 306 ff.

287 Vgl. Wiedemann/*Wiedemann*, TVG, Einl. Rn. 387; vgl. auch *Bock*, Tarifdispositives Arbeitnehmerschutzrecht, S. 301 ff., 322 ff.

288 *Ulber*, Tarifdispositives Gesetzesrecht, S. 320 ff., 327.

289 *Ulber*, Tarifdispositives Gesetzesrecht, S. 321.

290 *Ulber*, Tarifdispositives Gesetzesrecht, S. 324.

Auch *Peters* und *Ossenbühl*[291] sprechen sich gegen ein verfassungsrechtliches Gebot zur tarifdispositiven Ausgestaltung aus, sehen aber ein Erstzugriffsrecht der Tarifvertragsparteien. Eine Beeinträchtigung der Tarifautonomie sei in Bereichen, die originäre Zuständigkeiten des Gesetzgebers betreffen, wie zB das Gefahrenabwehrrecht, ausgeschlossen. Die gesetzliche Tätigkeit diene in diesen Bereichen der Schutzfunktion. Außerhalb dieses Bereichs könnten Befugnisse den Tarifvertragsparteien anvertraut werden. Die Grenzziehung sei variabel und nicht an das Existenzminimum gebunden.[292] Ob eine solche Einbindung der Tarifvertragsparteien erfolgt, sei eine rechtspolitische Entscheidung und nicht von Seiten der Verfassung vorgegeben.

c. *Anknüpfung Regelungsverantwortung des Gesetzgebers*

Vorzugswürdig erscheint die – vergleichsweise vermittelnde – Argumentation von *Bepler*,[293] der nur dort zwingende Arbeitsbedingungen durch den Gesetzgeber geschaffen wissen möchte, „wo es hierfür mangels ausreichender Prägekraft der Tarifvertragsparteien als durch Mitgliedschaft legitimierte Normgeber oder wegen fehlender Eignung für die als erforderlich angesehenen Regelungen eine gesellschaftliche und soziale Notwendigkeit gibt."[294] Der Gesetzgeber solle dann aber die volle Regelungsverantwortung übernehmen und diese nicht durch tarifdispositive Gestaltungen aufweichen. Allenfalls bei einem überwiegenden Bedürfnis nach praxisnaher Ausgestaltung sei eine solche Öffnungsklausel ratsam – diese müsse dann aber wiederum einen eng gesteckten Regelungsspielraum für die Tarifvertragsparteien vorsehen.

Bei der Arbeitnehmerüberlassung manifestiert sich ein solches Bedürfnis nach praxisnaher Ausgestaltung in dem Ziel der Flexibilität, das auch in der RL 2008/104/EG hervorgehoben wird. Sobald jedoch in einem Bereich die „vertragstypischen Mechanismen des Aushandelns von Leistung und Gegenleistung" versagen, tritt das Gesetz als sachgerechte Lösung in den Vordergrund. Der Gesetzgeber ist für bestimmte Materien schlicht besser geeignet – inbesondere bei Regelungen, die über den Kreis der Koalitionsmitglieder hinauswirken.[295]

Jedenfalls in der Arbeitnehmerüberlassung haben die Gewerkschaften aufgrund der verschwindend geringen Organisationsgrade gerade keine „ausreichende

---

291 *Peters/Ossenbühl*, Übertragung öffentlich-rechtlicher Befugnisse, S. 47, 49 ff., 66 ff.
292 *Peters/Ossenbühl*, Übertragung öffentlich-rechtlicher Befugnisse, S. 64 ff.
293 *Bepler*, FS Kempen, S. 109, 120.
294 *Bepler*, FS Kempen, S. 109, 120.
295 Vgl. *Bock*, Tarifdispositives Arbeitnehmerschutzrecht, S. 358.

Prägkraft“ oder mitgliedschaftliche Legitimation. Eine Pflicht zu tarifdispositiver Ausgestaltung kann dann nicht angenommen werden. Die vertragstypischen Mechanismen des Aushandelns der Bedingungen durch die Betroffenen kommen nicht zur Wirkung – der Tarifvertrag ist kein schutzwürdiges privatautonomes Verhandlungsergebnis der Betroffenen. Zwar lässt sich ein Flexibilisierungsbedürfnis bei der Arbeitnehmerüberlassung nicht in Abrede stellen. Es bedarf jedoch zumindest eines – derzeit im AÜG nicht gesteckten[296] – Rahmens, in dem die Abweichung zulässig ist. Ohne einen solchen Rahmen wird der Gesetzgeber seiner Regelungsverantwortung nicht gerecht.

V. Vorgaben aus dem internationalen und europäischen Recht

Neben diesen Grundlagen ist es denkbar, dass Vorschriften jenseits des nationalen Rechts Auswirkungen auf das Tarifrecht und auf die Indienstnahme der Tarifdispositivität haben.

Zum einen sieht Art. 6 ESC als völkerrechtlicher Vertrag[297] vor, dass die Vertragsparteien die wirksame Ausübung des Rechts auf Kollektivverhandlungen gewährleisten müssen. Die ESC ist jedoch nur von begrenzter Wirkkraft: Sie gewährleistet keine unmittelbaren Rechte des Einzelnen, sondern stellt lediglich eine rechtspolitische Zielsetzung dar, deren Umsetzung nicht vom Einzelnen gegenüber den Mitgliedstaaten einzuklagen sein soll.[298] Einzige Folge einer Verletzung von Art. 6 ESC ist zudem eine Empfehlung durch den Ministerrat des Europarats,[299] die als unverbindliche Meinungsäußerung aufzufassen ist.[300] In der Vergangenheit ergingen diese Empfehlungen ausschließlich zu Fragen des Arbeitskampfrechts – nicht hingegen zu den Grundlagen der Tarifautonomie selbst: Das Verbot des „wilden“ Streiks, das Verbot des politischen Streiks und die relative Friedenspflicht waren bislang Gegenstand der Emfehlungen – wurden jedoch nicht weiter beachtet.[301]

---

296 Vorschläge, wie die Reichweite des Regelungsspielraums auszugestalten ist, den der Gesetzgeber den Tarifvertragsparteien nach diesem Ansatz vorgeben müsste, werden iRd. Erwägungen zum Gesamtschutz beleuchtet, s.u. C. I. 4. d. cc).

297 Vgl. nur BAG 10.6.1980 – 1 AZR 822/79, BAGE 33, 140, Rn. 51.

298 BVerwG 18.12.1992 – 7 C 12/92, BVerwGE 91, 327, Rn. 10; *Junker*, ZfA 2015, 267, 269.

299 Darstellung des Verfahrens nach §§ 27 ESC ff., das mit der Empfehlung endet, bei *Junker*, ZfA 2015, 267, 269; *Schlachter*, SR 2013, 77, 80.

300 *Junker*, ZfA 2015, 267, 270; *Junker*, EuZA 2014, 1, 4 f.; *Kerwer*, EuZA 2008, 335, 350 f.; *Nußberger*, RdA 2012, 270, 271.

301 Vgl. *Junker*, ZfA 2015, 267, 270; *Junker*, EuZA 2014, 1, 4.

Demgegenüber gewährt die EMRK, die in Deutschland den Rang einfachen Bundesrechts innehat,[302] sowohl Abwerrechte gegen den Staat, als auch Handlungspflichten der Vertragsstaaten, die vor dem EGMR eingeklagt werden können.[303] Seit der Entscheidung in der Rs. *Demir/Baykara*[304] geht der EGMR davon aus, dass Art. 11 EMRK das Recht auf Tarifverhandlungen als elementaren Bestandteil der kollektiven Koalitionsfreiheit garantiert.[305] Rückschlüsse darauf, welchen Inhalt und welche dogmatische Grundlage die Koalitionsfreiheit selbst hat, lassen sich der Entscheidung hingegen nicht entnehmen. Der Entscheidung lässt sich einzig die – recht allgemeine – Vorgabe entnehmen, dass der Mitgliedstaat sicherstellen muss, dass Tarifverträge, aus denen sich einklagbare Rechte ergeben, ausgehandelt und abgeschlossen werden können.[306]

Auf Ebene des europäischen Primärrechts gewährt Art. 28 GRC die Tarifautonomie iSe. Grundrechts[307] auf Kollektivverhandlungen und -maßnahmen als Teilbereich der Vereinigungsfreiheit.[308] Gem. Art. 51 Abs. 1 GRC gilt die GRC allerdings ausschließlich bei der Durchführung von EU-Recht,[309] sodass der Regelung nur eine sehr begrenzte Wirkkraft zukommen kann.[310] Darüber hinaus

---

302 BVerfG 26.3.1987 – 2 BvR 589/79, BVerfGE 74, 358, Rn. 35; *Löwisch/Rieble*, TVG, Grundlagen Rn. 315.

303 EGMR 16.6.2005 – 61603/00, NJW-RR 2006, 308, Rn. 100 ff.; *Junker*, ZfA 2015, 267, 271; *Rebhahn*, AcP 210 (2010), 489, 547 ff.

304 EGMR 12.11.2008 – 34503/97, NZA 2010, 1425, Rn. 153 ff.; zur vormals herrschenden zurückhaltenden Einstellung des EGMR zur kollektiven Koalitionsfreiheit vgl. EGMR 6.2.1976 – 5614/72, EGMR-E 1, 165, Rn. 39 f.; zum „Funktionswandel" durch die Entscheidung *Demir/Baykara* s. *Junker*, ZfA 2015, 267, 271; *Junker*, EuZA 2014, 1, 5 jew. mwN.

305 Krit. *Junker*, ZfA 2015, 267, 273 f.; *Junker*, EuZA 2014, 1, 6 f.; zust. BVerfG 11.7.2017 – 1 BvR 1571/15, Rn. 207 („grundlegendes Element der Koalitionsfreiheit ist auch nach der EMRK das Recht, Tarifverhandlungen zu führen […] und das Recht, dass ein geschlossener Kollektivvertrag auch zur Anwendung kommt").

306 EGMR 12.11.2008 – 34503/97, NZA 2010, 1425, Rn. 154; *Junker*, ZfA 2015, 267, 271; *Junker*, EuZA 2014, 1, 7; zum Recht auf kollektive Maßnahmen EGMR 21.4.2009 – 68959/01, NZA 2010, 1423.

307 *Junker*, ZfA 2015, 267, 279; *Junker*, EuZA 2014, 1, 9; *Herresthal*, EuZA 2011, 3, 13.

308 Gegenüber Art. 12 GRC, ist Art. 28 GRC damit eine Spezialregelung, vgl. *Jarass*, GRC, Art. 12 Rn. 4, 16; Art. 28 Rn. 5; *Junker*, ZfA 2015, 267, 279.

309 Der EuGH legt – gegenüber dem BVerfG – einen großzügigeren Maßstab an, wann die Durchführung von EU-Recht vorliegt, vgl. *Franzen*, FS Wank, S. 105, 115; *Junker*, ZfA 2015, 267, 279; *Junker*, EuZA 2014, 1, 8 f.; zu den Auswirkungen dieser Vorgabe für die Höchstüberlassungsdauer s.u. C. II. 2. a.

310 Ausf. dazu *Thüsing*, Europäisches Arbeitsrecht, § 10 Rn. 16 ff.

gewährt Art. 28 GRC das Recht nur nach „den einzelstaatlichen Rechtsvorschriften und Gepflogenheiten".[311] Art. 28 GRC schafft damit eine Gewährleistung ohne konkrete inhaltliche Aussage und muss durch das mitgliedstaatliche Recht ausgefüllt werden.[312] Eine Harmonisierungskompetenz hinsichtlich des Tarifrechts scheitert zudem an der Bereichsausnahme des Art. 153 Abs. 5 AEUV, die das Koalitions- und Arbeitskampfrecht der Zuständigkeit der EU entzieht.[313]

All diesen Regelungen ist gemein, dass sie nur sehr grundlegend das Recht garantieren, Koalitionen zu bilden und Kollektivvereinbarungen abzuschließen. Die Regelungen, die das Tarifrecht in der EU konturieren, gehen sehr behutsam vor, erkennbar von dem Willen beseelt, der großen Vielfalt der Tarifsysteme[314] der Mitgliedstaaten Rechnung zu tragen. Das zeigt sich nicht zuletzt daran, dass insbesondere europäische Rechtsakte häufig auf die nationalrechtlichen Gepflogenheiten abstellen und so den Mitgliedstaaten große Gestaltungsfreiräume belassen.

Außerhalb der recht grundlegenden Gewährleistung, dass es ein Tarifsystem geben muss, das kollektive Verträge und Maßnahmen erlaubt, lassen sich dem EU-Recht keine Vorgaben entnehmen, wie die Tarifautonomie zu verstehen ist. Es wird lediglich das Recht selbst durch die EU garantiert, während die konkrete Ausgestaltung des Tarifsystems den Mitgliedstaaten obliegt.[315] Auswirkungen auf die nationalrechtlichen Grundlagen der Tarifautonomie ergeben sich somit nicht.

VI. Fazit

Es bestehen durchgreifende Bedenken dagegen, die Tarifautonomie in der Arbeitnehmerüberlassung als ebenso leistungsfähig anzusehen wie die Tarifautonomie in anderen Branchen. Aufgrund der Organisationsunwilligkeit der Leiharbeitnehmer bestehen Bedenken dagegen, in der Arbeitnehmerüberlassung überhaupt von Tarif*autonomie* zu sprechen.[316] Jedenfalls verlässt man in dieser Situation mit der tarifdispositiven Ausgestaltung von Mindestarbeitsbedingungen das dogmatische

---

311 Vgl. auch Art. 52 Abs. 6 GRC; vgl. EuGH 18.12.2007 - C-341/05, NZA 2008, 159, Rn. 91; *Jarass*, GRC, Art. 52 Rn. 79.

312 *Waltermann*, EuZA 2015, 15, 21 f.; *Thüsing/Traut*, RdA 2012, 65, 69 f.

313 Calliess/Ruffert/*Krebber*, AEUV, Art. 153 Rn. 12; Preis/Sagan/*Sagan*, Europäisches Arbeitsrecht, § 1 Rn. 60; *Junker*, ZfA 2015, 267, 279; *Junker*, EuZA 2014, 1, 9; aA EUArbR/*Franzen*, AEUV, Art. 153 Rn. 50; *Thüsing*, Europäisches Arbeitsrecht, § 10 Rn. 11.

314 Vgl. *Junker*, ZfA 2015, 267, 280; *Junker*, EuZA 2014, 1, 9 f.

315 *Junker*, ZfA 2015, 267, 281; *Junker*, EuZA 2014, 1, 10.

316 Auch wenn das Argument häufig aufgegriffen wird, vgl. dazu C. I. 4. d. bb) (b).

Fundament, auf dem die Privilegierung von Tarifverträgen und die Tarifdispositivität überhaupt erst aufbauen.[317]

Insbes. in Verbindung mit der – im Detail noch zu beleuchtenden[318] – Möglichkeit durch Bezugnahme abzuweichen, kann die Privilegierung der Tarifverträge nicht überzeugen, die von dem Gedanken getragen ist, dass sie als autonome Regelung der Betroffenen Schutz verdient. Richtig ist zwar, dass bei Bezugnahmeklauseln erst die privatautonome Gestaltung zu einer arbeitsvertraglichen Tariferstreckung führt.[319] Durch die individualvertragliche Bezugnahme – gegen die sich der Arbeitnehmer ohnehin nicht realistisch zur Wehr setzen kann – wird in der Arbeitnehmerüberlassung ein Tarifvertrag bedeutsam, der ohne Beteiligung der Betroffenen zustande gekommen ist – es kommt eine heteronome Regelung unter dem Deckmantel der kollektiven Privatautonomie zur Geltung.

Während es grds. keine gesetzgeberische Pflicht gibt, Gesetze tarifdispositiv auszugestalten, besteht in der Arbeitnehmerüberlassung ein erkennbares Flexibilisierungsinteresse. Die Ermöglichung einer tarifvertraglichen Abweichung ergibt aufgrund des Flexibilisierungsinteresses für die Arbeitnehmerüberlassung auch durchaus Sinn, bedarf jedoch einer durch den Gesetzgeber gesteckten Grenze.

---

317 Ausf. zu den Grundlagen der Tarifdispositivität s.o. B. IV.

318 Dazu C. I. 4. e. bb).

319 Dazu *Greiner*, Rechtsfragen, S. 100 f.

C. Zeitliche Begrenzungen der Arbeitnehmerüberlassung

I. Zwingende Gleichbehandlung – nach neun Monaten

Im Koalitionsvertrag der 18. Legislaturperiode verständigten CDU/CSU und SPD sich auf das Ziel, die Arbeitnehmerüberlassung „auf ihre Kernfunktionen hin zu orientieren".[320] Um dieses Ziel zu erreichen, werden vier Anpassungen im Koalitionsvertrag ausdrücklich erwähnt: Eine Gleichstellung im Hinblick auf das Arbeitsentgelt nach neun Monaten, eine Höchstüberlassungsdauer von 18 Monaten, ein Verbot für den Einsatz von Leiharbeitnehmern als Streikbrecher sowie eine Regelung, dass Leiharbeitnehmer grundsätzlich bei betriebsverfassungsrechtlichen Schwellenwerten mitzählen. Von hervorgehobener wirtschaftlicher Bedeutung für die Leiharbeitnehmer dürfte hierbei das Postulat einer zwingenden Gleichbehandlung sein. Eine derartige grundsätzliche Gleichbehandlung von Leiharbeitnehmern und Stammbelegschaft des Entleihbetriebs im Hinblick auf die wesentlichen Arbeitsbedingungen sieht Art. 5 RL 2008/104/EG vor. Diesen Grundsatz hat das AÜG übernommen, allerdings auch eine Abweichungsmöglichkeit durch Tarifverträge vorgesehen, §§ 3 Abs. 1 Nr. 3, 9 Nr. 2, 10 Abs. 4 aF; § 8 Abs. 2, 4 nF. Dies führt dazu, dass in der Praxis das Regel-Ausnahmeverhältnis umgekehrt ist und eine entgeltbezogene Gleichbehandlung üblicherweise nicht stattfindet.[321]

1. Inhalt der Gleichbehandlung

Nach der Legaldefinition des Art. 3 Abs. 1 f) RL 2008/104/EG erfasst der Gleichbehandlungsgrundsatz die Dauer der Arbeitszeit, Überstunden, Pausen, Ruhezeiten, Nachtarbeit, Urlaub, arbeitsfreie Tage und Arbeitsentgelt, wie sie in Gesetzen, Verordnungen und verbindlichen Bestimmungen allgemeiner Art für das Entleihunternehmen gelten. Derartige Bestimmungen müssen rechtlich

---

320 Deutschlands Zukunft gestalten", S. 50, abrufbar unter: https://www.cdu.de/sites/default/files/media/dokumente/koalitionsvertrag.pdf (zul. abgerufen am 27.8.2017).

321 *Langstädtler*, Noerr Academy 2011, S. 231, 235; ErfK/*Wank*, AÜG, § 3 Rn. 11; *Willemsen/Mehrens*, NZA 2015, 897, 900; so bleiben die Bruttoarbeitsentgelte für Leiharbeitnehmer bis zu 42% hinter denen zurück, die vergleichbare Beschäftigte erhalten, vgl. Arbeitsmarktberichterstattung der BA (Januar 2017): Blickpunkte Arbeitsmarkt – Aktuelle Entwicklungen der Zeitarbeit, S. 20.

verbindlich sein und einen allgemeinen Charakter aufweisen.[322] Während freiwillige Zusagen oder Individualabreden demnach keine Gleichbehandlung nach sich ziehen, unterfallen die in Gesetzen, Tarifverträgen, Betriebsvereinbarungen, Verordnungen und Verwaltungsvorschriften vorgegebenen Bedingungen dem Gleichbehandlungsgebot.[323] Das deutsche Recht, das keine eigene Aussage darüber trifft, welche Bedingungen als wesentlich anzusehen sind, greift auf die abschließende Aufzählung der Richtlinie zurück.[324]

Der Vergleichsmaßstab richtet sich gem. Art. 5 Abs. 1 RL 2008/104/EG nach den Arbeitsbedingungen, die für den Arbeitnehmer gelten würden, wenn er unmittelbar vom entleihenden Unternehmen angestellt würde. Es kommt zunächst nicht auf den konkreten Entleihbetrieb an, vielmehr ist eine unternehmensweite Betrachtung vorzunehmen.[325] Das entleihende Unternehmen definiert Art. 3 Abs. 1 d) RL 2008/104/EG nämlich als „natürliche oder juristische Person, in deren Auftrag und unter deren Aufsicht und Leitung ein Leiharbeitnehmer vorübergehend arbeitet". Die Weisungsrechte, auf die das zweite Element dieser Definition abstellt, werden unmittelbar im Einsatzbetrieb ausgeübt. Gleichwohl fehlt es in aller Regel bei einem Betrieb an der Personeneigenschaft und damit am ersten Element. Bezugspunkt ist damit das Unternehmen. Allerdings muss beachtet werden, dass eine solche unternehmensweite Betrachtung nur nachrangig zur Anwendung kommen sollte, wenn es im Betrieb keinen entsprechenden Stammarbeitnehmer gibt und eine hypothetische Bestimmung scheitert. Wenn es einen solchen Arbeitnehmer nicht im Betrieb gibt, ist nämlich eine hypothetische Betrachtung vorzunehmen.[326] Führt auch diese Erwägung nicht weiter,

322 EnzEuR/*Forst*, § 16 Rn. 68; Preis/Sagan/*Sansone*, Europäisches Arbeitsrecht, § 8 Rn. 51.

323 EnzEuR/*Forst*, § 16 Rn. 68; Preis/Sagan/*Sansone*, Europäisches Arbeitsrecht, § 8 Rn. 51.

324 BAG 23.3.2011 – 5 AZR 7/10, NZA 2011, 850; Preis/Sagan/*Sansone*, Europäisches Arbeitsrecht, § 8 Rn. 43; Thüsing/*Pelzner/Kock*, AÜG, § 3 Rn. 69; *Thüsing/Stiebert*, ZESAR 2012, 199, 201; aA *Boemke/Lembke*, AÜG, § 9 Rn. 77; *Sansone*, Gleichstellung, S. 160 ff., 480 ff.; *Weckesser*, Auswirkungen des Gleichbehandlungsgrundsatzes, S. 54 ff.

325 Preis/Sagan/*Sansone*, Europäisches Arbeitsrecht, § 8 Rn. 55; *Sansone*, Gleichstellung, S. 514; aA EUArbR/*Rebhahn/Schörghofer*, RL 2008/104/EG, Art. 5 Rn. 4; *Thüsing/Stiebert*, ZESAR 2012, 199, 202.

326 ErfK/*Wank*, AÜG, § 3 Rn. 16; *Schüren/Wank* RdA 2011, 1, 4; aA *Sansone*, Gleichstellung, S. 269; *Nebeling/Gründel*, BB 2009, 2366, 2367; *Rieble/Klebeck*, NZA 2002, 23, 24.

kommt es auf die Arbeitsbedingungen in einem vergleichbaren Betrieb an.[327] Erst in dieser Situation erscheint es sachgerecht, jene Bedingungen als maßgeblich anzusehen, die der einstellende Entleiher in anderen Betrieben gewährt. Denn nicht nur die Einstellung des Arbeitnehmers ist eine Entscheidung des Unternehmens, sondern auch, in welchem Betrieb er eingesetzt werden soll. Primärer Bezugspunkt sollte in diesen Fällen der Betrieb sein. Ein Konflikt mit dem Unternehmensbezug, den Art. 5 Abs. 1 RL 2008/104/EG vorgibt, besteht nicht: Es kommt auf die Arbeitsbedingungen an, die gelten würden, wenn der Arbeitnehmer unmittelbar vom Unternehmen *eingestellt* worden wäre. Nur das Unternehmen, nicht hingegen der Betrieb, ist eine juristische Person, die überhaupt eine Einstellung iSd. Begründung eines Arbeitsverhältnisses vornehmen kann. Erst wenn ein vergleichbarer Arbeitnehmer nicht im Betrieb eingesetzt wird und eine hypothetische Ermittlung nicht weiterführt, kann auf vergleichbare Arbeitnehmer des Unternehmens abgestellt werden.

Im Hinblick auf die Gleichheit der Tätigkeit ist entscheidend, ob die Tätigkeit funktional austauschbar ist und Anforderungsprofil und Arbeitsbelastung einander entsprechen.[328] Der vergleichbare Arbeitnehmer ist zudem mit Blick auf persönliche Merkmale wie Alter, Berufserfahrung, Qualifikation zu bestimmen.[329] Fehlt ein solcher vergleichbarer Arbeitnehmer, muss eine hypothetische Betrachtung an den Tag gelegt werden, die auf einen Mitarbeiter abstellt, der zum Überlassungsbeginn eingestellt worden wäre.[330]

Die Norm konkretisiert nicht näher, welche Entgeltbestandteile vom Arbeitsentgelt iSv. § 8 Abs. 1 erfasst sein sollen. Aus Art. 3 Abs. 2 RL 2008/104/EG ergibt sich, dass das nationale Recht für die Definition maßgeblich sein soll.[331] Bereits nach allgemeiner Ansicht zur aF sind alle Leistungen relevant, die als Gegenleistung für die Arbeitsleistung erbracht werden – hierzu zählen neben der unmittelbaren Vergütung für die Ausübung der Tätigkeit auch Zuschläge,

---

327 ErfK/*Wank*, AÜG, § 3 Rn. 16; HWK/*Kalb*, AÜG, § 3 Rn. 33; *Ulber*, AÜG, § 9 Rn. 68; *Lembke*, BB 2003, 98, 100; aA *Thüsing*, DB 2003, 446, 447.

328 ErfK/*Wank*, AÜG, § 3 Rn. 15; *Thüsing/Stiebert*, ZESAR 2012, 199, 202; *Thüsing*, DB 2003, 446, 447; *Sansone*, Gleichstellung, S. 277.

329 EUArbR/*Rebhahn/Schörghofer*, RL 2008/104/EG, Art. 5 Rn. 5; *Hamann*, EuZA 2009, 287, 306; *Sansone*, Gleichstellung, S. 519; *Thüsing/Stiebert*, ZESAR 2012, 199, 202.

330 *Sansone*, Gleichstellung, S. 514 f.; *Thüsing/Stiebert*, ZESAR 2012, 199, 202.

331 *Boemke/Lembke*, AÜG, § 9 Rn. 13; Thüsing/*Mengel*, AÜG, § 9 Rn. 31.

Sonderzuwendungen, Gratifikationen, Boni und Provisionen.[332] Das BAG[333] zählt in Übereinstimmung mit der weit überwiegenden Ansicht im Schrifftum[334] zum Begriff des Arbeitsentgelts „nicht nur das laufende Arbeitsentgelt, sondern jede Vergütung, die aus Anlass des Arbeitsverhältnisses gewährt wird bzw. aufgrund gesetzlicher Entgeltfortzahlungstatbestände gewährt werden muss".[335] Eine Sichtweise, die der Gesetzgeber auch bei der Novellierung zugrunde legt.[336] Sonstige geldwerte Leistungen wie Personalrabatte, Sachleistungen, Firmenwagen, usw. waren bereits nach der aF durch einen Geldbetrag abzugelten, wenn sie nicht vom Verleiher gewährt werden können.[337] Eine solche Ausgleichsmöglichkeit sieht das AÜG in seiner Neufassung in § 8 Abs. 1 Satz 3 ausdrücklich vor.

2. Inhalt der AÜG-Novelle

§ 8 sieht erstmals eine systematisch korrekt eingeordnete,[338] weil für sich stehende und nicht mit Erlaubnisversagungsgründen (§ 3 aF) bzw. Rechtsfolgen (§ 10 aF) gekoppelte, Regelung des Gleichbehandlungsgrundsatzes vor.

§ 8 Abs. 1 Satz 1 sieht vor, dass der Gleichstellungsgrundsatz die im Betrieb des Entleihers für einen vergleichbaren Arbeitnehmer geltenden Bedingungen erfasst. Diese Regelung stellt also den Einsatzbetrieb in den Mittelpunkt. Besonderheiten für die Bestimmung des vergleichbaren Stammarbeitnehmers ergeben sich hieraus nicht.

---

332 BT-Drs. 15/25, S. 38 f.; HK-ArbR/*Lorenz*, AÜG, § 9 Rn. 23; Schüren/*Schüren*, AÜG, § 9 Rn. 136; Thüsing/*Mengel*, AÜG, § 9 Rn. 31.

333 BAG 24.9.2014 – 5 AZR 254/13, juris; BAG 13.3.2013 – 5 AZR 294/12, NZA 2013, 1226, Rn. 27.

334 ErfK/*Wank*, AÜG, § 10 Rn. 13 f.; Thüsing/*Pelzner/Kock*, AÜG, § 3 Rn. 70 ff.; *Ulber*, AÜG, § 9 Rn. 46 ff. jew. mwN.

335 BAG 24.9.2014 – 5 AZR 254/13, juris, Rn. 27.

336 BT-Drs. 18/9323, S. 23.

337 HK-ArbR/*Lorenz*, AÜG, § 3 Rn. 23; Thüsing/*Pelzner/Kock*, AÜG, § 3 Rn. 71; *Ulber*, AÜG, § 9 Rn. 47; *Lembke*, BB 2003, 98, 101; eine gesetzliche Konkretisierung des Begriffs „Arbeitsentgelt" zur Vermeidung der praktischen Probleme, die beim MiLoG aufgetreten sind, befürworten *Willemsen/Mehrens*, NZA 2015, 897, 901.

338 BT-Drs. 18/9323, S. 23 spricht von einer systematischen Zusammenführung; ebenso *Baeck/Winzer/Hies*, NZG 2016, 415, 417; zur Systematik der aF vgl. ErfK/*Wank*, AÜG, § 3 Rn. 11.

a. Vermutungsregelung § 8 Abs. 1 Satz 2

In § 8 Abs. 1 Satz 2 findet sich eine Regelung, nach der die Gleichstellung vermutet wird, wenn ein Entgelt gezahlt wird, das für Stammarbeitnehmer in einem Tarifvertrag des Entleihers vorgesehen ist oder, wenn ein solcher nicht besteht, in einem Tarifvertrag der Einsatzbranche. Ziel der Regelung ist es, die Anwendung des AÜG und die Kontrolle des Gleichstellungsgebots zu erleichtern.[339]

Die Vermutungsregelung, die an den Tarifvertrag anknüpft, den der Entleiher abgeschlossen hat, begegnet keinerlei Bedenken. Der Tarifvertrag des Entleihers dient dazu, die Arbeitsvertragsgestaltung für Stammarbeitnehmer zu vereinheitlichen und zu erleichtern, indem er eine sichere Kalkulationsgrundlage vorgibt.[340] Eine Abweichung von diesen Festsetzungen bei der Einstellung eines neuen Arbeitnehmers durch das Unternehmen erscheint wenig realistisch. Würde der Leiharbeitnehmer also unmittelbar durch das Unternehmen eingestellt - eine Überlegung, die Art. 5 Abs. 1 RL 2008/104/EG als Maßstab für die Gleichbehandlung heranzieht –, ergäben sich die maßgeblichen Arbeitsbedingungen aus eben diesem Tarifvertrag. Sollten die Arbeitsbedingungen der Stammbeschäftigten tatsächlich über denjenigen liegen, die der Tarifvertrag vorgibt, so obliegt es dem Leiharbeitnehmer diesen Umstand darzulegen.

Diese Argumentation greift bei einem Tarifvertrag der Einsatzbranche nur, wenn er tatsächlich Auswirkungen auf die Gestaltung der betrieblichen Arbeitsbedingungen hat. Die Zahl derjenigen Arbeitnehmer, deren Einsatzbetrieb branchentarifgebunden ist, sinkt seit Jahren. Im Jahr 2013 waren in Westdeutschland 52% und in Ostdeutschland 35% der Beschäftigten an einen Branchentarifvertrag gebunden, während die Bindung 1996 noch bei 70% bzw. 56% lag. Demgegenüber sind 40% bzw. 53% an gar keinen Tarifvertrag gebunden.[341] Dieser sinkenden Zahl zum Trotz hat der Branchentarifvertrag dennoch hervorgehobene Bedeutung für die Arbeitsbedingungen einer Branche und kann ein verlässlicher Indikator dafür sein, welche Arbeitsbedingungen bei einer Einstellung gelten würden. Die „tonangebende" Bedeutung von Branchentarifverträgen wird nicht zuletzt daran deutlich, dass Rechtsprechung und herrschende Meinung ihn heranziehen, um zu bestimmen, ob ein Lohn sittenwidrig ist.[342]

---

339 BT-Drucks. 18/9232, S. 23; vgl. auch *Henssler*, RdA 2017, 83, 93; *Greiner*, RdA 2017, 153, 156.

340 BeckOK ArbR/*Waas*, TVG, § 1 Rn. 14; ErfK/*Franzen*, TVG, § 1 Rn. 2.

341 Vgl. IAB, Tarifbindung der Beschäftigten, abrufbar unter: http://doku.iab.de/aktuell/2013/tarifbindung_2012.pdf (zul. abgerufen am 27.8.2017).

342 Vgl. nur BAG 22.4.2009 - 5 AZR 436/08, BAGE 130, 338 mwN.

Auch bzgl. des Gleichbehandlungsgrundsatzes auf die Branchentarifverträge abzustellen, passt sich in das arbeitsrechtliche Gesamtsystem in rechtssicherer Art und Weise ein.

Kritik schlägt der Regelung allerdings unter praktischen Erwägungen entgegen:[343] Die gesetzliche Vermutungswirkung greift nur bei zutreffender Eingruppierung nach dem Tarifvertrag der Einsatzbranche – diese stelle die Arbeitgeber der Einsatzbranche jedoch ihrerseits nicht selten vor Probleme. Wenn schon die unmittelbar dem Tarifvertrag unterworfenen Entleiher bei ihren eigenen Arbeitnehmern die Eingruppierung nicht rechtssicher vornehmen können, erscheine fraglich, wie erfolgreich die Verleihunternehmen diese Aufgabe meistern.[344] Diese Kritik ist jedoch in weiten Teilen unbegründet: Der im Einsatzbetrieb jeweils vergleichbare Arbeitnehmer muss ohnehin schon nach der Gesetzeslage und den Vorgaben der RL 2008/104/EG ermittelt werden.

Die Vermutungsregelung sieht sich darüber hinaus dem Vorwurf ausgesetzt, „nicht hinreichend durchdacht"[345] zu sein. Die erste Alternative, nach der es genügt, dass der Arbeitnehmer ein Entgelt erhält, das den Stammarbeitnehmern tarifvertraglich geschuldet wird,[346] helfe nicht weiter, weil es zu leicht sei, sie zu widerlegen. *Thüsing* sieht die Vermutung bereits widerlegt, sobald irgendeinem vergleichbaren Arbeitnehmer mehr als Tariflohn gezahlt wird. Da es nur selten Arbeitgeber gibt, die ausschließlich nach Tarif bezahlen, sei die praktische Wirkung der Regelung eher gering. Dieses Ergebnis erscheint drastisch und nicht zwingend geboten: Nach der Gesetzesbegründung genügt es, dass „der Leiharbeitskraft das im Einsatzbetrieb einer vergleichbaren Stammarbeitskraft geschuldete tarifvertragliche Arbeitsentgelt gewährt wird."[347] Die Vermutung besteht, solange das Arbeitsentgelt des Leiharbeitnehmers dem tarifvertraglich geschuldeten Arbeitsentgelt *irgendeines* vergleichbaren Stammarbeitnehmers entspricht. Dass der Entleiher einem vergleichbaren Arbeitnehmer mehr als Tariflohn zahlt, ist dann mit Blick auf eine Abschwächung der tatsächlichen Gleichstellung zwar

343 Diesen Umstand illustrieren *Hennig/Bödeker*, AuA 2016, 201, 202 am Beispiel des ERA.

344 *Hennig/Bödeker*, AuA 2016, 201, 202.

345 *Thüsing*, DB 2016, 2663, 2664.

346 Gemeint ist, dass der Tarifvertrag potentiell normativ gilt, also gem. § 4 Abs. 1 TVG iVm. § 3 TVG oder durch eine Allgemeinverbindlicherklärung iSv. § 5 Abs. 4 TVG, s. *Greiner*, RdA 2017, 153, 156 mwN.

347 BT-Drs. 18/9232, S. 23.

bedenklich,[348] spricht aber nicht gegen die Vermutungsregelung: Diese erschöpft sich in einer prozessualen Beweislastumkehr.[349] Erst eine allgemeine übertarifliche Vergütungspraxis vergleichbarer Stammarbeitnehmer erschüttert die Vermutung zwingend, nicht schon Einzelfälle übertariflicher Entlohnung. Anderenfalls würde die allgemeine Bedeutung der Tarifverträge abgeschwächt und nicht unterstrichen, was die Gesetzesbegründung jedoch gerade als Ziel der Vermutungsregelung benennt.[350] Auch die Vorgehensweise bei der Bestimmung des vergleichbaren Stammarbeitnehmers führt zu einem Szenario, in dem die Vermutung widerlegt werden kann: Kommen mehrere Arbeitnehmer in Betracht, ist entscheidend, zu welchen Bedingungen der Stammarbeitnehmer eingestellt wurde, der zuletzt vor Beginn der Überlassung eingestellt wurde.[351] Die Möglichkeit die Vermutung zu widerlegen, besteht damit auch in Fällen, in denen der Leiharbeitnehmer das Tarifentgelt erhält, während der zuletzt eingestellte Stammarbeitnehmer einen übertariflichen Lohn erhält. Ob andere Stammarbeitnehmer ein über dem Tarifvertrag liegendes Entgelt erhalten, spielt dann keine Rolle. Die Vermutung zu widerlegen ist damit möglich – aber nicht so leicht, dass der Vermutung die praktische Wirkung fehlt.

Die zweite Alternative der Vermutungsregelung, nach der die Vermutung greift, sobald der Leiharbeitnehmer ein „für vergleichbare Arbeitnehmer in der Einsatzbranche geltendes tarifvertragliches Arbeitsentgelt" erhält, komme sogar niemals zur Anwendung: Um die Vermutungstatsachen (Tariflohn der Einsatzbranche) zu beweisen, sei es erforderlich, dass er die Gleichstellung mit dem Tarifentgelt widerlegt, an das die Vermutungsregelung überhaupt erst anknüpft.[352] Auch hier ist eine behutsamere Auslegung vorzugswürdig: Die zweite Alternative nimmt die Situation in den Blick, dass die vergleichbaren Stammarbeitnehmer nicht nach einem Tarifvertrag des Entleihers bezahlt werden, sodass die erste Alternative ausscheidet. Um dennoch eine Erleichterung durch eine Vermutung zu schaffen, entschied sich der Gesetzgeber für die Möglichkeit, auf einen anderen Tarifvertrag zurückzugreifen, der in der Einsatzbranche gilt. Obgleich also im Einsatzbetrieb kein Tarifvertrag zur Anwendung kommt, auf den man iRd. ersten Alternative zurückgreifen könnte, erfolgt die gesetzgeberisch gewollte

---

348 *Henssler*, Ausschussdrs. 18(11) 761, S. 66; *DGB*, Ausschussdrs. 18(11)761, S. 15; *Greiner*, RdA 2017, 153, 156.

349 *Greiner*, RdA 2017, 153, 156.

350 BT-Drs. 18/9232, S. 23.

351 BeckOK ArbR/*Motz*, AÜG, § 8 Rn. 29; *Schüren/Wank*, RdA 2011, 1, 4; *Thüsing*, RdA 2009, 118.

352 *Thüsing*, DB 2016, 2663, 2664.

Betonung der Tarifverträge,[353] indem es für die Gleichstellungsvermutung ausreicht, dass ein Entgelt gezahlt wird, das einem Tarifvertrag der Einsatzbranche entspricht. Es wird damit lediglich der Vergleichspunkt ausgeweitet – nicht mehr der Tarifvertrag des Entleihers schafft die Vermutung der Gleichstellung, sondern der Tarifvertrag der Einsatzbranche.

b. Begrenzung der Abweichung auf neun Monate

In § 8 Abs. 2 ist eine Abweichung durch einen Tarifvertrag vom Gleichbehandlungsgrundsatz im Allgemeinen vorgesehen. Bezogen auf das Arbeitsentgelt begrenzt § 8 Abs. 4 die Abweichungsmöglichkeit jedoch auf neun Monate. Eine Abweichung von bis zu 15 Monaten ist möglich, wenn nach diesem Zeitraum ein Entgelt erreicht wird, das von den Tarifvertragsparteien als „gleichwertig" festgelegt wurde, und nach maximal sechs Wochen eine stufenweise Heranführung vorgenommen wird, § 8 Abs. 4 a), b). Diese Regelung soll den bereits bestehenden (Branchen-)Zuschlagstarifverträgen Rechnung tragen und zum Abschluss weiterer solcher Tarifverträge anregen.[354]

Eine Anrechnung von Vorbeschäftigungszeiten erfolgt, wenn zwischen ihnen nicht mehr als drei Monate liegen, § 8 Abs. 4 aE. Die Abweichung durch Tarifvertrag kann auch durch individualvertragliche Bezugnahme erreicht werden, § 8 Abs. 1, Abs. 2 Satz 3, Abs. 4 Satz 3. Die Schaffung eines verpflichtenden Gleichbehandlungsgrundsatzes ist erkennbar von dem Willen getragen, substitutive Leiharbeit zu erschweren und dem Ersatz von Stammbelegschaft durch Leiharbeitnehmer entgegenzuwirken.[355] Dieses Ziel wird nicht zuletzt in der Gesetzesbegründung deutlich: Der dauerhafte Einsatz von Leiharbeitnehmern wird als Mittel identifiziert, um eine – nicht wünschenswerte[356] – Verdrängung der Stammarbeitnehmer herbeizuführen.[357]

3. Zulässigkeit der Einführung einer zeitlichen Grenze

Die Frage, ob die zeitlich beschränkte Abweichung vom Gleichbehandlungsgrundsatz zulässig ist, wird kontrovers diskutiert. Letzten Endes greift der Gesetzgeber damit ein Regelungsinstrument auf, das er in ähnlicher Form bis 2003

---

353 BT-Drs. 18/9232, S. 23.
354 BT-Drs. 18/9232, S. 24.
355 Vgl. *Thüsing*, NZA 2014, 10, 11.
356 Dazu *Nielebock*, FS Bepler, S. 455, 465.
357 BT-Drs. 18/9232, S. 13, 20, 26.

nutzte[358] – damals freilich ohne Bezug zu einer tarifvertraglichen Abweichungsmöglichkeit.

a. Stand der Diskussion

Gegen die Zulässigkeit der Wartefrist wird vorgebracht, sie stimme an mehreren Punkten nicht mit der Richtlinie überein: Zum einen diene sie nicht der Flexibilisierung, sondern durch die dauerhafte Trennung von Arbeitsplatz und Arbeitsverhältnis allein der Kostensenkung.[359] Die neue Regelung verhindere gerade nicht, dass Leiharbeitnehmer dauerhaft bestehenden Arbeitskräftebedarf besetzen – es komme lediglich dazu, dass der Leiharbeitnehmer häufiger ausgewechselt wird.[360] Zum anderen sehe Art. 5 RL 2008/104/EG – mit Ausnahme von Abs. 4 aE, der zwar eine Wartezeit ausdrücklich ermöglicht, in Deutschland aber keine Anwendung finden kann – keine Einschränkungen bezogen auf die Dauer vor.[361] Die Ungleichbehandlung von Arbeitnehmern, die kürzer oder länger als neun Monate beschäftigt werden, stelle daher einen Verstoß dar.[362] Des Weiteren bestehe nach der Richtlinie ab dem ersten Tag des Einsatzes der Anspruch auf das gleiche Entgelt, sodass die Wartezeit schon deshalb ein Verstoß gegen die Richtlinie sei.[363] Die unionsrechtlich eröffneten Ausnahmemöglichkeiten, die eine Abweichung vom Gleichbehandlungsgrundsatz rechtfertigen könnten, lägen daher nicht vor.[364] Darüber hinaus sei die Regelung auch unter grundrechtlichen Gesichtspunkten unzulässig, da ein sachlicher Grund für die Ungleichbehandlung von Arbeitnehmern nach einer neunmonatigen Einsatzdauer nicht erkennbar sei.[365]

---

358 § 10 Abs. 5 AÜG aF: „Bei einer nach § 3 Abs. 1 Nr. 6 länger als zwölf aufeinanderfolgende Monate dauernden Überlassung desselben Leiharbeitnehmers an einen Entleiher hat der Verleiher nach Ablauf des zwölften Monats den Leiharbeitnehmer die im Betrieb des Entleihers geltenden Arbeitsbedingungen einschließlich des Arbeitsentgelts zu gewähren […]"; Vgl. dazu *Boemke/Lembke*, DB 2002, 893, 896 f.

359 *Schüren/Fasholz*, NZA 2015, 1473, 1474.

360 Eine soziale Eingliederung in den Einsatzbetrieb kann dann nicht erzielt werden, s. *Schüren/Fasholz*, NZA 2015, 1473, 1474.

361 Vgl. *Boemke/Lembke*, AÜG, § 9 Rn. 21; Preis/Sagan/*Sansone*, Europäisches Arbeitsrecht, § 8 Rn. 67; *Hamann*, EuZA 2009, 287, 308; *Rödl/Ulber*, NZA 2012, 841, 842.

362 *Stang/Ulber*, NZA 2015, 910, 914.

363 *Ulber*, Rechtsgutachten zum 1. Referentenentwurf, S. 18.

364 *Stang/Ulber*, NZA 2015, 910, 914; ausführlich zur tarifvertraglichen Abweichung s.u. C. I. 4 e.

365 *Heuschmid/Klauk*, SR 2012, 84; *Stang/Ulber*, NZA 2015, 910, 914; *Ulber*, Rechtsgutachten zum 1. Referentenentwurf, S. 19.

Tragende Erwägungen, die für die Zulässigkeit einer Wartefrist sprechen, sind, dass der wirtschaftliche Anreiz zur Substitution von Stammbelegschaft verringert wird und die Gleichbehandlung – die auch Art. 5 RL 2008/104/EG als Normalfall ansieht – größere praktische Relevanz erhält.[366] Von einer europarechtlichen Warte aus betrachtet ist die Einführung einer Wartezeit – von den sonstigen Vorgaben losgelöst, die die Richtlinie aufstellt[367] – unbedenklich: Wenn die maßgebliche Richtlinie die Gleichbehandlung als Regel vorsieht, kann die nationalrechtliche Annäherung an diesen Zustand zumindest keine Richtlinienwidrigkeit darstellen.[368]

b. Stellungnahme

Die Argumente gegen die neunmonatige Wartefrist setzen systematisch an der falschen Stelle an: Sie prüfen die Wartezeit an dem Maßstab, den die Richtlinie für die Abweichungen vom Gleichbehandlungsgrundsatz im Ganzen vorsieht. Der Gesetzgeber möchte aber gerade keine absolut verstandene Wartezeit einführen, die eine Gleichbehandlung erst nach Ablauf der Frist zulässt, sondern lediglich die tarifvertragliche Abweichungsmöglichkeit auf einen Zeitraum beschränken. Es ist wenig schlüssig einer Regelung die Zulässigkeit abzusprechen, die eine – ohnehin nur ausnahmsweise vorgesehene[369] – Abweichung vom „Herzstück“[370] der RL 2008/104/EG lediglich unter strengeren Voraussetzungen zulässt. Darüber hinaus lässt sich alleine aus dem Umstand, dass die Ausnahmemöglichkeit des Art. 5 Abs. 4 RL 2008/104/EG als einzige eine Wartezeit ausdrücklich benennt, nicht schließen, in allen anderen Fällen sei eine Wartezeit unzulässig – dahingehende Anhaltspunkte finden sich weder in den Erwägungsgründen noch an anderen Stellen in der Richtlinie.

Selbst wenn man in der Regelung ein Verbot bzw. eine Einschränkung des Einsatzes von Leiharbeitnehmern iSv. Art. 4 RL 2008/104/EG sähe, würde dies kein anderes Ergebnis rechtfertigen. Derartige Einschränkungen sind nach Art. 4 Abs. 1 RL 2008/104/EG zulässig, um einen Missbrauch zu verhüten. Eine Begrenzung der Abweichungsmöglichkeit auf neun Monate könnte dazu dienen,

---

366 *Thüsing*, NZA 2014, 10, 11; *Wank*, RdA 2010, 193, 203 schlägt allerdings für den Zeitraum drei Monate vor.

367 Zur Frage, ob die konkrete Ausgestaltung der Abweichungsmöglichkeit durch einen Tarifvertrag den europarechtlichen Vorgaben entspricht s.u. C. I. 4. d.

368 *Franzen*, RdA 2015, 141, 148; *Greiner*, RdA 2017, 153, 158.

369 Zum Regel-Ausnahme-Verhältnis, das auch in anderen vergleichbaren Richtlinien zum Tragen kommt vgl. *Heuschmid/Klauk*, SR 2012, 84, 87.

370 EUArbR/*Rebhahn/Schörghofer*, RL 2008/104/EG, Art. 5 Rn. 1.

das aus der Richtlinie folgende Verbot der dauerhaften Überlassung umzusetzen und die missbräuchliche dauerhafte Überlassung zu vermeiden.[371] Ohne den wirtschaftlichen Vorteil, den die Überlassung bei Abweichung von der Gleichbehandlung bietet, wären dauerhafte Überlassungen zweifelsohne seltener.

Auch das grundrechtliche Argument der gleichheitswidrigen Ungleichbehandlung bedarf näherer Betrachtung. Einen sachlichen Grund in der Einarbeitungszeit der Leiharbeitnehmer zu sehen,[372] scheint zunächst nicht dem Grundgedanken zu entsprechen, dem das Gleichbehandlungsgebot entspringt: „Gleicher Lohn für gleiche Arbeit".[373] *Ulber* vertritt die Ansicht, die Regelung stelle eine willkürliche Ungleichbehandlung von Leiharbeitnehmern dar, die kürzer oder länger als neun Monate überlassen werden.[374] Allerdings wird hierbei außer Acht gelassen, dass dem Gesetzgeber ein erheblicher Beurteilungsspielraum zukommt, soweit es um sozialpolitische Entscheidungen geht.[375] Seit der Südweststaat-Entscheidung des BVerfG[376] wird aus dem Gleichheitssatz das Erfordernis eines sachlich einleuchtenden Grundes für die Ungleichbehandlung abgeleitet.[377] Das Willkürverbot ist danach erst verletzt, wenn „sich ein sachgerechter Grund für eine gesetzliche Bestimmung nicht finden läßt".[378] Dieser sachliche Grund ergibt sich aus dem Ziel der Richtlinie und des AÜG: Die Rechte der Leiharbeitnehmer insgesamt zu stärken, zugleich aber das Instrument der Arbeitnehmerüberlassung in seiner praktischen Relevanz zu erhalten – kurzum: Flexicurity.[379] Schon aus der Gesetzesbegründung geht hervor, dass die Arbeitnehmerüberlassung „eine etablierte

---

371 Zum Streitstand, ob die RL 2008/104/EG ein Verbot der dauerhaften Überlassung vorsieht, s. C. II. 2. b.

372 Eine Abweichung für 6 Wochen unter diesem Gesichtspunkt – allerdings mit großen Bedenken und lediglich „äußerstenfalls" – akzeptierend, *Ulber*, Rechtsgutachten zum 1. Referentenentwurf, S. 19.

373 Vgl. BT-Drs. 15/25, S. 38; *Brauneisen/Ibes*, RdA 2014, 213, 217; *Freckmann*, DStR 2003, 294, 295; krit. *Wank*, RdA 2010, 193, 203.

374 *Ulber*, Rechtsgutachten zum 1. Referentenentwurf, S. 19.

375 Vgl. BeckOK GG/*Kischel*, Art. 3 Rn. 55.

376 BVerfG 23.10.1951 – 2 BvG 1/51, BVerfGE 1, 14, 52.

377 Maunz/Dürig/*Kirchhof*, GG, Art. 3 Rn. 432.

378 So BVerfG 16.3.1955 – 2 BvK 1/54, BVerfGE 4, 144, Rn. 37; vgl. auch BVerfG 27.2.2007 – 1 BvR 1982/01, BVerfGE 117, 302, Rn. 26; ErfK/*Schmidt*, GG, Art. 3 Rn. 31; Maunz/Dürig/*Kirchhof*, GG, Art. 3 Rn. 433.

379 Erwägungsgrund 11 RL 2008/104/EG; zur Begrifflichkeit und der Bedeutung in der Arbeitnehmerüberlassung vgl. Schlussantrag Jääskinen 22.4.2010 – C-98/09, Rn. 20; Grünbuch der Kommission 22.11.2006, KOM (2006) 708; *Lembke/Ludwig*, NJW 2014, 1329, 1330, 1341; *Happ/van der Most*, BB 2015, 565 ff.

Form des flexiblen Personaleinsatzes“ ist.[380] Während der Fremdpersonaleinsatz durch Arbeitnehmerüberlassung flexibel ist und bleibt, fällt das Lohnniveau durch die Abweichungsmöglichkeit deutlich hinter dem der Stammbelegschaft zurück.[381] Das vom Gesetzgeber erklärte Ziel, neben der beruflichen Sicherheit auch eine faire Entlohnung sicherzustellen, soll durch eine breiter angelegte Gleichbehandlung erreicht werden.[382]

Letzten Endes lässt sich die neunmonatige Wartefrist mit einer Stichtagsregelung vergleichen, bei der eine Leistung nur bis zu bzw. ab einem bestimmten Zeitpunkt gewährt wird. Eine Stichtagsregelung ist als „Typisierung in der Zeit“[383] – trotz dabei entstehender Härten – zulässig und mit einem weiten Beurteilungsspielraum des Gesetzgebers versehen, solange die Entscheidung auf sachlichen Gründen beruht und nicht willkürlich ist.[384] Voraussetzungen einer solchen zulässigen Typisierung sind, dass eine verhältnismäßig kleine Zahl von Personen betroffen ist, lediglich ein wenig intensiver Verstoß gegen das Gleichheitsgebot vorliegt und entstehende Härten nur schwer vermeidbar wären.[385] Die Überlassungsdauer beträgt überwiegend bis zu sechs Monate und überschreitet in lediglich 15% aller Fälle ein Jahr.[386] Die Besserstellung betrifft damit nur eine verhältnismäßig geringe Zahl an Arbeitnehmern. Darüber hinaus liegt das übergeordnete arbeitsmarktpolitische Ziel, Arbeitslosen durch Arbeitnehmerüberlassung den Zugang zum Arbeitsmarkt zu ermöglichen, im Beurteilungsspielraum des Gesetzgebers und stellt einen rechtfertigenden sachlichen Grund für die Differenzierung dar.

Die Zulässigkeit der Wartezeitregelung stößt somit nicht grundsätzlich auf Bedenken. Sie ist vielmehr eine Heranführung an das Grundprinzip der Gleichbehandlung durch eine zeitliche Begrenzung. Über die Zulässigkeit der

---

380 BT-Drs. 18/9232, S. 1.

381 Arbeitsmarktberichterstattung der BA (Januar 2017): Blickpunkte Arbeitsmarkt – Aktuelle Entwicklungen der Zeitarbeit, S. 20.

382 BT-Drs. 18/9232, S. 14.

383 ErfK/*Schmidt*, GG, Art. 3 Rn. 46.

384 BVerfG 8.12.1976 – 1 BvR 810/70, 1 BvR 57/73, 1 BvR 147/76, BVerfGE 44, 1, Rn. 74; BeckOK GG/*Kischel*, Art. 3 Rn. 126; ErfK/*Schmidt*, GG, Art. 3 Rn. 45.

385 BVerfG 28.4.1999 – 1 BvL 22/95, 1 BvL 34/95, BVerfGE 100, 59, Rn. 130; BVerfG 17.11.1992 – 1 BvL 8/87, BVerfGE 87, 234, Rn. 68; BVerfG 8.2.1983 – 1 BvL 28/79, BVerfGE 63, 119, Rn. 39; BeckOK GG/*Kischel*, Art. 3 Rn. 122.

386 Institut der deutschen Wirtschaft Köln, 2011, S. 28, abrufbar unter: http://www.personaldienstleister.de/fileadmin/user_upload/03_Branche/Studien/IW-Studie-Zeitarbeit.pdf (zul. abgerufen am 27.8.2017); zu ähnlichen Ergebnissen kommt IAB Kurzbericht 13/2014, S. 5.

tarifvertraglichen Ausnahmemöglichkeit selbst ist damit jedoch noch nichts gesagt.

4. Abweichung durch Tarifvertrag

Von überragender praktischer Bedeutung ist die tarifdispositive Ausgestaltung des Gleichbehandlungsgrundsatzes. Vereinzelt wird in der Abweichungsmöglichkeit sogar der einzige Grund gesehen, der die Arbeitnehmerüberlassung „wirtschaftlich sinnvoll macht.“[387] Während von den wesentlichen Arbeitsbedingungen im Allgemeinen gem. § 8 Abs. 2 auf eine nicht im Gesetz bestimmte Dauer abgewichen werden kann, ist die Abweichung bzgl. des Entgelts auf neun Monate beschränkt. Eine darüber hinausgehende Abweichung ist nur möglich, wenn der Abweichungstarifvertrag eine Heranführung an ein von den Tarifparteien als gleichwertig festgelegtes Entgelt vorsieht und dieses nach spätestens 15 Monaten erreicht wird, § 8 Abs. 4.

a. Entwicklung der Abweichungsmöglichkeit im deutschen Recht

Das BVerfG hat im Jahr 2004 die Verfassungsmäßigkeit der vorangegangenen Regelung, die erstmals die Gleichbehandlung sowie die tarifvertragliche Abweichungsmöglichkeit vorsah, im Grundsatz bestätigt.[388] In Reaktion auf die Richtlinie hat der deutsche Gesetzgeber die Abweichungsmöglichkeit dadurch nuanciert, dass eine bindende Lohnuntergrenze eingeführt wurde, § 3a, die dazu dienen sollte, einen Mindestschutz zu gewähren.[389]

b. Gegenwärtige Tariflandschaft in der Arbeitnehmerüberlassung

Im Anschluss an den Beschluss des BAG,[390] der die Tariffähigkeit der CGZP verneinte und den von dieser Spitzenorganisation abgeschlossenen Tarifverträgen die Wirksamkeit nahm, sind die einzigen Tarifwerke, die noch bedeutsam sind, diejenigen, die von einer Tarifgemeinschaft der DGB-Gewerkschaften abgeschlossen

---

387 *Melot de Beauregard*, DB 2015, 2881; freilich muss bedacht werden, dass die Arbeitnehmerüberlassung in der Richtlinie nicht als „wirtschaftlich sinnvoll“ geplant war, sondern zur flexiblen Deckung eines vorübergehend bestehenden Bedarfs dienen sollte – ohne Bezug zu wirtschaftlichen Erwägungen erkennen zu lassen, vgl. Erwägungsgründe 9, 11 RL 2008/104/EG.

388 BVerfG 29.12.2004 – 1 BvR 2283/03, NZA 2005, 153; BGBl. I, 4607; HK-ArbR/*Lakies*, GG, Art. 12 Rn. 73.

389 HK-ArbR/*Lakies*, GG, Art. 12 Rn. 73.

390 BAG 14.12.2010 – 1 ABR 19/10, BAGE 136, 302.

wurden. Auf Seiten der DGB-Gewerkschaften stehen GdP, EVG, GEW, NGG, IG BAU, IG BCE, IG Metall und ver.di. Die Tarifgemeinschaft hat mit den Arbeitgeberverbänden BAP, der 2011 aus einer Fusion des AMP und des BZA hervorgegangen ist, und mit dem iGZ 2016 bzw. 2017 (Änderungs-)Tarifverträge über die Arbeitnehmerüberlassung abgeschlossen. Im Gegensatz zur CGZP, in der sich CGB-Gewerkschaften zusammengeschlossen hatten, haben die DGB-Gewerkschaften sich nicht in Form einer Spitzenorganisation zusammengeschlossen, die eigene Tariffähigkeit beansprucht. Vielmehr haben sie eine Tarifgemeinschaft gebildet. Der entscheidende Unterschied liegt darin, dass bei einer Tarifgemeinschaft für die Wirksamkeit des Tarifvertrags jeweils die Tariffähigkeit der einzelnen Gewerkschaften ausschlaggebend ist, da die Gewerkschaften – vorbehaltlich einer anderweitigen Vereinbarung – keinen Einheitstarifvertrag schließen wollen, sondern einen rechtlich selbständigen Tarifvertrag.[391]

c. *Abweichung im europarechtlichen Kontext*

Die Richtlinie sieht in Art. 5 Abs. 1 die Gleichbehandlung vor, benennt in den nachfolgenden Absätzen aber auch Rahmenbedingungen, unter denen die Mitgliedstaaten eine Abweichung von der Gleichbehandlung vorsehen können.

Art. 5 Abs. 2 RL 2008/104/EG regelt, dass die Mitgliedstaaten eine Ausnahme vom Gleichbehandlungsgrundsatz ausschließlich bzgl. des Entgelts vorsehen dürfen. Die Ausnahme bezieht sich auf Leiharbeitnehmer in einem unbefristeten Arbeitsverhältnis, die auch in überlassungsfreien Zeiten bezahlt werden. Rechtfertigung dieser Regelung ist, dass das Verleihunternehmen das Wirtschaftsrisiko trägt[392] und unbefristete Arbeitsverhältnisse ein hinreichendes Schutzniveau gewähren.[393]

Art. 5 Abs. 3 RL 2008/104/EG erlaubt es den Mitgliedstaaten, eine Abweichung durch Tarifverträge vorzusehen, solange der Gesamtschutz der Leiharbeitnehmer gewahrt wird. Die Mitgliedstaaten können nach dieser Regelung von allen Arbeitsbedingungen negativ abweichen.

Art. 5 Abs. 4 RL 2008/104/EG sieht eine Regelung für Mitgliedstaaten vor, in denen es keine Instrumente gibt, um Tarifverträgen allgemeinverbindliche Wirkung zukommen zu lassen. Diese Ausnahme hat für das deutsche Recht aufgrund

---

391 Sog. „mehrgliedriger Tarifvertrag im engeren Sinne" BAG 8.11.2006 – 4 AZR 590/05, BAGE 120, 84, Rn. 22 f.; näher HMB/*Höpfner*, Teil 2 Rn. 189.

392 EnzEuR/*Forst*, § 16 Rn. 37.

393 *Sansone*, Gleichstellung, S. 535; *Riesenhuber*, Europäisches Arbeitsrecht, § 15 Rn. 15.

der verschiedenen Möglichkeiten zur Allgemeinverbindlicherklärung (zB § 5 TVG, §§ 3, 4, 7 AEntG) keine Relevanz.[394]

Abschließend werden die Leiharbeitnehmer in Art. 5 Abs. 5 RL 2008/104/EG vor einer missbräuchlichen Nutzung der Abweichungsmöglichkeiten geschützt. Die Verhinderung aufeinander folgender Überlassungen wird explizit als Ziel genannt.

d. Gesamtschutz nach der RL 2008/104/EG im deutschen Recht

Dadurch dass das AÜG keine Begrenzung auf unbefristet beschäftigte Arbeitnehmer enthält, die auch in verleihfreien Zeiten bezahlt werden, kommt eine Abweichung nach Art. 5 Abs. 2 RL 2008/104/EG trotz der verbreiteten Bezeichnung als „deutsche Ausnahme“[395] nicht in Betracht.[396] Vielmehr muss die Frage, ob die Abweichungsmöglichkeit im AÜG die Richtlinie umsetzt, anhand von Art. 5 Abs. 3 RL 2008/104/EG beantwortet werden.[397]

aa) Bedeutung der „Achtung des Gesamtschutzes“

Zunächst stellt sich die Frage, welche Bedeutung dem Ausdruck „Achtung des Gesamtschutzes“ in Art. 5 Abs. 3 RL 2008/104/EG zukommt, ob und welche inhaltlichen Vorgaben hieraus zu ziehen sind und welche Grenzen bei der – ggf. durchzuführenden – Kontrolle bestehen.

Bei der Frage, ob die Formulierung lediglich Appellfunktion hat oder eine – mehr oder minder – konkrete Begrenzung vornimmt, führt die grammatikalische Auslegung unter Berücksichtigung anderer Sprachfassungen nicht zu einer eindeutigen Lösung. Während die deutsche und die englische Fassung keinen strengen Maßstab nahelegen, geht die französische eher von einer zwingenden

---

394 *Sansone*, Gleichstellung, S. 551; *Hamann*, EuZA 2009, 287, 308; *Waas*, ZESAR 2009, 207, 212.

395 EuArbR/*Rebhahn/Schörghofer*, RL 2008/104/EG, Art. 5 Rn. 13; *Sansone*, Gleichstellung, S. 536; *Boemke*, RIW 2009, 177, 183; *Rödl/Ulber*, NZA 2012, 841, 842; Ahlberg/Bercusson/Bruun/Kountouros/Vigneau/Zappalà/*Ahlberg*, Transnational Labour Regulation, S. 191, 234.

396 *Sansone*, Gleichstellung, S. 536; *Fuchs*, NZA 2009, 57, 61; *Klumpp*, GPR 2009, 89, 91; *Ulber*, AuR 2010, 10, 13.

397 Vgl. *Sansone*, Gleichstellung, S. 549 f.; *Franzen*, RdA 2015, 141, 147; zur aF, die eine gleichartige Regelungstechnik aufgriff *Schüren/Wank*, RdA 2011, 1, 5.

Begrenzung aus („*garantissant*").[398] Eine Auflösung muss daher auf eine systematische/teleologische Auslegungsmethode zurückgreifen.[399]

Nach *Rieble*[400] und *Vielmeier*[401] ist der Ausdruck ein „bloßer Programmsatz",[402] dem lediglich Appellfunktion zukomme. Dies ergebe sich unter anderem aus der Genese der Formulierung.[403] Ursprünglich sah die Regelung vor, dass ein „angemessenes Schutzniveau" bei der Abweichung gewahrt werden muss. Der Wortlaut der Richtlinie wurde – nach Kritik vonseiten des europäischen Parlaments und des Wirtschafts- und Sozialausschusses[404] – auf die „Achtung des Gesamtschutzes von Leiharbeitnehmern" beschränkt, um nicht in Konflikt zu Art. 153 Abs. 5 AEUV zu treten.[405] Eine Regelung, die darüber hinausgeht, sei eine „weiche Tarifkontrolle"[406] – also Tarifzensur. Nicht nur fehle der EU aufgrund von Art. 153 Abs. 5 AEUV die Kompetenz zu solch einer Regelung des Tarifrechts. Vielmehr stütze auch Erwägungsgrund 19 der Richtlinie, der im Lauf des Verfahrens zum Schutz der Tarifautonomie eingefügt wurde, dieses Ergebnis.[407] Der Schutz des Tarifrechts und der Tarifautonomie ergebe sich demnach schon aus der primärrechtskonformen Auslegung der Richtlinie.[408]

---

398 *Röpke*, Gestaltbarkeit von Arbeitsbedingungen, S. 151 f.

399 EuGH 24.10.1996 - C-72/95, RIW 1997, 337; EuGH 27.10.1977 - 30/77, juris; *Röpke*, Gestaltbarkeit von Arbeitsbedingungen, S. 150; Preis/Sagan/*Sagan*, § 1 Rn. 86.

400 *Löwisch/Rieble*, TVG, § 1 Rn. 1075.

401 *Rieble/Vielmeier*, EuZA 2011, 474, 500.

402 *Rieble/Vielmeier*, EuZA 2011, 474, 500.

403 Näher zur historischen Entwicklung *Röpke*, Gestaltbarkeit von Arbeitsbedingungen, S. 152; *Sansone*, Gleichstellung, S. 543; *Rieble/Vielmeier*, EuZA 2011, 474, 499.

404 Bericht des Ausschusses für Beschäftigung und soziale Angelegenheiten, a5-0356/2002, S. 29; Stellungnahme des Sozialausschusses v. 19.9.2002, 5.1.5.2.; vgl. Entwurf des Rats der Europäischen Union, Interinstitutionelles Dossier 2002/0072, Dok. 10599/08 ADD 1, S. 5.

405 Vgl. dazu EnzEuR/*Forst*, § 16 Rn. 114. Die beschriebene Regelungstechnik ist keine Seltenheit in EU-Richtlinien: Art. 18 RL 2003/88/EG bestimmt, dass Abweichungen im Hinblick auf zahlreiche Elemente der Richtlinie durch Vereinbarungen der Sozialpartner möglich sein sollen. Allerdings wird auch hier die – vom Europäischen Gesetzgeber eröffnete – Abweichungsmöglichkeit unter den Vorbehalt eines gleichwertigen bzw. angemessenen Schutzes gestellt.

406 *Rieble/Vielmeier*, EuZA 2011, 474, 500.

407 *Rieble/Vielmeier*, EuZA 2011, 474, 501.

408 *Rieble/Vielmeier*, EuZA 2011, 474, 500; zur primärrechtskonformen Auslegung von Richtlinien im Allg. EuGH 1.4.2004 - C-1/02, EuZW 2004, 505, Rn. 30; Preis/Sagan/*Sagan*, Europäisches Arbeitsrecht, § 1 Rn. 91.

Der systematische Kontext der Richtlinie spricht allerdings für eine Deutung, die über eine Appellfunktion hinausgeht. Die Erklärungen in den Beratungsgremien während der Schaffung der Richtlinie sind zunächst keine Auslegungskriterien für die Richtlinie selbst – es handelt sich nur um Rechtsauffassungen Dritter.[409] Gerade dadurch dass letztlich nicht gänzlich auf ein einschränkendes Element verzichtet wurde, verdeutlicht die Richtlinie, dass keine vollumfängliche Abweichung möglich sein soll.[410]

Eine Argumentation, die allein auf Erwägungsgrund 19 der Richtlinie abstellt, greift zu kurz und verkennt die Systematik der Erwägungsgründe. So stellt Erwägungsgrund 16 die Handlungsmöglichkeiten der Sozialpartner im Hinblick auf die Festlegung der Arbeitsbedingungen im Allgemeinen unter den Vorbehalt der Wahrung des Gesamtschutzes. Erwägungsgrund 17 nimmt die Abweichung vom Grundsatz der Gleichbehandlung in den Blick und statuiert, dass diesbezügliche Vereinbarungen der Sozialpartner nur zulässig sein sollen, „sofern ein angemessenes Schutzniveau gewährleistet ist." Das hierin zum Ausdruck kommende Ziel, die Abweichung zu begrenzen, teilt auch die Kommission in ihrem Bericht über die Anwendung der Richtlinie,[411] in dem es heißt, dass vom Gleichbehandlungsgrundsatz nur „unter strengen Bedingungen bestimmte begrenzte Ausnahmen zugelassen werden". In diesem systematischen Kontext relativiert sich die Bedeutung von Erwägungsgrund 19 für Art. 5 Abs. 3 RL 2008/104/EG: Die maßgebliche Intention des Erwägungsgrundes liegt darin, klarzustellen, dass keine Regelung des Tarifrechts beabsichtigt ist, zu der der europäische Gesetzgeber nach Art. 153 Abs. 5 AEUV nicht berechtigt ist, und dass eine Tarifvertragskontrolle durch den EuGH verhindert bleibt.[412] Es geht nicht um eine Regelung des Koalitionsrechts, das von den Kompetenzen des Europäischen Gesetzgebers ausgenommen ist. Es handelt sich nämlich nicht um eine europarechtlich determinierte Einschränkung einer originär bestehenden tariflichen

---

409 Vgl. dazu *Sansone*, Gleichstellung, S. 543 mwN.

410 EUArbR/*Rebhahn/Schörghofer*, RL 2008/104/EG, Art. 5 Rn. 18; *Sansone*, Gleichstellung, S. 544; *Röpke*, Gestaltbarkeit von Arbeitsbedingungen, S. 153.

411 Bericht der Kommission an das Europäische Parlament, den Rat, den Europäischen Wirtschafts- und Sozialausschuss und den Ausschuss der Regionen über die Anwendung der Richtlinie 2008/104/EG über Leiharbeit, COM (2014), 176, S. 2.

412 Dass dies die „Stoßrichtung" des Erwägungsgrundes ist, arbeiten *Rödl/Ulber*, NZA 2012, 841 844 heraus.

Regelungsmacht,[413] sondern um die – teilweise – Zurücknahme einer vormals vom Mitgliedstaat auf nationalrechtlicher Ebene gewährten Privilegierung.

In diesem Licht scheint die Kritik von *Rieble* und *Vielmeier*, der Staat würde „eine umfassende staatliche Tarifaufsicht oktroyieren", sodass von der Tarifautonomie nichts mehr übrig bleibe,[414] irreführend. Die zurückhaltende Formulierung in Art. 5 Abs. 3 RL 2008/104/EG dient lediglich dem Zweck, der Richtlinien nach Art. 288 Abs. 3 AEUV zukommt: Sie soll den Mitgliedstaaten ein verbindliches Ziel auferlegen, ohne Form und Mittel vorzugeben.[415]

Die Achtung des Gesamtschutzes in Art. 5 Abs. 3 RL 2008/104/EG stellt demnach eine verbindliche Vorgabe auf, die von den Mitgliedstaaten umzusetzen ist.

bb) Gesamtschutz im deutschen Recht

Es stellt sich die Frage, ob das deutsche Recht umgesetzt wurde, oder ob noch Umsetzungsbedarf besteht. Vorab ist festzuhalten, dass den Tarifvertragsparteien aufgrund der in Art. 9 Abs. 3 GG garantierten Tarifautonomie grds. ein weiter Beurteilungsspielraum bei der Frage einzuräumen ist, wann ein ausreichender Gesamtschutz gewahrt ist.[416] Allerdings sieht Art. 5 Abs. 3 RL 2008/104/EG vor, dass die tarifvertragliche Abweichung nicht voraussetzungslos von den Mitgliedstaaten vorgesehen werden darf,[417] sondern die Mitgliedstaaten nur eine Abweichung durch Tarifverträge zulassen sollen, die ein entsprechendes Schutzniveau gewähren.

Ein entsprechender Gesamtschutz für Leiharbeitnehmer tritt im Wortlaut des AÜG zwar nicht ausdrücklich zutage, findet jedoch in der Gesetzesbegründung der Novelle von 2011 Berücksichtigung:[418] Als tragende Kräfte, die einen Gesamtschutz absichern sollen, werden die Richtigkeitsgewähr von Tarifverträgen

---

413 Dazu mit Blick auf die tarifdispositiven Regelungen im Arbeitszeitrecht *Kohte*, FS Bepler, S. 287, 299 f.

414 *Rieble/Vielmeier*, EuZA 2011, 474, 501.

415 *Fuchs*, NZA 2009, 57, 62; hierin kommt nicht zuletzt das Subsidiaritätsprinzip zum Ausdruck, dazu allg. *Thüsing*, Europäisches Arbeitsrecht, § 1 Rn. 29.

416 Vgl. *Hamann*, EuzA 2009, 287, 309.

417 Näher dazu C. I. 4. d. aa); so auch die hM: *Röpke*, Gestaltbarkeit von Arbeitsbedingungen, S. 152 ff.; *Sansone*, Gleichstellung, S. 540 ff.; *Blanke*, DB 2010, 1528, 1530 f.; *Fuchs*, NZA 2009, 57, 61; *Mayer*, AuR 2011, 4, 7; *Zimmer*, NZA 2013, 289, 290; aA und von einer bloßen Appellfunktion ausgehend *Löwisch/Rieble*, TVG, § 1 Rn. 1075; *Rieble/Vielmeier*, EuZA 2011, 474, 500.

418 BT-Drs. 17/4804, S. 9.

und der Grundsatz angeführt, dass Abweichungstarifverträge den Grundgedanken der Regelung beachten müssen.

Eine Ansicht[419] geht davon aus, das deutsche Recht habe die Richtlinienvorgabe bei der Umsetzung verfehlt. Das AÜG enthalte eine „allgemeine Generalermächtigung",[420] die es in das Belieben der Tarifvertragsparteien stelle, eine Abweichung vorzusehen. Aus der fehlenden ausdrücklichen Begrenzung der Gestaltungsmöglichkeiten der Tarifpartner durch das nationale Recht wird die Unionsrechtswidrigkeit der Regelung abgeleitet.[421] Ohne einen gesetzlich definierten Rahmen, der den Tarifvertragsparteien eine „Untergrenze" vorgibt, könne nicht von einem Gesamtschutz gesprochen werden.

Demgegenüber wahrt nach einer verbreiteten Gegenansicht das deutsche Recht den Gesamtschutz der Leiharbeitnehmer iSd. Richtlinie.[422] Es bestehe kein Bedarf dafür, die „Wahrung des Gesamtschutzes" näher zu konkretisieren. Der Gesamtschutz sei bereits dadurch gewahrt, dass Abweichungstarifverträge sich ohnehin im Rahmen der gesetzlichen Wertordnung halten müssen und der Gesetzgeber bereits bei der erstmaligen Einführung des Gleichbehandlungsgrundsatzes in der Gesetzesbegründung[423] betont hat, dass eine Abweichung nur zulässig sein soll, wenn ein angemessenes Schutzniveau gewährleistet werde. Diese Vorgaben seien von den Tarifvertragsparteien zu berücksichtigen.[424]

In jedem Fall habe die Lohnuntergrenze des § 3a zu einer Wahrung des Gesamtschutzes geführt. Jede (strengere) Einschränkung würde die Tarifautonomie

---

419 *Blanke*, DB 2010, 1528, 1531; *Fuchs*, NZA 2009, 57, 61; *Ulber*, Rechtsgutachten zum 1. Referentenentwurf, S. 15 f.; *Ulber*, AuR 2010, 10, 14; *Waltermann*, NZA 2010, 482, 484; *Waas*, ZESAR 2012, 7, 10; *Düwell/Dahl*, DB 2009, 1070, 1073; diff. *Boemke*, RIW 2009, 177, 183, der eine lediglich klarstellende Regelung empfiehlt, insgesamt aber keinen zwingenden Anpassungsbedarf sieht.

420 *Ulber*, AuR 2010, 10, 14.

421 *Ulber/Stang*, AuR 2015, 250, 254; *Ulber*, AuR 2010, 10, 14; *Ulber*, Rechtsgutachten zum 1. Referentenentwurf, S. 14 f.; *Zimmer*, NZA 2013, 289, 290.

422 *Boemke/Lembke*, AÜG, § 9 Rn. 192; Preis/Sagan/*Sansone*, Europäisches Arbeitsrecht, § 8 Rn. 76; *Riesenhuber*, Europäisches Arbeitsrecht, § 18 Rn. 17; Schüren/*Riederer v. Paar*, AÜG, Einl. Rn. 608; Thüsing/*Pelzner/Kock*, AÜG, § 3 Rn. 92; *Sansone*, Gleichstellung, S. 546; *Riechert*, NZA 2013, 303, 306; *Lembke*, DB 2011, 414; *Lembke*, BB 2010, 1533, 1540; *Deinert*, NZA 2009, 1176, 1180; *Thüsing*, RdA 2009, 118, 119; *Hamann*, EuZA 2009, 287, 309 f.; *Nebeling/Gründel*, BB 2009, 2366, 2369.

423 BT-Drs. 15/25, S. 24.

424 Thüsing/*Pelzner/Kock*, AÜG, § 3 Rn. 92; *Nebeling/Gründel*, BB 2009, 2366, 2369.

über Gebühr belasten und so in Widerspruch zur Richtlinie selbst stehen, wie sie in Erwägungsgrund 19 zum Ausdruck gebracht wurde.[425]

(a) Immanente Schranken

Der Grundsatz, dass Abweichungstarifverträge sich im Rahmen der gesetzlichen Wertordnung halten müssen, genügt nicht, um einen Gesamtschutz sicherzustellen. Das soll ein Blick auf die Bestimmtheit und Methodik sowie die Parallele zur Rechtsprechung des BAG zu § 14 Abs. 2 Satz 3 TzBfG verdeutlichen.[426]

(1) Bestimmtheit und Methodik

Der europäische Gesetzgeber zielt mit der Bestimmung des Art. 5 Abs. 3 RL 2008/104/EG darauf ab, es „dem mitgliedstaatlichen Gesetzgeber zu ermöglichen, den Tarifvertragsparteien zu gestatten, ein zum Gleichbehandlungsgrundsatz alternatives aber gleichwertiges Schutzmodell zu vereinbaren."[427] Dass in der Leiharbeit ein solches gleichwertiges Schutzmodell vorliegt, erscheint zweifelhaft,[428] wie sich anhand der eklatanten Diskrepanz der Erwerbsstrukturen in der Leiharbeit und den Entleihbranchen erkennen lässt.[429] Auch dass der Gesetzgeber keinerlei Rahmenbedingungen festgelegt hat, erscheint angesichts des Wortlauts des Art. 5 Abs. 3 RL 2008/104/EG problematisch, der eine Abweichung nur „nach Maßgabe der festgelegten Bedingungen" zulässt. Die im deutschen Recht fehlenden Bedingungen sind eben keine festgelegten Bedingungen – eine ungeschriebene Grenze geht mit bedenklicher Unklarheit einher.[430]

---

425 Thüsing/*Pelzner/Kock*, AÜG, § 3 Rn. 92; *Thüsing*, RdA 2009, 118, 119; in diese Richtung auch *Hamann*, EuZA 2009, 287, 309 f.; aA *Kohte*, FS Bepler, S. 287, 300; *Waas*, ZESAR 2012, 7, 10.

426 Dass dem Konstrukt der immanenten Schranken zur Wahrung des Gesamtschutzes auch verfassungsrechtlichen Bedenken unterliegt, erörtert *Röpke*, Gestaltbarkeit von Arbeitsbedingungen, S. 157 ff.

427 *Rödl/Ulber*, NZA 2012, 841, 844; in diese Richtung auch *Schüren/Behrend*, NZA 2003, 521, 525, nach denen der Grundsatz der Gleichbehandlung gestaltet, aber nicht verlassen werden darf.

428 *Hamann*, EuZA 2009, 287, 309.

429 Die tarifliche Entgeltstruktursieht Bruttoarbeitsentgelte für Leiharbeitnehmer vor, die bis zu 42% hinter denen zurückbleiben, die vergleichbare Beschäftigte erhalten. Vgl. Arbeitsmarktberichterstattung der BA (Januar 2017): Blickpunkte Arbeitsmarkt – Aktuelle Entwicklungen der Zeitarbeit, S. 20.

430 Näher dazu *Röpke*, Gestaltbarkeit von Arbeitsbedingungen, S. 154 f.

Dieses Fehlen ist mit Blick auf die europarechtliche Methodik kritisch zu sehen:[431] Die Erreichung des Ziels der Richtlinie – nicht nur in Bezug auf den Schutz der Leiharbeitnehmer, sondern auch mit Blick auf das Missbrauchsverbot aus Art. 5 Abs. 5 RL 2008/104/EG – würde an die Sozialpartner weitergereicht. Die Richtlinienumsetzung ist jedoch durch den Gesetzgeber vorzunehmen, Art. 288 Abs. 3 AEUV. Auch Art. 153 Abs. 3 AEUV, der es dem Gesetzgeber ermöglicht, nach einem gemeinsamen Antrag der Sozialpartner diesen die Richtlinienumsetzung zu übertragen, bekennt sich zur Letztverantwortlichkeit des Mitgliedsstaats.[432] Eine Wahrung des Gesamtschutzes bereits durch die Tarifvertragsparteien kommt aufgrund der fehlenden *erga omnes* Wirkung von Tarifverträgen nicht in Betracht, um die Richtlinie umzusetzen.[433] Zwar hat der EuGH in mehreren Judikaten anerkannt, dass Mitgliedstaaten den Sozialpartnern die Richtlinienumsetzung überlassen dürfen – der Mitgliedstaat muss jedoch in der Lage sein, jederzeit zu gewährleisten, dass die in der Richtlinie vorgeschriebenen Ergebnisse erzielt werden.[434] Das lässt sich im deutschen Recht wohl nicht ohne weiteres bejahen.

Das gilt in der speziellen Situation der Arbeitnehmerüberlassung umso mehr, da der Tarifvertrag lediglich im Zuge der Inbezugnahme wirkt: Die Bezugnahme ist lediglich eine schuldrechtliche Abrede zwischen Arbeitgeber und Arbeitnehmer – eine individualvertragliche Gestaltungspraxis kann aber nicht als verbindliche Umsetzung der Richtlinie durch den Mitgliedstaat interpretiert werden.

Darüber hinaus sind Richtlinienvorgaben von den Mitgliedstaaten klar und eindeutig durch verbindliche normative Akte umzusetzen.[435] Der hiernach erforderliche eindeutig definierte Rahmen, in dem sich die Tarifparteien bewegen können, wird vom AÜG nicht vorgegeben. Dass derartige Rahmenregelungen für tarifdispositives Recht in Deutschland auch nicht unüblich sind, zeigen die

---

431 *Zimmer*, NZA 2013, 289, 291; ebenso ErfK/*Wank*, AÜG, § 3 Rn. 23a.

432 Calliess/Ruffert/*Krebber*, AEUV, Art. 153 Rn. 33; *Junker*, ZfA 2015, 267, 285; *Junker*, EuZA 2014, 1, 12.

433 Allg. *Junker*, ZfA 2015, 267, 285; *Junker*, EuZA 2014, 1, 13; zur weitestgehend parallel verlaufenden Lage iRd. § 14 Abs. 2 Satz 3 TzBfG bei *Seiwerth*, RdA 2016, 214, 220.

434 EuGH 18.12.2008 – C-306/07, NZA 2009, 95, Rn. 24 f.; EuGH 28.10.1999 – C-187/98, Slg. 1999, I-7713, Rn. 47 f.; *Junker*, ZfA 2015, 267, 285; *Junker*, EuZA 2014, 1, 13; *Seiwerth*, RdA 2016, 214, 220; zu der Frage, inwiefern die Tarifverträgen grds. zukommende Angemessenheitsvermutung diese Gewähr leisten kann, s.u. C. I. 4. d. bb) (b) (2).

435 EuGH 4.12.1997 – C-207/96, BeckRS 2004, 74965, Rn. 27; EuGH 18.10.2001 – C-354/99, BeckRS 2004, 76683; vgl. Calliess/Ruffert/*Ruffert*, EUV/AEUV, Art. 288 AEUV Rn. 82; *Zimmer*, NZA 2013, 289, 291.

sonstigen tarifdispositiv ausgestalteten Regelungen §§ 12 Abs. 3 Satz 1 TzBfG; 13 Abs. 1 Satz 1 BUrlG; 4 Abs. 4 EFZG.[436]

(2) Parallele: § 14 Abs. 2 Satz 3 TzBfG

Mit § 14 Abs. 2 Satz 3 TzBfG wurde eine weitere Norm im deutschen Recht geschaffen, die tarifdispositiv ausgestaltet ist und den Tarifvertragsparteien keine inhaltlichen Begrenzungen auferlegt. Unionsrechtlich ist die Norm auf § 5 Abs. 1 der Rahmenvereinbarung über befristete Arbeitsverhältnisse zurückzuführen, der durch die RL 1999/70/EG durchgeführt werden soll.[437] In Art. 5 Abs. 5 RL 2008/104/EG findet sich ebenso wie in § 5 Abs. 1 RV die Aussage, dass ein Missbrauch verhindert werden soll – insbesondere durch aufeinanderfolgende Nutzung des jeweiligen Instrumentariums. Diese Parallele wird bedeutsam, wenn man sich die Rechtsprechung des BAG vergegenwärtigt: Das BAG unterwirft die dem Wortlaut nach ebenfalls unbegrenzte Gestaltungsfreiheit der Tarifvertragsparteien einer dreifachen immanenten Schranke.[438] Aufgrund der Parallelen kann die Rechtsprechung zu § 14 Abs. 2 Satz 3 TzBfG wertvolle Anhaltspunkte geben, wie die immanenten Schranken sich auf die tarifvertragliche Abweichungsmöglichkeit des AÜG auswirken und welche Grenzen sich ergeben. Die Prüfung der immanenten Schranken, die das BAG iRv. § 14 Abs. 2 Satz 3 TzBfG anwendet, nimmt zunächst in den Blick, ob das gesetzgeberische Grundkonzept, nach dem eine Befristung einen Sachgrund erfordert, durch den Tarifvertrag konterkariert wird. Zum zweiten muss der Tarifvertrag der aus Art. 12 Abs. 1 GG folgenden staatlichen Schutzpflicht für das Bestandsschutzinteresse des Arbeitnehmers entsprechen.[439] In einem dritten Teil wird die tarifvertragliche Regelung an dem zu verwirklichenden Ziel der Richtlinie gemessen, wobei der Schwerpunkt auf der Verhinderung von Missbrauch liegt. Bedeutung für das

436 *Zimmer*, NZA 2013, 289, 291; auch iRv. § 14 Abs. 2 Satz 3 TzBfG, der seinem Wortlaut nach keine Beschränkungen der Gestaltungsmacht vornimmt, erkennt das BAG Grenzen vgl. BAG 18.3.2015 – 7 AZR 272/13, NZA 2015, 821, Rn. 22; BAG 15.8.2012 – 7 AZR 184/11, BAGE 143, 10, Rn. 23; ausf. *Seiwerth*, RdA 2016, 214, 215.

437 *Seiwerth*, RdA 2016, 214, 220; allg. dazu Preis/Sagan/*Brose*, Europäisches Arbeitsrecht, § 8 Rn. 1 ff.

438 BAG 18.3.2015 – 7 AZR 272/13, NZA 2015, 821, Rn. 22; BAG 5.12.2012 – 7 AZR 698/11, BAGE 144, 85, Rn. 21; BAG 15.8.2012 – 7 AZR 184/11, BAGE 143, 10, Rn. 23; ausf. dazu *Seiwerth*, RdA 2016, 214, 216.

439 Dazu *Seiwerth*, RdA 2016, 214, 221.

Recht der Arbeitnehmerüberlassung kommt hierbei vor allem[440] dem ersten und dritten Element zu. Die Problematik der staatlichen Schutzpflicht für das Bestandsschutzinteresse des Arbeitnehmers kommt allein im Kontext des Befristungsrechts zum Tragen – schließlich geht es bei Befristungen um die Dauer, für die das Arbeitsverhältnis Bestand hat. Der Gleichbehandlungsgrundsatz wirkt sich hingegen nicht auf den Bestand des Arbeitsverhältnisses aus, sondern betrifft Modalitäten und Inhalt.

Im Kontext des § 14 Abs. 2 Satz 3 TzBfG ist das Grundkonzept, das nicht konterkariert werden darf, durch das Regel-Ausnahme-Verhältnis von unbefristetem Arbeitsverhältnis als Normalarbeitsverhältnis und befristetem Vertrag als Ausnahme geprägt.[441] Ein solches Regel-Ausnahme-Verhältnis soll nach der unionsrechtlichen[442] und auch der nationalrechtlichen[443] Ausgestaltung zwischen Gleichbehandlung und Ungleichbehandlung bestehen. Dieses Regel-Ausnahmeverhältnis ist in der Arbeitnehmerüberlassung *de facto* auf den Kopf gestellt[444] – nicht zuletzt wegen der voraussetzungslosen tarifvertraglichen Abweichungsmöglichkeit. Wenn Tarifverträge ausnahmslos die Gleichbehandlung ausschließen, kann hierin eine systematische Umkehr des Regel-Ausnahme-Verhältnisses gesehen werden, die die gesetzgeberische Konzeption konterkariert und den Gesamtschutz der überlassenen Arbeitnehmer iSv. Art. 5 Abs. 3 RL 2008/104/EG nicht sicherstellt.

(3) Leitbild des Grundsatzes – nur Einzelausformung

Die Gestaltungsbefugnis der Tarifparteien ist nach einer Ansicht[445] durch das „Leitbild" des gesetzlichen Grundsatzes beschränkt, von dem abgewichen wird. Es soll nur zu einer sachgerechten Ausgestaltung bzw. Einzelausformung

---

440 Mangels einer vergleichbar anerkannten verfassungsrechtlichen Schutzpflicht für den Gleichbehandlungsgrundsatz ist das zweite Element weniger bedeutsam; vgl. zur verfassungsrechtlichen Seite NK-GA/*Ulrici*, AÜG, § 3 Rn. 53.

441 Ausdrücklich BAG 5.12.2012 – 7 AZR 698/11, BAGE 144, 85, Rn. 34; ähnlich BAG 18.3.2015 – 7 AZR 272/13, NZA 2015, 821, Rn. 23 ff.; in diese Richtung auch BAG 15.8.2012 – 7 AZR 184/11, BAGE 143, 10, Rn. 24; BAG 25.3.2009 – 7 AZR 710/07, BAGE 130, 146, Rn. 34.

442 Vgl. Art. 5 Abs. 1 RL 2008/104/EG.

443 BT- Drs. 17/4804, S. 9.

444 ErfK/*Wank*, AÜG, § 3 Rn. 11; *Langstädtler*, Noerr Academy 2011, S. 231, 235; *Willemsen/Mehrens*, NZA 2015, 897, 900.

445 *Ulber*, AÜG, § 9 Rn. 212 f.; *Kohte*, FS Bepler, S. 287, 299 f.; *Schlachter/Klauk*, AuR 2010, 354, 359; *Waltermann*, NZA 2010, 482, 485 f.; *Fuchs*, NZA 2009, 57, 62 f.; *Schüren*, FS 50 Jahre BAG, S. 877, 886; *Schüren/Behrend*, NZA 2003, 521, 525; *Ulber*, AuR

des gesetzlichen Grundsatzes kommen, ohne diesen zu verlassen. Die Rückbindung der Gestaltungsbefugnis an den verfolgten Schutzgedanken wird allgemein als jedem tarifdispositiven Recht innewohnend betrachtet.[446] In der Folge seien bereits alle Tarifverträge unwirksam, die „unter dem Strich den Gesamtschutz von Leiharbeitnehmern nicht wahren".[447]

Dem tritt die herrschende Meinung[448] zu Recht entgegen. Eine solche Berücksichtigung immanenter Schranken würde die tarifvertragliche Gestaltungsfreiheit am Grundgedanken der Norm ausrichten, von der abgewichen wird. Letztlich müssten dann die Gerichte entscheiden, ob der jeweilige Inhalt des Tarifvertrags den Leitgedanken der gesetzlichen Regelung in hinreichendem Maße aufgreift oder eben nicht – eine derartige Kontrolle würde zu erheblicher Rechtsunsicherheit führen[449] und birgt die Gefahr der Tarifzensur.[450] Denn in praktischer Hinsicht können immanente Schranken den anzulegenden Kontrollmaßstab nicht genau genug ermitteln, um eine entsprechende Prüfung zuzulassen, sodass fraglich erscheint, inwieweit ein effektiver (Grundrechts-)Schutz möglich ist.[451] Beim Gleichbehandlungsgrundsatz der Arbeitnehmerüberlassung handelt es sich – genau wie bei der Sachgrundbefristung[452] – nämlich nicht um einen generalklauselartig formulierten zwingenden Grundsatz, wie er von

---

2003, 7, 12; aA durch die Neufassung des § 8 AÜG Däubler/*Heuschmid*, TVG, § 1 Rn. 815; anders noch Däubler/*Hensche/Heuschmid*, TVG, 3. Aufl. 2012, § 1 Rn. 790.

446 Wiedemann/*Wiedemann*, TVG, § 1 Rn. 388; JKOS/*Krause*, Tarifvertragsrecht, § 1 Rn. 144.

447 *Waltermann*, NZA 2010, 482, 486.

448 Ausf. und mit überzeugender Aufarbeitung des Streitstands *Sansone*, Gleichstellung, S. 343 ff.; *Röpke*, Gestaltbarkeit von Arbeitsbedingungen, S. 135 ff., 157 ff. mit extensiver Aufarbeitung der grundrechtlichen Zusammenhänge; *Ulber*, Tarifdispositives Gesetzesrecht, S. 497 ff.; vgl. auch *Löwisch/Rieble*, TVG, § 1 Rn. 1073 ff.; *Böhm*, DB 2005, 2023, 2024; *Böhm*, DB 2003, 2598.

449 *Röpke*, Gestaltbarkeit von Arbeitsbedingungen, S. 106; zu einem ähnlichen Ergebnis für § 14 Abs. 2. Satz 3 TzBfG kommt *Seiwerth*, RdA 2016, 214, 218; ob sich beschäftigungspolitische oder sozialpolitische Erwägungen durchsetzen, sei eine Frage des Einzelfalls, deren Beantwortung „mit den Mitteln der Auslegung oder aus einem ‚Wesen' dispositiven Rechts schöpfend nicht gelingen" kann.

450 *Otto*, FS Konzen, S. 663, 670 f.; für die Arbeitnehmerüberlassung diff. *Schlachter/Klauk*, AuR 2010, 354, 359; allg. *Vielmeier*, Tarifzensur, passim.

451 *Ulber*, Tarifdispositives Gesetzesrecht, S. 499; ähnlich zur Lage bei § 14 Abs. 2 Satz 3 TzBfG *Seiwerth*, RdA 2016, 214, 218.

452 Dazu *Seiwerth*, RdA 2016, 214, 216.

den tarifdispositiven Normen des BUrlG[453] und des EFZG[454] bekannt ist. Dort ist eine bloß abweichende Gestaltung durch Tarifverträge in Randbereichen zugelassen worden – es lässt sich genau bestimmen, wann eine Ausgestaltung vorliegt bzw. wann der eingeräumte Gestaltungsspielraum verlassen wird. Eine solche Anbindung der Abweichungsmöglichkeit des AÜG an den Grundsatz der Gleichbehandlung hätte der Gesetzgeber ohne weiteres vornehmen können – wie es iRv. § 13 Abs. 1 BUrlG und § 4 Abs. 4 EFZG geschehen ist. Es mutet daher systemwidrig an, eine strenge Anbindung an die Grundentscheidung anzunehmen, wenn der Gesetzgeber eine solche nicht ausdrücklich vorgenommen hat.[455]

(4) Zwischenergebnis

Eine Wahrung des Gesamtschutzes durch eine immanente Verpflichtung der Tarifvertragsparteien genügt damit den Anforderungen von Art. 5 Abs. 3 RL 2008/104/EG nicht.

(b) Tarifautonomie und Richtigkeitsgewähr

Einer Ansicht nach[456] bedarf es angesichts der Richtigkeitsgewähr[457] der Tarifverträge keiner Prüfung des Gesamtschutzes. So führt *Thüsing*[458] mit Blick auf Art. 5 Abs. 3 RL 2008/104/EG aus:

---

453 BAG 15.1.2013 – 9 AZR 465/11, NZA-RR 2013, 585, Rn. 19 ff.; BAG 5.8.2014 – 9 AZR 77/13, NZA 2015, 625, Rn. 19.

454 BAG 16.7.2014 – 10 AZR 242/13, NZA 2015, 499, Rn. 18.

455 Ausf. dazu *Röpke*, Gestaltbarkeit von Arbeitsbedingungen, S. 106, 139 ff.

456 *Thüsing*, RdA 2009, 118; *Lembke*, BB 2010, 1533, 1540; dagegen unter Hinweis auf die in der Leiharbeit widerlegte Richtigkeitsvermutung *Schüren/Wank*, RdA 2011, 1, 5; *Fuchs*, NZA 2009, 57, 61; *Waltermann*, Gutachten B zum 68. DJT, S. 51 f., 60 f.; auch die Gesetzesbegründung stellt auf die Richtigkeitsgewähr ab, BT-Drs. 17/4804, S. 9.

457 Vgl. dazu BAG 21.11.2012 – 4 AZR 27/11, DB 2013, 1735, Rn. 14; BAG 15.8.2012 – 7 AZR 184/11, BAGE 143, 10, Rn. 27; BAG 24.9.2008 – 6 AZR 76/07, NZA 2009, 154; BAG 4.6.2008 – 4 AZR 419/07, NZA 2008, 1366; BAG 28.3.2006 – 1 ABR 58/04, BAGE 117, 308, Rn. 47; BAG 24.3.2004 – 5 AZR 303/03, NZA 2004, 971, 973, Rn. 44; BAG 24.2.2004 – 3 AZR 10/02, juris, Rn. 80; BAG 23.1.1992 – 2 AZR 470/91, BAGE 69, 257, Rn. 27; BAG 10.6.1980 – 1 AZR 168/79, BAGE 33, 185, Rn. 20; BAG 3.10.1969 – 3 AZR 400/68, BAGE 22, 144, Rn. 30; Däubler/*Nebe*, TVG, § 1 Rn. 150; *Krämer*, Richtigkeitsgewähr, passim; zur Richtigkeitsgewähr speziell bei tarifdispositivem Gesetzesrecht s. *Ulber*, Tarifdispositives Gesetzesrecht, S. 466 ff., 595; das BVerfG nutzt den weniger starken Aussdruck der „Richtigkeitsvermutung“, BVerfG 11.7.2017 – 1 BvR 1571/15, NZA 2017, 915, Rn. 146.

458 *Thüsing*, RdA 2009, 118.

> Man wird [...] fragen müssen, ob die Tarifverträge der Leiharbeit den Gesamtschutz von Leiharbeitnehmern hinreichend achten. Dies wird man nur dann annehmen können, wenn die Tarifverträge selbst angemessene Arbeitsbedingungen formulieren. Da hier aber nach deutschem Verfassungs- und Arbeitsrecht jedem Tarifvertrag eine Angemessenheitsvermutung zukommt, [...] wird man dies auch für jeden Tarifvertrag der Zeitarbeitsbranche nehmen müssen.

Nach *Lembke*[459] verlangt Erwägungsgrund 19 RL 2008/104/EG die Achtung der Tarifautonomie, die sich auch im Verbot der Tarifzensur realisiert.[460] Genau auf eine solche Tarifzensur liefe ein gesetzgeberisches Tätigwerden hinaus und stehe so in Widerspruch zur Richtigkeitsgewähr des Tarifvertrages.[461]

(1) Systematik der Richtlinie

Während diese Erwägungen zunächst plausibel erscheinen, lassen sich bei näherer Betrachtung der Systematik Einwände erheben: Erkennbare „Stoßrichtung“[462] des Erwägungsgrundes 19 ist lediglich, eine Inhaltskontrolle von Tarifverträgen durch den EuGH auszuschließen. Über bestehende nationalrechtliche Kontrollmechanismen ist damit noch nichts gesagt. Der Mitgliedstaat muss also nach eben diesen Kontrollmechanismen Sorge dafür tragen, dass der Gesamtschutz nicht unterschritten wird.[463] Dass Tarifverträge gewissermaßen unantastbar sein sollen, ergibt sich daraus hingegen nicht. Das macht auch Art. 10 RL 2008/104/EG deutlich, der vorsieht, dass der Mitgliedstaat auch bei einem Verstoß gegen die Vorgaben der Richtlinie durch einen Tarifvertrag geeignete Maßnahmen bereithalten muss.[464] Zudem kann Erwägungsgrund 19 nicht angeführt werden, ohne die sonstigen Erwägungsgründe zu berücksichtigen. Insbesondere Erwägungsgründe 16 und 17 der Richtlinie legen[465] ein anderes Verständnis nahe.

Auch spricht die vom europäischen Normsetzer gewählte Konzeption entscheidend gegen das Argument, die Tarifautonomie allein genüge bereits den Anforderungen an die Wahrung des Gesamtschutzes. Auch andere Richtlinien, zB Art. 17 Abs. 2 RL 2003/88/EG, stellen eine tarifvertragliche Abweichung unter den Vorbehalt eines gleichwertigen bzw. angemessenen Schutzes. Der EuGH

---

459 *Boemke/Lembke*, AÜG, § 9 Rn. 192.

460 *Lembke*, DB 2011, 414; *Lembke*, BB 2010, 1533, 1540; *Deinert*, NZA 2009, 1176, 1180.

461 *Deinert*, NZA 2009, 1176, 1180.

462 *Rödl/Ulber*, NZA 2012, 841, 844; ähnlich *Sansone*, Gleichstellung, S. 543.

463 *Rödl/Ulber*, NZA 2012, 841, 844.

464 Vgl. dazu EUArbR/*Rebhahn/Schörghofer*, RL 2008/104/EG, Art. 10 Rn. 1.

465 Ausf. dazu C. I. 4. d. aa).

hat in der Rs. *Jaeger*[466] zu Art. 17 RL 93/104/EG festgestellt, dass „die […] vorgesehenen Abweichungen als Ausnahmen von der Gemeinschaftsregelung […] so ausgelegt werden müssen, dass ihr Anwendungsbereich auf das zur Wahrung der Interessen, deren Schutz sie ermöglichen, unbedingt Erforderliche begrenzt wird".[467] Die Mitgliedstaaten dürfen also abweichende tarifvertragliche Regelungen, selbst im Lichte der Tarifautonomie, nicht generell und vollumfänglich vorsehen, sondern müssen sie am Gesetzeszweck ausrichten und einen Rahmen für die Gestaltungsmacht der Parteien vorgeben.[468] Diese Lesart tritt auch in nachfolgenden Judikaten[469] für die RL 2003/88/EG zutage. Wie von *Kohte* herausgearbeitet, handeln die Tarifvertragsparteien nämlich „nicht in einem luftleeren Raum, sondern in einem Feld, in dem staatliche Organe zu einer umfassenden Gewährleistung der Einhaltung der Vorschriften des Arbeitszeitrechts verpflichtet sind".[470] Es erscheint bei tarifdispositivem Gesetzesrecht, das auf eine Senkung des Schutzniveaus abzielt, problematisch, den Autonomiebereich ebenso stark zu respektieren, wie es iRd. „freien" Rechtssetzung der Fall ist.[471] Das tarifdispositive Recht ist schließlich in diesem Zusammenhang keine originäre Autonomie, sondern eine „sachnahe Konkretisierung staatlichen Rechts".[472]

(2) „Richtigkeitsgewähr"

Dass die Richtigkeitsgewähr[473] den Gesamtschutz wahre und eine – wie auch immer geartete – Kontrolle sich verbiete,[474] stößt auf Bedenken, wenn man sich die dogmatische Grundlage vor Augen führt: Die Richtigkeitsgewähr drückt aus, dass ein staatsunabhängiger und selbstbestimmter Autonomiebereich respektiert

---

466 EuGH 9.9.2003 – C-151/02, NZA 2003, 1019.

467 EuGH 9.9.2003 – C-151/02, NZA 2003, 1019, Rn. 89.

468 *Kohte*, FS Bepler, S. 287, 289.

469 EuGH 21.10.2010 – C-227/09, EuZW 2011, 69; EuGH 14.10.2010 – C-243/09, NZA 2010, 1344.

470 *Kohte*, FS Bepler, S. 287, 290 f.

471 *Kohte*, FS Bepler, S. 287, 296 f.

472 *Kohte*, FS Bepler, S. 287, 299.

473 Zutreffend den Begriff kritisierend und Alternativbegriffe prägend: *Bepler*, FS Kempen, S. 109, 122 („Angemessenheitswahrscheinlichkeit"); *Ulber*, Tarifdispositives Gesetzesrecht, S. 463 ff.; vgl. auch BVerfG 11.7.2017 – 1 BvR 1571/15, NZA 2017, 915, Rn. 146 („Richtigkeitsvermutung").

474 *Thüsing*, RdA 2009, 118; *Lembke*, BB 2010, 1533, 1540; aA *Schüren/Wank*, RdA 2011, 1, 5; *Fuchs*, NZA 2009, 57, 61; *Waltermann*, Gutachten B zum 68. DJT, S. 51 f., 60 f.; allg. kritisch zum absoluten Kontrollverbot aufgrund der Richtigkeitsgewähr *Krämer*, Richtigkeitsgewähr, S. 194 f.

wird – würde der Vertrag die Interessen der Beteiligten nicht durchsetzen, käme es nicht zum Vertragsschluss.[475] Im Falle von Tarifverträgen liegt der Richtigkeitsgewähr insbesondere der Gedanke zugrunde, dass die Vertragsschlüsse „auf einem intakten Kräfteverhältnis [...] beruhen"[476] und aufgrund der Parität der Vertragsparteien auf die Angemessenheit des Vertrags vertraut werden kann.[477] Das steht der Rechtskontrolle des Vereinbarten nicht grundsätzlich entgegen, begrenzt allerdings die gerichtlichen Kontrollmöglichkeiten.[478] Der Freiraum, den der vom Staat gesetzte Autonomiebereich eröffnet, besteht grundsätzlich aufgrund der Verhandlungsparität der Parteien. Dadurch dass die Interessen auf kollektiver Ebene vertreten werden, stellt sich der Tarifvertrag eher als das Ergebnis ausgewogener Verhandlungen dar als ein individuell ausgehandelter (Arbeits-)Vertrag.[479]

Angesichts der Mitgliederstrukturen in den Gewerkschaften und der daraus folgenden Defizite für die Interessenvertretung[480] kann diese Grundlage der Richtigkeitsgewähr jedoch nicht herangezogen werden. Wenn die tarifvertragschließende Gewerkschaft – mangels entsprechendem Stimmgewicht der in der Leiharbeit tätigen Mitglieder, das Fehlentwicklungen „bestrafen" könnte – kein Interesse daran hat, die Arbeitsbedingungen der Leiharbeitnehmer zu verbessern, steht das als gegeben vorausgesetzte Element des Verhandlungsgleichgewichts grundsätzlich in Zweifel. Denn die Richtigkeitsgewähr basiert nicht allein auf der Parität der Parteien – vielmehr spielt auch die mitgliedschaftliche Legitimation eine gewichtige Rolle.[481] Erst die mitgliedschaftliche Legitimation vermag es, die für die Tarifautonomie als im Kern kollektiv ausgeübte Privatautonomie

475 *Schmidt-Rimpler*, AcP 147 (1941), 130 ff., der das Modell zu Individualverträgen entwickelte und nicht auf Tarifverträge übertragen wollte. Diese Einschränkung wird aber einhellig abgelehnt, vgl. Thüsing/Braun/*Thüsing*, Tarifrecht, 1. Kap. Rn. 19; zur Richtigkeitsgewähr im Kontext der Arbeitnehmerüberlassung *Seiwerth*, Noerr Academy 2011, 261, 281; *Waltermann*, Gutachten B zum 68. DJT, S. 61.

476 *Waltermann*, Gutachten B zum 68. DJT, S. 61.

477 BVerfG 11.7.2017 – 1 BvR 1571/15, NZA 2017, 915, Rn. 146; BAG 28.3.2006 – 1 ABR 58/04, BAGE 117, 308, Rn. 47; BAG 10.6.1980 – 1 AZR 168/79, BAGE 33, 185, Rn. 20; *Waltermann*, Gutachten B zum 68. DJT, S. 60 f.; *Waltermann*, NZA 2010, 482, 487.

478 BAG 28.3.2006 – 1 ABR 58/04, BAGE 117, 308, Rn. 47; *Seiwerth*, Noerr Academy 2011, 261, 283; *Waltermann*, Gutachten B zum 68. DJT, S. 61; ebenso und speziell für die Arbeitnehmerüberlassung lediglich eine „weniger weitreichende, äußerste Kontrolle" des Tarifvertrags befürwortend *Sansone*, Gleichstellung, S. 544.

479 BeckOK ArbR/*Waas*, TVG, § 1 Rn. 13.

480 Dazu C. I. 4. e. bb) (b).

481 *Schlachter/Klauk*, AuR 2010, 354, 357; *Waltermann*, NZA 2010, 482, 487.

erforderliche Betroffenheit zu vermitteln.[482] Das wird nicht zuletzt daran deutlich, dass die unmittelbare Tarifbindung an die Mitgliedschaft anknüpft, § 3 Abs. 1 TVG. Bei gänzlichem Fehlen der mitgliedschaftlichen Legitimation stellen die Regelungen keine eigenverantwortliche, selbständige und souveräne Interessenwahrnehmung dar, sondern werden genau ins Gegenteil verkehrt – von Autonomie im Wortsinne keine Spur.

Es kommt zudem maßgeblich darauf an, dass die Beteiligten ihre Sachnähe nutzen, um eine sachgerechte Regulierung herbeizuführen.[483] Zum Teil wird vertreten, auch die „besondere fachliche Spezialisierung des Verbandes" könne eine solche Sachnähe begründen.[484] Bei Arbeitgeberverbänden lässt sich diese These vielleicht noch halten. Gewerkschaften sind demgegenüber nicht für jeden Arbeitnehmer „gleich nah an der Sache". Gerade bei Gewerkschaften, die sich nach dem Industrieverbandsprinzip organisieren, sind zahlreiche verschiedene Berufsbilder Teil der Gewerkschaft – die unterschiedlichen Berufe können unterschiedliche Ansichten haben, welche Arbeitsbedingungen in der Sache angemessen sind. Dass die Sachnähe nicht für alle Berufe gleichermaßen besteht, zeigt das vermehrte Auftreten der im Berufsverbandsprinzip[485] organisierten Gewerkschaften (zB Marburger Bund für Ärzte, Vereinigung Cockpit für Piloten oder die GdL für Lokomotivführer): Würden die im Industrieverbandsprinzip organisierten etablierten Gewerkschaften auch deren Interessen hinreichend vertreten – besäßen sie also eine diesen Arbeitnehmern zusagende Sachnähe – gäbe es keinen Bedarf für diese Gewerkschaften. Sachnähe generieren Gewerkschaften nicht aus sich selbst, aus ihrem Wesen als Arbeitnehmerkoalitionen, sondern daraus, dass sich bestimmte Arbeitnehmergruppen gerade in dieser Gewerkschaft zusammenschließen, um ihre Interessenvertretung und -wahrnehmung zu kollektivieren.[486] Sachnähe kann daher nur dann angenommen werden, wenn die unmittelbar Betroffenen auch Mitglieder der tarifvertragschließenden Koalition sind.[487] Im Fall der Arbeitnehmerüberlassung ist diese Situation nicht gegeben – es existiert

---

482 Dazu s.o. B. II., III.

483 *Ricken*, Autonomie und tarifliche Rechtsetzung, S. 148; *Ulber*, Tarifdispositives Gesetzesrecht, S. 486.

484 *Stoppelmann*, Tariffähigkeit und Tarifzuständigkeit, S. 158.

485 Dazu HMB/*Sittard*, Teil 2 Rn. 227.

486 *Ricken*, Autonomie und tarifliche Rechtsetzung, S. 148.

487 *Ricken*, Autonomie und tarifliche Rechtsetzung, S. 148; *Schüren*, FS Löwisch, S. 367, 371.

keine „brancheneigene" Leiharbeitnehmergewerkschaft[488] und in den DGB-Gewerkschaften sind kaum Leiharbeitnehmer organisiert. Ohne mitgliedschaftliche Rückbindung kann nicht von Sachnähe ausgegangen werden – und ohne Sachnähe und Betroffenheit fehlt es an einer tragenden Stütze der Richtigkeitsgewähr als Folge der Tarifautonomie.

Für die Situation in der Leiharbeit kann daher und aufgrund der strukturellen Probleme[489] nicht von der Richtigkeitsgewähr ausgegangen werden.[490]

(c) § 138 BGB – Sittenwidrigkeit als Gesamtschutz?

Gegenstand einiger Diskussion war auch, ob die Kontrolle der Sittenwidrigkeit des Tarifvertrags, die eine allgemeine gesetzliche Schranke der Tarifautonomie darstellt,[491] einen (Gesamt-)Schutz sichern kann.[492]

Im Jahr 2004 hatte sich das BAG in der sog. Hungerlohnentscheidung[493] mit dieser Frage auseinanderzusetzen. Das BAG entschied, dass für eine etwaige Unwirksamkeit des im Abweichungstarifvertrag festgeschriebenen Entgelts nicht auf das Niveau der Einsatzbranche abzustellen sei, sondern auf das der Leiharbeitsbranche selbst.[494] Das Missverhältnis der Lohnstrukturen in der Entleihbranche und der Leiharbeitsbranche spielte daher keine Rolle für die Frage, ob der Tarifvertrag gegen „elementare Gerechtigkeitsanforderungen aus den Art. 3 Abs. 1, Art. 20 Abs. 1 GG verstößt".[495] An dieser Entscheidung wurde kritisiert,

---

488 Zu der Frage, ob eine solche eine realistische Chance hätte als Tarifvertragspartei in Erscheinung zu treten und die defizitäre Legitimationsstruktur zu bereinigen, s.u. C. I. 5. c.

489 Ausf. zur Struktur der Gewerkschaftslandschaft in der Arbeitnehmerüberlassung B. III. 2. c.

490 Vgl. *Schüren*, FS Löwisch, S. 367, 371; *Schüren*, NZA 2008, 453; *Schüren/Wank*, RdA 2011, 1, 5; *Fuchs*, NZA 2009, 57, 61; *Waltermann*, Gutachten B zum 68. DJT, S. 51 f., 60 f.

491 Vgl. Thüsing/*Mengel*, AÜG, § 9 Rn. 39.

492 Vgl. dazu *Sansone*, Gleichstellung, S. 353 ff.; *Röpke*, Gestaltbarkeit von Arbeitsbedingungen, S. 186 ff.

493 BAG 24.3.2004 – 5 AZR 303/03, BAGE 110, 79.

494 Vgl. dazu ausführlich *Sandmann*, FS Buchner, S. 777 ff.

495 BAG 24.3.2004 – 5 AZR 303/03, BAGE 110, 79, Rn. 44; unglücklicherweise setzt sich der Senat nicht mit einer möglichen Verletzung des Art. 12 Abs. 1 GG bzw. des Untermaßverbots durch die Tarifvertragsparteien auseinander. Anders der siebte Senat bei der Frage, ob die tarifvertragliche Abweichung iSv. § 14 Abs. 2 Satz 3 TzBfG zulässig ist, BAG 15.8.2012 – 7 AZR 184/11, BAGE 143, 10, Rn. 28.

dass diese elementaren Gerechtigkeitsanforderungen in der Leiharbeit leicht verkannt werden, das BAG jedoch „großzügig wegsieht".[496]

Dass ein Tarifvertrag ein Entgelt vorsieht, das bei einer individualvertraglichen Vereinbarung sittenwidrig wäre, lässt sich nur schwer rechtfertigen, wenn man sich die Funktion von Tarifverträgen vor Augen führt: Tarifverträge als Mittel, um der strukturellen Unterlegenheit der Arbeitnehmer zu begegnen.[497] Der Arbeitnehmer, der nicht von einem Tarifvertrag erfasst würde und das gleiche Entgelt selbst vereinbart, befände sich in einer besseren Position als der tarifunterworfene Arbeitnehmer – könnte er sich doch auf die Sittenwidrigkeit berufen. Die Tarifunterworfenheit perpetuiert damit die Unterlegenheit des Arbeitnehmers nicht nur, sondern verstärkt sie sogar. Dieser Befund lässt sich auch auf die Wirkweise der Tarifverträge in der Arbeitnehmerüberlassung stützen: Während die Tarifunterworfenheit im Regelfall des § 3 Abs. 1 TVG beendet werden könnte, besteht diese Möglichkeit für Leiharbeitnehmer aufgrund der oktroyierten Bezugnahmeklausel nicht.

Die Hungerlohnentscheidung[498] kann auch ihrer Begründung nach im Angesicht der RL 2008/104/EG nicht mehr überzeugen. Tragende Erwägung für das Urteil des BAG war, dass die Leiharbeitsbranche nicht mit der Einsatzbranche verglichen werden könne, sondern eine eigenständige Branche im Dienstleistungsbereich sei.[499] Die Entscheidung erging im Jahr 2004 und damit vor Erlass der RL 2008/104/EG. Die Richtlinie kehrte das vom BAG postulierte Verhältnis von Tarifvertrag und Gleichbehandlungsgrundsatz um, indem der Gleichbehandlungsgrundsatz zum tragenden Schutzmechanismus für Leiharbeitnehmer erhoben wurde – und nicht mehr der Schutz, der aus dem Tarifvertrag als privatautonomer Kollektivvereinbarung folgt. Das vom BAG vorgebrachte Argument, der nationale Gesetzgeber habe den tariflichen Vorschriften Vorrang vor den beim Entleiher geltenden Arbeitsbedingungen einräumen wollen,[500] steht in erkennbarem Konflikt mit diesen unionsrechtlichen Vorgaben: Die Richtlinie möchte eine Abweichung nur zulassen, wenn

---

496 *Ulber*, Tarifdispositives Gesetzesrecht, S. 504; vgl. auch krit. *Sandmann*, FS Buchner, S. 777 ff.; *Otto*, FS Konzen, S. 663, 677; ebenfalls zweifelnd *Hamann*, EuZA 2009, 287, 309.

497 BVerfG 26.6.1991 – 1 BvR 779/85, BVerfGE 84, 212, Rn. 48; ErfK/*Franzen*, TVG, § 1 Rn. 2; HMB/*Greiner*, Teil 2 Rn. 35; *Löwisch/Rieble*, TVG, Grundlagen Rn. 26; *Sieber*, Tarifdispositives Recht, S. 99; *Buschmann*, FS Richardi, S. 93, 102 f.

498 BAG 24.3.2004 – 5 AZR 303/03, BAGE 110, 79.

499 BAG 24.3.2004 – 5 AZR 303/03, BAGE 110, 79, Rn. 46 ff.

500 BAG 24.3.2004 – 5 AZR 303/03, BAGE 110, 79, Rn. 47.

ein in etwa gleichwertiges Schutzniveau gewahrt ist.[501] Ausgangspunkt der Betrachtung sind damit erkennbar die Arbeitsbedingungen beim Entleiher – insbesondere beim Entgelt. Dieses Ergebnis stützt Art. 5 Abs. 1 RL 2008/104/EG, der auf die konkret ausgeübte Tätigkeit beim Entleiher abstellt. Auch scheint die Bedeutung dieses Urteils für die von der Richtlinie geprägte Situation eher gering: Wenn der Arbeitnehmer lediglich vor Hungerlöhnen bewahrt werden soll, bleibt – parallel zur Situation der Lohnuntergrenze des § 3a[502] – außen vor, ob das *Gesamt*schutzniveau den Anforderungen von Art. 5 Abs. 3 RL 2008/104/EG genügt.

Auch die tatsächliche Tarifvertragspraxis[503] weist einen starken Zusammenhang mit der Situation in den Entleihbetrieben auf. Die Gewerkschaften, die Abweichungstarifverträge abschließen, sind gerade keine brancheneigenen Leiharbeitnehmergewerkschaften, sondern Gewerkschaften, die originär andere Branchen regeln und die Arbeitnehmerüberlassung als „Annex" mitregeln.

Selbst wenn man die Leiharbeitsbranche mit dem BAG als eigenständige Branche ansieht,[504] können die Arbeitsbedingungen im Lichte der RL 2008/104/EG nicht von der Entleihbranche losgelöst betrachtet werden. Es ist daher systematisch geboten zur Bestimmung der Sittenwidrigkeit des Entgelts auf die maßgeblichen Tarifverträge der Entleihbranche abzustellen und einer zu weitreichenden Negativabweichung der Leiharbeitstarifverträge die Zulässigkeit zu versagen.

(d) Lohnuntergrenze, § 3a

Ergänzend wird vertreten, es sei mit der Lohnuntergrenze des § 3a[505] jedenfalls ein ausreichendes Schutzniveau geschaffen worden.[506] Dieses Argument lässt aber außer Acht, dass eine Lohnuntergrenze in mehrfacher Hinsicht lediglich punktuellen Schutz gewährt: Zum einen kommt die Lohnuntergrenze nur den

501 C. I. 4. d.; vgl. auch *Rödl/Ulber*, NZA 2012, 841, 844; eine solche Regel besteht grds. nicht im deutschen Recht, vgl. JKOS/*Krause*, § 1 Rn. 144; aA Wiedemann/*Wiedemann*, TVG, Einl. Rn. 388.

502 Zur Parallele bei der eingeführten Lohnuntergrenze s. C. I. 4. d. bb) (d).

503 Dazu s. C. I. 4. b.

504 Näher dazu C. I. 5. c.

505 Vom 26.5.2017, BAnz AT 31.5.2017 V1.

506 Thüsing/*Pelzner/Kock*, AÜG, § 3 Rn. 92; *Thüsing*, RdA 2009, 118, 119; in diese Richtung auch *Hamann*, EuZA 2009, 287, 309 f.; aA *Kohte*, FS Bepler, S. 287, 300; *Waas*, ZESAR 2012, 7, 10.

untersten Lohngruppen zugute.[507] Bezugspunkt der Richtlinie ist der Gleichbehandlungsgrundsatz, der nicht lediglich durch eine Untergrenze realisiert werden kann.[508] Zum anderen betrifft sie nur das Entgelt und keine sonstigen Arbeitsbedingungen.[509]

(e) Zwischenergebnis

Nach derzeitiger Lage setzt das deutsche Recht die Vorgabe der Richtlinie im Hinblick auf die Wahrung des Gesamtschutzes nicht hinreichend um, sodass gesetzgeberisches Tätigwerden erforderlich ist.

cc) Vorschläge zur Wahrung des Gesamtschutzes durch Gesetzesrecht

Ulber und *Stang* wollen es dabei belassen die Tarifparteien dazu zu verpflichten, den Gesamtschutz zu wahren und die Abweichungsmöglichkeit auf unbefristete Arbeitsverhältnisse zu beschränken.[510] Dadurch würde nicht mehr von der in Art. 5 Abs. 3 RL 2008/104/EG geregelten Ausnahme Gebrauch gemacht, sondern von der „deutschen Ausnahme“[511] aus Art. 5 Abs. 2 RL 2008/104/EG. Ein gangbarer Weg, der allerdings politisch wenig durchsetzbar scheint.

Eine lediglich deklaratorische Regelung, die die Tarifparteien zu einer Wahrung des Gesamtschutzes verpflichtet, schlägt auch *Boemke* vor.[512] Gegen diese Möglichkeit spricht jedoch, dass sie keine konkrete Grenze benennt und die Tarifparteien somit den ihnen zugestandenen Gestaltungsspielraum nicht rechtssicher bestimmen können. Hierin eine Regelung zu sehen, die dem europarechtlichen

---

507 *Zimmer*, NZA 2013, 289, 291; *Rödl/Ulber*, NZA 2012, 841, 844, Fn. 31; *Ulber/Stang*, AuR 2015, 250, 255; *Waas*, ZESAR 2012, 7, 10.

508 *Rödl/Ulber*, NZA 2012, 841, 844, Fn. 31.

509 ErfK/*Wank*, AÜG, § 3 Rn. 23a; *Nielebock*, FS Bepler, S. 455, 462; *Waas*, ZESAR 2012, 7, 10; vgl. auch *Fuchs/Marhold*, Europäisches Arbeitsrecht, S. 164 mit dem Hinweis, dass die Regelungstechnik der Lohnuntergrenze dem europäischen Gesetzgeber, wie Art. 3 Abs. 1 c) RL 96/71/EG zeigt, bekannt ist und er diese – hätte er sie als ausreichend zur Wahrung des Gesamtschutzes erachtet – auch in der Leiharbeitsrichtlinie hätte nennen können; Das Argument, dass „nur“ das Arbeitsentgelt erfasst sei, überzeugt allerdings nur bedingt, da das Entgelt eine „besonders bedeutsame tarifvertragliche Regelung“ ist, Preis/Sagan/*Sansone*, Europäisches Arbeitsrecht, § 8 Rn. 77.

510 *Ulber/Stang*, AuR 2015, 250, 254.

511 S. dazu *Sansone*, Gleichstellung, S. 536; *Boemke*, RIW 2009, 177, 183; *Rödl/Ulber*, NZA 2012, 841, 842; Ahlberg/Bercusson/Bruun/Kountouros/Vigneau/Zappalà/*Ahlberg*, Transnational Labour Regulation, S. 191, 23.

512 *Boemke*, RIW 2009, 177, 183.

Gebot der klaren und eindeutigen Umsetzung durch normative Akte[513] gerecht wird, erscheint zweifelhaft.

Blanke[514] schlägt demgegenüber eine konkrete Grenze vor, die eine Minderung des Entgelts um bis zu zehn Prozent im Vergleich zum einschlägigen Tarifentgelt zulässt. Eine Abweichung von einem entsprechenden Tarifvertrag um einen Prozentsatz ist eine Regelung, die sich stimmig in das arbeitsrechtliche System einpasst, da eine solche Systematik auch bei der Sittenwidrigkeit des Entgelts[515] zur Anwendung kommt. Kritiker werfen der von *Blanke* vorgeschlagenen Grenze vor, dass sie einen zu eng begrenzten Rahmen zulässt.[516] Zudem sehen die Lösungsvorschläge, die eine quantitative Begrenzung vornehmen, sich der Kritik ausgesetzt, sie seien eine „freihändige Rechtschöpfung“[517] ohne entsprechende Rückbindung an jene Richtlinie, aus der der Zwang zu ihrer Schaffung herrühren soll. Dies spricht aber nicht dagegen, dass der Gesetzgeber eine solche Begrenzung vornehmen darf: Macht der Mitgliedstaat von der – ohnehin nur als Ausnahme konzipierten – tarifvertraglichen Abweichungsmöglichkeit Gebrauch, muss eine Wahrung des Gesamtschutzes sichergestellt sein. Die konkrete Umsetzung bleibt den Mitgliedstaaten überlassen – in dieser Gestaltung realisiert sich der Spielraum der Mitgliedstaaten.

Schüren und *Wank*[518] möchten eine Grenze vorsehen, die von einem Tarifausschuss durch Beschluss festgesetzt und vom BMAS nach Zustimmung des Bundesrats für verbindlich erklärt wird. Diese Gestaltung hat den Vorteil, dass mit dem BMAS und dem Bundesrat zwei einer unmittelbaren Grundrechtsbindung unterliegende Akteure gewissermaßen als Kontrollinstanz agieren – eine Regelungstechnik, die sich in ähnlicher Form bereits bei der Allgemeinverbindlicherklärung, § 5 TVG, bewährt hat. Kritisch anzumerken ist jedoch, dass das Verfahren durch die Beteiligung des Bundesrates Gefahr läuft schwerfällig und zeitintensiv zu werden. Um die Flexibilität des Instruments der Arbeitnehmerüberlassung wäre es dann nicht allzu gut bestellt.

---

513 EuGH 4.12.1997 – C-207/96, BeckRS 2004, 74965, Rn. 27; EuGH 18.10.2001 – C-354/99, BeckRS 2004, 76683; vgl. Calliess/Ruffert/*Ruffert*, EUV/AEUV, Art. 288 AEUV Rn. 82; *Zimmer*, NZA 2013, 289, 291.

514 *Blanke*, DB 2010, 1528, *Blanke*, Umsetzung der RL Leiharbeit, S. 99 ff.

515 Vgl. nur BAG 22.4.2009 – 5 AZR 436/08, BAGE 130, 338 mwN.

516 ErfK/*Wank*, AÜG, § 3 Rn. 23a.

517 So *Seiwerth*, Noerr Academy 2011, 261, 284.

518 *Schüren/Wank*, RdA 2011, 1, 6.

Daher bietet sich eine Regelung an, die sich am Verfahren der Allgemeinverbindlicherklärung orientiert.[519] Auch müsste der deutsche Gesetzgeber, der die tarifvertragliche Abweichung mit einem Genehmigungserfordernis verbindet, kein Neuland beschreiten: Eine solche staatliche Genehmigung gab es bereits bei Tarifverträgen, die die Betriebsverfassungsorganisation regeln – §§ 3 Abs. 2, 117 Abs. 2 Satz 2 Hs. 2 BetrVG aF; §§ 104 Abs. 3, 140 Abs. 2 SeemG aF sowie in § 1b S. 1 a).

dd) Ergebnis

Die Regelung in § 8 Abs. 2, Abs. 4 setzt die Voraussetzungen der Richtlinie im Hinblick auf die Wahrung eines Gesamtschutzes der Leiharbeitnehmer nicht hinreichend um. Ein gesetzgeberisches Tätigwerden, das den Handlungsmöglichkeiten der Tarifvertragsparteien Grenzen setzt, bietet sich an, um die Richtlinienvorgaben umzusetzen.

e. Tarifdispositivität in der Leiharbeit

Die Bedeutung der tarifdispositiven Ausgestaltung des Gleichbehandlungsgrundsatzes ist enorm. Erst die Abweichungsmöglichkeit macht die Arbeitnehmerüberlassung als Möglichkeit des Fremdpersonaleinsatzes „wirtschaftlich sinnvoll".[520] Allerdings steht in Frage, ob die Tarifdispositivität in der Arbeitnehmerüberlassung ein sachgerechtes Regelungsinstrument ist oder ob nicht eine „gesetzgeberische Fehlleistung"[521] vorliegt, die zu einer „Perversion des Tarifwesens"[522] geführt hat.[523] Dass mit § 8 Abs. 2, Abs. 4 die Regelungstechnik an sich beibehalten wurde, gibt Anlass dazu, erneut die Tarifdispositivität auf den Prüfstand zu stellen. Es bestehen zunächst einmal – wie vorab dargestellt[524] – Zweifel daran, die Tarifdispositivität überhaupt in der Arbeitnehmerüberlassung zu intrumentalisieren. Es stellt sich zudem die Frage, ob die derzeitige Struktur der Gewerkschaften, die ihre

519 Ausf. zu diesem Vorschlag und seinen Vorzügen, s.u. C. I. 5. d.

520 *Melot de Beauregard*, DB 2015, 2881.

521 *Bepler*, Südkurier v. 31.5.2011; vgl. auch *Waltermann*, FS Bepler, S. 569.

522 EnzEuR/*Forst*, § 16 Rn. 114; weniger drastisch *Blanke*, Umsetzung der RL Leiharbeit, S. 93 („Umkehr der Funktion von Tarifverträgen").

523 Allg. krit., da „einseitig zwingende gesetzliche Regelungen mit Tariföffnungs- und Erstreckungsklauseln systemwidrige Fremdkörper" darstellen, *Bepler*, FS Kempen, S. 109, 120; eine „empfindliche Niederlage" für Gewerkschaften erblickt *Buschmann*, FS Richardi, S. 93, 110 in der Tarifdispositivität. *Giesen*, ZRP 2016, 130 sieht „die Rolle der Gewerkschaft [...] auf den Kopf gestellt".

524 B. IV.

Tarifzuständigkeit auf die Arbeitnehmerüberlassung erstrecken, sachgerechte Tarifwerke zulässt und ob Tariffähigkeit und -zuständigkeit gegeben sind. Auch muss die von § 8 Abs. 4 eröffnete Möglichkeit untersucht werden, die Abweichung durch individualvertragliche Bezugnahme zu erreichen, die schon in der alten Fassung Gegenstand einiger Kritik war.

aa) Tarifdispositives Gesetzesrecht im AÜG

Vergleicht man die unterschiedlichen Normen, die tarifdispositiv ausgestaltet wurden (§ 12 Abs. 3 Satz 1 TzBfG; § 13 Abs. 1 Satz 1 BUrlG; § 4 Abs. 4 EFZG), wird deutlich, dass sich die Arbeitnehmerüberlassung in einer Sondersituation befindet: Erstmals wurde „der Kern aller tariflichen Regelung, die Arbeitsvergütung, vom Gesetzgeber selbst fixiert und tarifdispositiv gestaltet".[525] Die anderen vorgenannten Regelungen haben gemein, dass sie Aspekte in den Blick nehmen, die unter wirtschaftlichen Gesichtspunkten für den Arbeitnehmer nicht im Fokus stehen. Die Beschränkung der Abweichungsmöglichkeit zielt zudem erkennbar darauf ab, eine Umgehung der gesetzlich vorgesehenen „Grundnormen"[526] zu verhindern. § 12 Abs. 3 Satz 1 TzBfG lässt lediglich die Arbeit auf Abruf offen für tarifvertragliche Gestaltungen. § 13 Abs. 1 Satz 1 BUrlG lässt eine Abweichung nicht für die in den §§ 1–3 BUrlG normierten Kernelemente des Urlaubsrechts zu, sondern schließt diese ausdrücklich aus. Das gilt auch für sonstige Inhalte des BUrlG, soweit sich der Regelungsgehalt unmittelbar aus diesen Normen ergibt.[527] Der Urlaubsanspruch soll also dem Grunde und der Höhe nach im Wesentlichen erhalten bleiben.[528] § 4 Abs. 4 EFZG eröffnet eine Abweichungsmöglichkeit für die Berechnungsgrundlage des fortzuzahlenden Entgelts – lässt aber die Pflicht zur vollen Entgeltfortzahlung an sich unangetastet. Tarifvertragliche Abweichungen sollen nur so weit zulässig sein, wie sie den Anspruch auf volle Entgeltfortzahlung nicht in seiner Substanz antasten.[529]

Hier zeigt sich eine der fundamentalen Fehlkonzeptionen der Tarifdispositivität in der Arbeitnehmerüberlassung: Es wird nicht nur die Abweichung von Randelementen des Arbeitsverhältnisses ermöglicht, sondern vielmehr die

525 *Schüren*, FS 50 Jahre BAG, S. 877, 885; vgl. auch *Richardi*, NZA 2013, 408, 411.

526 So zu §§ 1 – 3 BUrlG BAG 10.2.1966 – 5 AZR 408/65, BAGE 18, 129, Rn. 38; NK-GA/*Düwell*, BUrlG, § 13 Rn. 10 mwN.

527 So zu § 7 Abs. 3 BUrlG BAG 5.8.2014 – 9 AZR 77/13, ZTR 2015, 28, Rn. 19.

528 HWK/*Schinz*, BUrlG, § 13 Rn. 5; NK-GA/*Düwell*, BUrlG, § 13 Rn. 10.

529 BAG 16.7.2014 – 10 AZR 242/13, ZTR 2014, 609, Rn. 18; BAG 18.11.2009 – 5 AZR 975/08, AP Nr. 70 zu § 4 EFZG, Rn. 16; BAG 24.3.2004 – 5 AZR 346/03, BAGE 110, 90, Rn. 32; BAG 13.3.2002 – 5 AZR 648/00, NZA 2002, 744, Rn. 21.

Negativabweichung für das Arbeitsentgelt als – nicht zuletzt zur Bestreitung des Lebensunterhalts elementare – Hauptleistung[530] des Schuldverhältnisses. In der Folge wird die europarechtlich als Grundsatz ausgeformte Gleichbehandlung konterkariert. Warum der Abweichungsmöglichkeit für aus Arbeitnehmersicht nachrangige Aspekte enge Grenzen gezogen wurden, für das Entgelt als Hauptleistungspflicht jedoch nicht, erschließt sich nicht. Das hat letztlich auch Auswirkungen auf die vielfach angeführte[531] Richtigkeitsgewähr des Tarifvertrages: Der tatsächliche Wert der tarifvertraglichen Regelung steht in unmittelbarem Zusammenhang mit der Bedeutung der Materie, die der tarifvertraglichen Gestaltung geöffnet wurde.[532]

Dass die massiven Negativabweichungen beim Entgelt[533] nicht in einem – für die betroffenen Arbeitnehmer – angemessenen Umfang ausgeglichen werden, verdeutlicht ein Blick auf die tatsächlichen Gegebenheiten: (Abweichungs-)Tarifverträge in der Arbeitnehmerüberlassung gelten beinahe ausschließlich nicht aufgrund Gewerkschaftsmitgliedschaft, sondern durch individualvertragliche Bezugnahme.[534] Die „Attraktivität der Gewerkschaftszugehörigkeit",[535] die durch tarifdispositives Recht erhöht werden soll,[536] besteht offensichtlich nicht. Das ist leicht nachvollziehbar, wenn man sich die Anreize zum Gewerkschaftsbeitritt vor Augen führt: Welcher Arbeitnehmer tritt einer Gewerkschaft bei, die sich dafür stark macht, ein Arbeitsentgelt tarifvertraglich festzulegen, das – zT ganz erheblich – unter demjenigen liegt, welches die Stammangestellten des Entleihers erhalten, die der gleichen Tätigkeit nachgehen und mit denen er tagtäglich zusammenarbeitet? Letztlich wird dadurch zwar die Attraktivität des Tarifvertragssystems gestärkt – allerdings nur in der Hinsicht, dass verhandlungsschwache, nicht durchsetzungsfähige Gewerkschaften vermehrt gefragt sind.[537] Weiterhin

---

530 ErfK/*Preis*, BGB, § 611 Rn. 389 ff.; Jauernig/*Mansel*, BGB, § 611 Rn. 29; MüKo BGB/*Müller-Glöge*, § 611 Rn. 695.

531 Vgl. *Thüsing/Stiebert*, ZESAR 2012, 199, 205 f.; *Thüsing*, RdA 2009, 118; *Lembke*, BB 2010, 1533, 1540.

532 Vgl. dazu *Waltermann*, FS Bepler, S. 569, 581.

533 Bis zu 42%; vgl. Arbeitsmarktberichterstattung der BA (Januar 2017): Blickpunkte Arbeitsmarkt - Aktuelle Entwicklungen der Zeitarbeit, S. 20.

534 *Waltermann*, FS Bepler, 569, 581 f.; *Waltermann*, RdA 2014, 86, 89; *Schlachter/Klauk*, AuR 2010, 354, 355.

535 Thüsing/Braun/*Thüsing*, Tarifrecht, 1. Kap. Rn. 55.

536 Näher dazu s.o. B. IV.

537 *Buschmann*, FS Richardi, S. 93, 98; *Waltermann*, RdA 2014, 86, 89; *Schlachter/Klauk*, AuR 2010, 354, 355; unter Bezug auf die christlichen Gewerkschaften *Dieterich*, NZA-Beil. 2011, 84, 87.

erscheint es problematisch, dass durch verhandlungs- und durchsetzungsstarke Gewerkschaften Tarifverträge abgeschlossen werden können, die genau diese Stärkung der Verhandlungsposition gegenüber dem Arbeitgeber nutzen, um für die Stammbelegschaft Vorteile auf dem Rücken der mehrheitlich nicht gewerkschaftlich organisierten Leiharbeitnehmer auszuhandeln.

Die gesetzlich vorgesehene Gleichbehandlung tarifdispositiv auszugestalten, verhindert Anreize zur Gewerkschaftszugehörigkeit für Leiharbeitnehmer. Dadurch wird die Koalitionsmitgliedschaft als – wie §§ 3 Abs. 1, 4 Abs. 1 TVG hervorheben – tragender Faktor unseres Tarifsystems[538] unterminiert.

bb) *Abweichung durch individualvertragliche Bezugnahme*

Es stellt sich die Frage, ob es zielführend ist, die Abweichung durch individualvertragliche Bezugnahme auf den Tarifvertrag zuzulassen, wie es § 8 Abs. 2 Satz 3 vorsieht. An der Möglichkeit eine Abweichung durch bloße Bezugnahme zu erreichen wird vonseiten der Literatur kritisiert, dass bestehende Kontrollmechanismen „weitgehend neutralisiert"[539] werden.

Dieser Effekt tritt dadurch ein, dass die Arbeitnehmerüberlassung sich in einer sehr speziellen Situation befindet: Die normative Wirkung, die der Gesetzgeber dem Tarifvertrag durch § 4 Abs. 1 TVG zukommen lässt, dient auch der Absicherung der (kollektiv ausgeübten) Privatautonomie des Arbeitnehmers.[540] Wäre es möglich durch individualvertragliche Vereinbarung den Tarifvertrag abzubedingen, könnte der Arbeitgeber seine strukturelle Überlegenheit ausspielen – durch den Tarifvertrag wäre dann nichts gewonnen.[541] Erst die normative Geltung bewirkt es, dass der Arbeitnehmer seine kollektiv „erkämpften" Arbeitsbedingungen nicht erneut (individuell) privatautonom verteidigen muss. Eben diese Situation wird aber in der Arbeitnehmerüberlassung durch die Bezugnahme erreicht: Der Arbeitgeber diktiert die Bezugnahmeklausel, ohne dass eine realistische Chance besteht, dass der Arbeitnehmer sich dagegen zur Wehr setzen könnte. Im Normalfall (außerhalb der Arbeitnehmerüberlassung) hat der Arbeitnehmer allerdings auch kein Interesse daran, die Inbezugnahme abzulehnen – sind die tarifvertraglichen Arbeitsbedingungen für den Außenseiter-Arbeitnehmer doch in aller Regel gegenüber den gesetzlich vorgegebenen oder

---

538 Vgl. BeckOK ArbR/*Giesen*, TVG, § 3 Rn. 1; Däubler/*Lorenz*, TVG, § 3 Rn. 1; ErfK/*Franzen*, TVG, § 3 Rn. 1; *Seiwerth*, NZA 2014, 708, 709.

539 *Schlachter/Klauk*, AuR 2010, 354, 355.

540 HMB/*Greiner*, Teil 9 Rn. 10 ff. mwN; *Höpfner*, Tarifgeltung, S. 228; allg. zur Tarifautonomie *Ulber*, Tarifdispositives Gesetzesrecht, S. 320 ff.

541 Ausf. HMB/*Greiner*, Teil 9 Rn. 10 ff. mwN.

individualvertraglich aushandelbaren Bedingungen vorteilhaft. Schließlich kann die Bezugnahmeklausel nur durch eine für den Außenseiter vorteilhafte Gleichstellung mit den Gewerkschaftsmitgliedern ihre Funktion erfüllen, Anreize zum Gewerkschaftsbeitritt gering zu halten.[542] In der Arbeitnehmerüberlassung wird diese Ausgangssituation auf den Kopf gestellt: Der Arbeitgeber oktroyiert im Wege der Bezugnahme schlechtere Arbeitsbedingungen, als jene, die eine gesetzliche Regelung vorsieht.

(a) Unionsrechtliche Perspektive

Im Kern der Auseinandersetzung stand in jüngerer Vergangenheit die Vereinbarkeit der Abweichung durch Bezugnahme mit dem Unionsrecht.[543] Zum Teil wird vertreten, dass die Richtigkeitsgewähr und Angemessenheitsvermutung, die den Tarifverträgen zukomme, die europarechtliche Zulässigkeit der Abweichung durch Bezugnahme zur Folge hat.[544] Wie bereits im Rahmen der Wahrung des Gesamtschutzes erörtert, ist die Angemessenheitsvermutung bzw. Richtigkeitsgewähr insbesondere in der Arbeitnehmerüberlassung kein überzeugendes Argument.[545]

Als Indiz gegen die unionsrechtliche Zulässigkeit wird zum einen die Arbeitszeitrichtlinie RL 2003/88/EG angeführt:[546] Art. 18 Abs. 1 RL 2003/88/EG sieht – der RL 2008/104/EG vergleichbar – die Tarifdispositivität vor. Abs. 4 sieht allerdings ausdrücklich die Möglichkeit vor, Tarifverträge auf Außenseiter zu erstrecken. Würde die Bezugnahme bereits dem Ausnahmetatbestand des Abs. 1 subsumiert werden können, bedürfte es des Abs. 4 nicht. Art. 18 Abs. 4 RL 2003/88/EG schaffe insofern die Voraussetzung, „um im deutschen Recht die regelmäßig nötige originäre Tarifbindung von Arbeitnehmern aufgrund ihrer Gewerkschaftszugehörigkeit nach § 3 Abs. 1 TVG und die *inter-partes*-Wirkung des § 4 Abs. 1 TVG […] zu überwinden".[547] Es lässt sich allerdings bezweifeln, ob

542 Dazu und zu den weiteren Funktionen der Bezugnahme HMB/*Henssler*, Teil 10 Rn. 4; ErfK/*Franzen*, TVG, § 3 Rn. 29; Thüsing/Braun/*Reufels*, Tarifrecht, 8. Kap. Rn. 3.

543 Gegen die unionsrechtliche Zulässigkeit *Rödl/Ulber*, NZA 2012, 841 ff.; *Zimmer*, NZA 2013, 289, 292; *Nielebock*, FS Bepler, S. 455, 463 f.; *Blanke*, DB 2010, 1528, 1529; für die unionsrechtliche Zulässigkeit *Thüsing/Stiebert*, ZESAR 2012, 199, 205; *Boemke/Lembke*, AÜG, § 9 Rn. 194 f.; diff. *Waas*, ZESAR 2012, 7, 10 ff.

544 *Thüsing/Stiebert*, ZESAR 2012, 199, 205 f.

545 Vgl. dazu C. I. 4. d. bb) (b) (2).

546 *Rödl/Ulber*, NZA 2012, 841, 843.

547 EUArbR/*Gallner*, Art. 18 RL 2003/88/EG, Rn. 3; so im Ergebnis Preis/Sagan/*Ulber*, Europäisches Arbeitsrecht, § 6 Rn. 279.

ein hinreichender systematischer Zusammenhang zwischen den beiden Richtlinien besteht, der einen solchen Schluss zulässt.[548]

Zudem erfasst Art. 5 Abs. 3 RL 2008/104/EG nur Tarifverträge ausdrücklich, ohne vertragliche Vereinbarungen zu nennen.[549] Auch steht die Abweichungsbefugnis ausschließlich den Tarifpartnern zu – weitere Akteure finden keine Berücksichtigung.[550] Die Kritik macht geltend, die Abweichung erfolge bei einer individualvertraglichen Bezugnahme nicht durch den Tarifvertrag, sondern durch den Arbeitsvertrag.[551] Diese Argumentation mag man auch als semantische Spielerei abtun und die Konstruktion so verstehen, dass die Abweichung *aufgrund* des Arbeitsvertrages aber *durch* den Tarifvertrag erfolgt – machen sich die Tarifvertragsparteien doch die Regelung (vollständig[552]) zu eigen.

Vergegenwärtigt man sich die Rechtsnatur der Bezugnahmeklausel,[553] erscheint die Kritik hingegen nicht unberechtigt: Die Bezugnahmeklausel führt nicht zu Tarifgebundenheit und normativer Wirkung – ihr kommt vielmehr die Qualität einer schuldrechtlichen Abrede zu, sodass die Bestimmungen nicht anders wirken, als hätten die Vertragsparteien die Regelung in den Arbeitsvertrag aufgenommen.[554] Hätten die Vertragsparteien die entsprechende Bestimmung, durch die vom Gleichbehandlungsgebot abgewichen wird, in den Arbeitsvertrag aufgenommen, käme eine Abweichung nicht in Betracht. Der Gesetzgeber hat diese dogmatische Klippe des nationalen Rechts umschifft, indem er ausdrücklich die bloße Bezugnahme zur Abweichung genügen lässt (sog. Erstreckungsklausel[555]).[556] Denn Art. 5 Abs. 3 RL 2008/104/EG lässt die Abweichung entsprechend dem nationalen Recht und den nationalen Gepflogenheiten zu. Die Aufnahme einer

548 Für die Zulässigkeit aus diesem Grund *Boemke/Lembke*, AÜG, § 9 Rn. 193.

549 *Nielebock*, FS Bepler, S. 455, 463 f.

550 *Zimmer*, NZA 2013, 289, 292.

551 *Nielebock*, FS Bepler, S. 455, 463 f.; *Rödl/Ulber*, NZA 2012, 841, 842.

552 Ob die Bezugnahme sich auf den Tarifvertrag im Ganzen, sachlich zusammenhängende Regelungskomplexe oder auch einzelne Regelungen beziehen kann, wird uneinheitlich beurteilt, vgl. *Bock*, Tarifdispositives Arbeitnehmerschutzrecht, S. 184 ff.; *Thüsing/Stiebert*, ZESAR 2012, 199, 206.

553 Ausf. zu den einzelnen Erklärungsversuchen Wiedemann/*Oetker*, TVG, § 3 Rn. 277 ff.; *Bock*, Tarifdispositives Arbeitnehmerschutzrecht, S. 167 ff.

554 Allg. Ansicht, vgl. HMB/*Henssler*, Teil 10 Rn. 7; Wiedemann/*Oetker*, TVG, § 3 Rn. 285 jew. mwN.

555 *Bock*, Tarifdispositives Arbeitnehmerschutzrecht, S. 166; *Sansone*, Gleichstellung, S. 548.

556 Vgl. *Sansone*, Gleichstellung, S. 362; *Bock*, Tarifdispositives Arbeitnehmerschutzrecht, S. 166.

Erstreckungsklausel findet sich regelmäßig in tarifdispositiven Regelungen. So sehen zB § 13 Abs. 1 Satz 2 BUrlG, § 622 Abs. 4 Satz 1 BGB, § 17 Abs. 3 Satz 2 BetrAVG, § 48 Abs. 2 Satz 2 ArbGG, § 14 Abs. 2 Satz 4 TzBfG, § 4 Abs. 4 Satz 2 EFZG vor, dass im Geltungsbereich eines Abweichungstarifvertrags die Anwendung der Regelungen vereinbart werden kann. Die Regelung entspricht damit nationalem Recht bzw. Gepflogenheiten und hält sich noch im Rahmen dessen, was die Richtlinie den Mitgliedstaaten an Gestaltungsspielraum eröffnet.[557] Die Erstreckungsklausel begegnet also keinen durchgreifenden unionsrechtlichen Bedenken.

(b) Legitimation der Tarifverträge

Der sachgerechte Ausgleich der Interessen, der ein Kräftegleichgewicht der Parteien voraussetzt,[558] steht angesichts der Organisationsgrade in der Arbeitnehmerüberlassung in Frage. Die elementare Schieflage der Koalitionslandschaft der Arbeitnehmerüberlassung manifestiert sich in der Legitimation der Tarifwerke. Denn aufgrund der geringen Organisationsgrade stellt die tarifdispositive Gestaltung des Gleichbehandlungsgrundsatzes nichts anderes dar als eine Zuweisung der „Gestaltungsaufgabe [...] an Gewerkschaften, die nur im Bereich der bei den Entleihern beschäftigten Arbeitnehmer gut vertreten"[559] sind – ein Ergebnis, das sich nur mit dem abzulehnenden delegatorischen Ansatz[560] oder einer Sicht der Gewerkschaften als intermediäre Instanzen[561] vereinbaren ließe.

(1) Legitimation als tragender Faktor

Die Gewerkschaften, die die Abweichungstarifverträge abschließen, müssen sich gegenüber den von den Regelungen betroffenen Leiharbeitnehmern nicht verantworten – die Betroffenen sind schließlich nicht Mitglied der Gewerkschaft, sondern werden nur auf individualvertraglicher Ebene vom Tarifvertrag beeinflusst. Eine Gewerkschaft, die Abweichungstarifverträge abschließt, muss den Zorn ihrer Mitglieder nicht fürchten – das Gros der Mitglieder ist nicht von der Abweichung betroffen. Gewerkschaften können Tarifverträge vereinbaren, die eine Schlechterbehandlung von Leiharbeitnehmern vorsehen, ohne zu fürchten von der Basis abgestraft zu werden.

---

557 *Boemke/Lembke*, AÜG, § 9 Rn. 194 f.; *Sansone*, Gleichstellung, S. 548.

558 BVerfG 28.1.1992 – 1 BvR 1025/82, 1 BvL 16/83, 1 BvL 10/91, BVerfGE 85, 191, Rn. 70; vgl. auch BVerfG 23.11.2006 – 1 BvR 1909/06, NJW 2007, 286, Rn. 46.

559 *Bepler*, FS Kempen, S. 109, 112.

560 Dazu s. B. I. 1.

561 Dazu s. B. III. 1.

In strategischer Hinsicht kann von diesem Umstand sogar dahingehend Gebrauch gemacht werden, dass das „Entgegenkommen" der Gewerkschaften bei den Leiharbeitstarifverträgen von der Arbeitgeberseite dadurch honoriert wird, dass in den Tarifverträgen für die Stammbelegschaft entsprechend bessere Konditionen vereinbart werden. Obgleich derartigen Koppelungsgeschäften nicht grundsätzlich die Zulässigkeit versagt werden kann, haben sie Auswirkungen auf die Verhältnismäßigkeit tarifdispositiven Gesetzesrechts[562] und die Richtigkeitsgewähr, soweit die Regelungen zulasten von Minderheiten gehen.[563] Die Leiharbeitnehmer laufen Gefahr, zum Spielball oder zur „Verfügungsmasse"[564] im tarifpolitischen Ringen zu werden – ist doch einer der Vorteile tarifdispositiver Regelungen die größere Verhandlungsmacht[565] der Gewerkschaften.

Die Verantwortlichkeit des Normsetzenden gegenüber dem Normunterworfenen, die tragendes Element der kollektiven Privatautonomie ist,[566] besteht in dieser Situation nur bedingt. Das steht wiederum in Widerspruch zu dem Grundsatz, auf dem die Normsetzungsbefugnis der Tarifvertragsparteien nach Ansicht des BVerfG überhaupt erst fußt: Der Staat darf „seine Normsetzungsbefugnis nicht in beliebigem Umfang außerstaatlichen Stellen überlassen und den Bürger nicht schrankenlos der normsetzenden Gewalt autonomer Gremien ausliefern [...], die ihm gegenüber nicht demokratisch bzw. mitgliedschaftlich legitimiert sind".[567] Die Rechtsprechung macht also deutlich, dass normsetzende autonome Gremien einer demokratischen bzw. mitgliedschaftlichen Legitimation bedürfen.[568] Wenn es an einer solchen Legitimation fehlt, weil die Normunterworfenen sich nicht mitgliedschaftlich unterworfen haben, ist auch der

562 Vgl. dazu *Löwisch/Rieble*, TVG, Grundlagen Rn. 195.

563 *Krämer*, Richtigkeitsgewähr, S. 228; *Röpke*, Gestaltbarkeit von Arbeitsbedingungen, S. 97.

564 EnzEuR/*Forst*, § 16 Rn. 75; *Ulber*, ZAAR Schriftenreihe Bd. 42, S. 87, 96 spricht davon, dass die Leiharbeitnehmer in solchen Konstellationen die Arbeitsbedingungen und Entgelte der Stammarbeitnehmer „subventionieren"; *Rieble*, ZAAR Schriftenreihe Bd. 15, S. 67, 68 spricht gar von der Leiharbeit als „beschäftigungssichernder Puffer" für die Stammbelegschaft.

565 Vgl. dazu Thüsing/Braun/*Thüsing*, Tarifrecht, 1. Kap. Rn. 54 f.

566 ErfK/*Franzen*, TVG, § 3 Rn. 1.

567 BVerfG 24.5.1977 – 2 BvL 11/74, BVerfGE 44, 322, Rn. 74; vgl. auch HMB/*Engels*, Teil 1 Rn. 11; *Biedenkopf*, Grenzen der Tarifautonomie, S. 52 f.; *Richardi*, FS Konzen, 791, 799; *Koller*, ZfA 1978, 45, 60.

568 BVerfG 24.5.1977 – 2 BvL 11/74, BVerfGE 44, 322, Rn. 74; BAG 18.3.2009 – 4 AZR 64/08, BAGE 130, 43, Rn. 49.

Gleichlauf von Entscheidungsmacht und Betroffenheit[569] aufgehoben. Die Leiharbeitnehmer haben keinerlei Entscheidungsmacht in der Gewerkschaft, sind aber dennoch nahezu ausnahmslos betroffen.

Freilich lässt sich einwenden, die Leiharbeitnehmer könnten in die Gewerkschaft eintreten und auf diese Art und Weise die Tarifpolitik beeinflussen. Allerdings sind die Leiharbeitnehmer – trotz in jüngerer Vergangenheit steigender Zahlen[570] – noch eine verhältnismäßig kleine und vor allem branchenmäßig zerstreute Gruppe. Dass diese kleine Gruppe entscheidenden Einfluss auf die Gewerkschaftspolitik der im Industrieverbandsprinzip organisierten DGB-Gewerkschaften nehmen kann, dürfte wenig realistisch sein.

Die Gründung einer eigenen Gewerkschaft für die Arbeitnehmerüberlassung scheint geeignet, die Legitimationsproblematik zu entschärfen, dürfte jedoch weiterhin eine realitätsferne Hoffnung bleiben.[571] Traditionell steht die Gründung von Gewerkschaften der Nachkriegszeit in unmittelbarem Zusammenhang mit dem Industrieverbandsprinzip:[572] Die ersten Gewerkschaften der Nachkriegszeit gründeten sich, um die Interessenvertretung der Arbeitnehmer ihres Wirtschaftszweigs zu bündeln. Die Arbeitnehmerüberlassung ist allerdings davon geprägt, dass der Einsatz in den Entleihbetrieben nicht stets innerhalb eines Wirtschaftszweigs stattfindet – vielmehr erfolgt der Einsatz branchenübergreifend.[573] Schon diese Segementierung sorgt dafür, dass die klassischen Werbemittel der Gewerkschaften, die in den Betrieben ansetzen,[574] kaum erfolgreich sind. In den Einsatzbetrieben wird es angesichts der kurzen Beschäftigungsdauern und der (relativ zur Stammbelegschaft betrachtet) geringen Zahl der Leiharbeitnehmer schwerfallen, diese effektiv und gezielt zu erreichen. In den Betrieben des Verleihers als Arbeitgeber, und

569 So zur OT-Mitgliedschaft aber unter Hinweis die Funktionsfähigkeit der Tarifautonomie allgemein BAG 22.4.2009 – 4 AZR 111/08, BAGE 130, 264, Rn. 28; BAG 4.6.2008 – 4 AZR 419/07, BAGE 127, 27, Rn. 65.

570 Vgl. dazu die Antwort der Bundesregierung auf eine Kleine Anfrage der Fraktion DIE LINKE, BT-Drs. 18/9557.

571 Ausf. dazu C. I. 5. c.

572 *Preis*, Kollektivarbeitsrecht, Rn. 208 ff.; Zur größeren Bedeutung der Berufsgruppengemeinschaften im historischen Kontext vor 1933 vgl. *Preis*, Kollektivarbeitsrecht, Rn. 212 ff.

573 *Bissels/Khalil*, BB 2013, 315, 318; *Fischer*, RdA 2013, 326, 333.

574 Ausführlich zur grundrechtlichen Bedeutung der Gewerkschaftswerbung ErfK/*Linsenmaier*, GG, Art. 9 Rn. 41; vgl. auch die gerichtlich ausgetragenen Konflikte in diesem Bereich, BVerfG 14.11.1995 – 1 BvR 601/92, NZA 1996, 381; BVerfG 17.2.1981 – 2 BvR 384/78, NJW 1981, 1829.

damit als andere Partei des Tarifvertrags, wird es ebenfalls schwerfallen, da die Leiharbeitnehmer sich – wenn überhaupt – nur kurz dort aufhalten.

Die bedeutsamste Hürde liegt jedoch in einem strukturellen, außerrechtlichen Umstand begründet: Viele der Leiharbeitnehmer treten aus der Arbeitslosigkeit hinaus in das Arbeitsverhältnis ein.[575] Auch ist zu verzeichnen, dass ein signifikanter Anteil der Leiharbeitnehmer innerhalb eines Jahres wieder arbeitslos wird.[576] Kombiniert man diese beiden Elemente liegt nahe, dass eine Gewerkschaftsmitgliedschaft und die Aussicht auf einen etwaigen Arbeitskampf für Leiharbeitnehmer wenig attraktiv ist. Das Interesse der Leiharbeitnehmer, deren Gehälter eher niedrig sind,[577] an einem Streik teilzunehmen und streikgeldbedingt weitere finanzielle Einbußen in Kauf zu nehmen, dürfte eher gering sein.

Auch dass die Leiharbeitnehmer gar nicht unmittelbar und zwingend dem Tarifvertrag unterworfen sind, sondern erst aufgrund individualvertraglicher Bezugnahme, kann keine andere Bewertung rechtfertigen. Die strukturelle Unterlegenheit, die der Tarifvertrag gerade mindern soll, besteht für Leiharbeitnehmer weiter – Möglichkeiten, sich erfolgreich gegen die Bezugnahme des Tarifvertrags zur Wehr zu setzen, wird es *realiter* nicht geben. Ein Aushandeln auf Augenhöhe und darauf aufbauender Interessenausgleich erscheint zweifelhaft. Ein Arbeitnehmer, der die Bezugnahme ablehnt, dürfte kein realitätsnahes Szenario sein[578] – diesen Schluss legt nicht zuletzt die nahezu ausnahmslose Abweichung vom Gleichbehandlungsgrundsatz nahe.

Zudem lässt sich die Unwilligkeit der Leiharbeitnehmer in Sachen Gewerkschaftsmitgliedschaft, parallel zu der von *Rieble* aufgezeigten Situation der IT-Kräfte, als eine brancheninterne „Urabstimmung“[579] gegen Tarifverträge auslegen. Die Leiharbeitnehmer entscheiden sich nicht nur individuell gegen eine Mitgliedschaft, sondern entziehen durch diese Entscheidung kollektiv jeder Gewerkschaft das Tarifmandat – eine gesetzgeberisch gewollte Existenz von Tarifverträgen in der Arbeitnehmerüberlassung[580] kann diesen Makel nicht beseitigen.

---

575 Arbeitsmarktberichterstattung der BA (Januar 2017): Blickpunkte Arbeitsmarkt – Aktuelle Entwicklungen der Zeitarbeit, S. 16 f.

576 Arbeitsmarktberichterstattung der BA (Januar 2017): Blickpunkte Arbeitsmarkt – Aktuelle Entwicklungen der Zeitarbeit, S. 16 f.

577 Vgl. Arbeitsmarktberichterstattung der BA (Januar 2017): Blickpunkte Arbeitsmarkt – Aktuelle Entwicklungen der Zeitarbeit, S. 20 f.

578 So auch *Waas*, ZESAR 2012, 7, 12.

579 *Rieble*, FS Wiedemann, S. 519, 538 f.

580 So *Franzen*, BB 2009, 1472, 1476 in Bezug auf ArbG Berlin 1.4.2009 – 35 BV 17008/08, NZA 2009, 740 zur CGZP.

(2) Tarifverträge und Außenseiterinteressen

Es scheint nicht ausgeschlossen, dass die Gewerkschaften Tarifverträge schließen, in denen die Interessen der Betroffenen hinreichend zur Geltung kommen – genannt seien an dieser Stelle die Zuschlagstarifverträge, die noch näher zu untersuchen sind.[581] Tarifverträge aber unkritisch als stets legitim anzusehen, würde im Fall der Arbeitnehmerüberlassung ein ganz erhebliches Vertrauen in die Zuverlässigkeit der Gewerkschaften auch für Außenseiter[582] bedeuten. Es wird eine Breitenwirkung der Tarifverträge auf Kosten der mitgliedschaftlichen Legitimation erreicht. Zwar scheint mit Blick auf die jüngeren gesetzgeberischen Initiativen zur vereinfachten Erstreckung von Tarifnormen ein solches Vertrauen des Gesetzgebers in die Gewerkschaften nicht fernliegend.[583] Dieses Verständnis würde den Tarifvertragsparteien die Wahrnehmung von Gemeinwohlbelangen überantworten[584] und die Interessenwahrnehmung von den Betroffenen lösen. Das lässt sich mit dem Verständnis der Tarifautonomie als – zumindest im Ausgangspunkt[585] – kollektiv ausgeübter Privatautonomie, deren tragender Gedanke die Mitgliedschaft ist, nur schwer vereinbaren.[586]

Zudem gibt es dann für Tarifverträge in der Arbeitnehmerüberlassung weder eine demokratische noch eine mitgliedschaftliche Legitimation. Die Tarifparteien werden vielmehr zum „staatlich eingerichteten Sachwalter".[587] Dass dieses Vertrauen in die Akteure – so man ein solches dem Gesetzgeber unterstellen möchte – in der Arbeitnehmerüberlassung sogar noch weit über das Maß hinausginge, das bei der Allgemeinverbindlichkeit vorläge, wird an der Erlassererklärung deutlich, die gem. § 5 Abs. 1 Satz 1 TVG vom Bundesministerium für Arbeit und Soziales vorgenommen werden muss. Die Erklärung lässt sich dann gewissermaßen als Korrektiv verstehen, mit dem eine zumindest mittelbare demokratische Legitimation begründet wird. Dass sich der Gesetzgeber in der

---

581 S.u. C. I. 4. g.

582 Speziell zu dieser Anerkennung bei tarifdispositivem Recht Wiedemann/*Wiedemann*, TVG, Einl. Rn. 380.

583 Insb. durch das Tarifautonomiestärkungsgesetz, *Franzen*, ZfA 2016, 25, 42.

584 Zu dieser Entwicklung *Richardi*, ZfA 2014, 395, 412; *Richardi*, NZA 2013, 408, 409, der in den Gewerkschaften einen „staatlich eingerichteten Sachwalter" sieht; vgl. allg. zur Bedeutung der Gemeinwohlbelange HMB/*Engels*, Teil 1 Rn. 49; *Löwisch/Rieble*, TVG, Grundlagen Rn. 236 ff.; Moll/*Hamacher*, Arbeitsrecht, § 70 Rn. 36; *Wiedemann*, TVG, Einl. Rn. 336 ff.

585 Ausf. dazu B. I.

586 Näher dazu C. I. 4. e. bb) (b).

587 *Richardi*, ZfA 2014, 395, 412; *Richardi*, NZA 2013, 408, 411.

Arbeitnehmerüberlassung dieses Korrektiv nicht einräumt und sich freiwillig zurücknimmt, erscheint bedenklich.

Tarifverträge, die eine Abweichung vom Gleichbehandlungsgrundsatz vorsehen, sind – selbst wenn sie von tariffähigen und -zuständigen Gewerkschaften[588] abgeschlossen werden – nicht in einem Maße mitgliedschaftlich legitimiert, das eine Interessenvertretung vermuten lässt, die der eigentlichen Funktion von Tarifverträgen gerecht wird. Es kommt vielmehr zu einer künstlichen Tennung von den Stammbeschäftigten, die dieselbe Arbeit erbringen und damit zu einer Zweispurigkeit der Tarifverträge im Betrieb: Für die Stammbelegschaft gilt der Tarifvertrag, gegen den keine Bedenken bzgl. der mitgliedschaftlichen Legitimation bestehen, während die Leiharbeitnehmer von einem anderen Tarifvertrag mit schlechteren Arbeitsbedingungen erfasst sind, dessen mitgliedschaftliche Legitimation höchst zweifelhaft ist. Von der Befriedungs- und Ordnungsfunktion, die auch § 4a Abs. 1 TVG betont, bleibt in diesem Zusammenhang nicht viel übrig.[589]

Ohne eine solche Legitimation erscheint es zweifelhaft, diese Tarifverträge zur Festsetzung der Außenseiterarbeitsbedingungen im Wege der Bezugnahme zu nutzen.

(c) Bezugnahmeproblematik in Mischbetrieben

Kehrt man diese Bedenken beiseite und bekennt sich weiterhin zur Abweichungsmöglichkeit durch individualvertragliche Bezugnahme, stellt sich eine Folgefrage: Welche Tarifverträge dürfen in Bezug genommen werden? Der Gesetzgeber macht deutlich, dass die Bezugnahme nur „im Geltungsbereich" des Tarifvertrags zulässig ist, § 8 Abs. 2 Satz 4, Abs. 4 Satz 3. Welcher Tarifvertrag das ist, kann insbesondere bei Mischbetrieben[590] problematisch sein. Mischbetriebe sind solche Betriebe, in denen der Arbeitgeber sowohl Arbeitnehmer selbst in der Betriebsstätte beschäftigt, als auch Arbeitnehmer zur Arbeitsleistung überlässt.[591]

---

588 S. dazu B. III. 2. c.

589 In diesem Zusammenhang treffend *Löwisch/Rieble*, TVG, § 4a Rn. 26: „Solidarität ist nur mit Partizipation der Betroffenen zu haben.".

590 Vgl. auch C. I. 5. c. (bb); vgl. auch BT-Drs. 18/673, S. 25 f.; zwischenzeitlich waren sogar 53% aller Verleihbetriebe Mischbetriebe, BT-Drs. 15/6008, S. 14, 16.

591 *Lembke/Distler*, NZA 2006, 952, 953; *Bissels/Khalil*, BB 2013, 315, 316.

(1) Handhabung der Praxis – Überwiegensprinzip

Die Frage, ob Mischbetriebe auf die Abweichungstarifverträge der Arbeitnehmerüberlassung Bezug nehmen können, wurde seit der Einführung der tarifdispositiven Ausgestaltung des Gleichbehandlungsgrundsatzes kontrovers diskutiert. Während die Bundesagentur für Arbeit in ihrer Geschäftsanweisung zunächst davon ausging, eine Inbezugnahme komme nur für solche Mischbetriebe in Betracht, die überwiegend Arbeitnehmerüberlassung betreiben,[592] wurde dieser Ansatz in der Literatur teils kritisiert.[593] Ausschlaggebend für das Abstellen auf das Überwiegensprinzip war der Grundsatz der Tarifeinheit, nach dem in jedem Betrieb nur ein Tarifvertrag zur Anwendung kommen kann. Wenn der betriebliche Schwerpunkt eines Mischbetriebs nicht überwiegend in der Arbeitnehmerüberlassung liegt, unterfalle der Betrieb nicht dem fachlichen Geltungsbereich des Tarifvertrags – eine Bezugnahme auf diesen Tarifvertrag müsse daher ausscheiden.[594] Die Bezugnahmemöglichkeit bestand damit nur für Betriebe, die überwiegend Arbeitnehmerüberlassung betrieben oder die Arbeitnehmerüberlassung in einer eigenen Organisationseinheit durchführten.

Diese Praxis hielt sich noch, nachdem das BAG im Jahr 2010[595] den Grundsatz der Tarifeinheit aufgegeben hatte. Die Bezugnahmemöglichkeit von Mischbetrieben wurde in der Geschäftsanweisung zum AÜG im Jahr 2015 eingeschränkt, indem weiterhin das Überwiegensprinzip bedeutsam war:

> Für die Bestimmung des Geltungsbereichs eines Tarifvertrags ist entscheidend, welche Betriebe der Tarifvertrag nach dem Willen der Tarifvertragsparteien erfassen soll. Auch nach der Aufgabe des Grundsatzes der Tarifeinheit durch das Bundesarbeitsgericht […] wird man regelmäßig davon ausgehen können, dass nach dem Willen der Tarifvertragsparteien der Arbeitnehmerüberlassung nur solche Mischbetriebe unter den Geltungsbereich ihrer Tarifverträge fallen sollen, die arbeitszeitlich überwiegend Arbeitnehmerüberlassung betreiben (sog. Überwiegensprinzip). Mit der Organisation von Arbeitgeber- und Arbeitnehmerverbänden nach dem Branchenprinzip geht einher, dass sich die von ihnen vereinbarten Regelungen grundsätzlich nur auf zur Branche gehörende Betriebe erstrecken sollen. Die Zugehörigkeit eines Betriebes zu einer Branche

592 Durchführungsanweisung der Bundesagentur für Arbeit, Stand: Oktober 2004, 3.1.6.

593 Ausf. *Lembke/Distler*, NZA 2006, 952; *Bissels/Khalil*, BB 2013, 315; *Nebeling/Gründel*, BB 2009, 2366 ff.; aA ErfK/*Wank*, AÜG, § 3 Rn. 23b; *Ulber*, AÜG, § 9 Rn. 121, 250; diff. *Sansone*, Gleichstellung, S. 389 f., der Mischbetriebe zumindest nicht kategorisch ausschließt und die Tarifeinheit lediglich als Auslegungsgrundsatz heranzieht; vgl. allg. zu Mischunternehmen als Verleihunternehmen iSd. Richtlinie *Hamann*, ZESAR 2012, 103, 104 f.

594 Vgl. Thüsing/*Pelzner*, 2. Aufl. 2005, § 3 Rn. 86.

595 BAG 7.7.2010 – 4 AZR 549/08, BAGE 135, 80.

kann bei unterschiedlichen Betriebszwecken über das Überwiegensprinzip bestimmt werden. Mischbetriebe, die nicht überwiegend Arbeitnehmerüberlassung betreiben und ihre nicht verliehenen Arbeitnehmer nach dem jeweiligen Branchentarifvertrag beschäftigen, können vom Gleichstellungsgrundsatz des § 3 Abs. 1 Nr. 3 abweichen, wenn dieser Tarifvertrag eine ausdrückliche Klausel enthält, wonach er im Falle des Verleihs des Arbeitnehmers ebenfalls anwendbar ist. Fällt der Mischbetrieb nicht unter den Geltungsbereich eines Tarifvertrags der Arbeitnehmerüberlassung und ist auch der von ihm angewandte Branchentarifvertrag nicht für den Fall des Verleihs des Arbeitnehmers anwendbar, so gilt der Gleichstellungsgrundsatz.[596]

Von dieser Praxis ist die Bundesagentur für Arbeit in ihren Fachlichen Weisungen zum Arbeitnehmerüberlassungsgesetz[597] in der Fassung vom 1.4.2017 im Lichte eines BSG-Urteils[598] abgerückt: Das AÜG eröffne auch Mischbetrieben, die nicht überwiegend Arbeitnehmerüberlassung betreiben, die Bezugnahmemöglichkeit – freilich weiter unter der Voraussetzung, dass die Betriebe dem Geltungsbereich des Tarifvertrags unterfallen. Die Feststellung, ob der Tarifvertrag auch Mischbetriebe erfasse, ist durch Auslegung zu treffen. Für die Tarifverträge der DGB-Tarifgemeinschaft mit BAP und iGZ sei dies – infolge des BSG-Urteils[599] – jedenfalls zu bejahen. Die Tarifverträge seien nicht nach dem Industrieverbandsprinzip strukturiert, sondern erfassen die Arbeitnehmerüberlassung allgemein.

(2) Argumentationsgang gegen das Überwiegensprinzip

Das BSG setzt sich in seinem Urteil argumentativ mit der Praxis der Bundesagentur auseinander und erklärt sie unter verschiedenen Gesichtspunkten für rechtswidrig.

Zunächst stellt schon das Gesetz nicht auf das Überwiegen der Verleihtätigkeit ab.[600] Anders als § 6 AEntG macht § 3 Abs. 1 Nr. 3 Satz 3 aF (ebenso wie § 8 Abs. 2–4 nF) das Überwiegen gerade nicht ausdrücklich zur Voraussetzung. Vielmehr stellt der Wortlaut allein auf den Geltungsbereich des Tarifvertrags ab, den die Tarifparteien autonom bestimmen. Ein anderes Ergebnis würde zudem die von der Bezugnahmeklausel erstrebte Gleichstellung tarifgebundener und nicht tarifgebundener Unternehmen konterkarieren. Auch verbietet es sich unter systematischen Erwägungen, das Überwiegensprinzip des AEntG auf das

596 3.1.8.5., Geschäftsanweisung zum AÜG, Stand: Juli 2015.
597 8.5.5., Stand: März 2017; nachfolgend nur noch FA AÜG.
598 BSG 12.10.2016 – B 11 AL 6/15 R, juris; zust. *Greiner*, RdA 2017, 153, 157.
599 BSG 12.10.2016 – B 11 AL 6/15 R, juris.
600 BSG 12.10.2016 – B 11 AL 6/15 R, juris, Rn. 28 f.

AÜG zu übertragen: Ziel des AEntG ist es, die Wirkung des Tarifvertrags zu erweitern und alle Arbeitnehmer des Betriebs zu erfassen. Ein solches Ziel besteht gerade nicht beim AÜG, das allein den Bereich der Arbeitnehmerüberlassung regeln möchte.[601] Zudem ist das Überwiegensprinzip bei sämtlichen anderen tarifdispositiven Normen ohne Belang.[602]

Nachfolgend setzt sich das BSG mit dem Geltungsbereich der Tarifverträge der DGB-Tarifgemeinschaft mit dem BZA auseinander. Der Geltungsbereich der Tarifverträge wird von den Tarifvertragsparteien autonom festgesetzt und gibt vor, in welchem räumlichen, fachlichen, zeitlichen und persönlichen Bereich die Regelungen gelten sollen.[603] Um den Geltungsbereich zu bestimmen, ist eine Auslegung vorzunehmen, die den gleichen Grundsätzen folgt, wie sie bei der Auslegung von Gesetzen Anwendung finden. Zuvörderst ist damit auf den Wortlaut des Tarifvertrags abzustellen und erst, wenn sich ein zweifelsfreies Ergebnis nicht erzielen lässt, auf weitere ergänzende Kriterien wie die Entstehungsgeschichte oder die praktische Tarifübung.[604] Dass der Tarifvertrag auf die Mitgliedsunternehmen des BZA abstelle, sei in diesem Zusammenhang nicht hinderlich, da die Tarifdispositivität die fehlende Tarifbindung kraft Mitgliedschaft ersetzen soll.[605] Es reiche daher aus, dass Mischunternehmen Mitglied des tarifvertragschließenden Arbeitgeberverbandes werden könnten.[606]

Ausgehend vom Primat des Wortlauts untersucht das BSG § 1.3 MTV Zeitarbeit von BZA und der DGB-Tarifgemeinschaft. Dieser stellt auf Arbeitgeberseite allein auf den Begriff „Zeitarbeitsunternehmen" ab, ohne dass eine Anknüpfung an den Betrieb erkennbar ist. Es liegt also keine betriebs- und branchenbezogene Ausgestaltung des Anwendungsbereichs vor, bei der das Abstellen auf das Überwiegensprinzip sinnvoll erscheint.[607] Der Verzicht auf eine betriebliche Bestimmung des Geltungsbereichs und das Anknüpfen an den Wirtschaftszweig ist

---

601 BSG 12.10.2016 – B 11 AL 6/15 R, juris, Rn. 31.

602 BSG 12.10.2016 – B 11 AL 6/15 R, juris, Rn. 32.

603 Thüsing/Braun/*Wißmann*, Tarifrecht, 4. Kap. Rn. 171, 173; HMB/*Stamer*, Teil 8 Rn. 1 f., 20; *Löwisch/Rieble*, TVG § 4 Rn. 156 f.

604 BAG 14.7.2015 – 3 AZR 903/13, juris, Rn. 17; BAG 10.2.2015 – 3 AZR 904/13, juris, Rn. 27; BSG 12.10.2016 – B 11 AL 6/15 R, juris, Rn. 34; BVerwG 3.12.2001 – 6 P 12/00, ZTR 2002, 193, Rn. 28.

605 Wiedemann/*Wank*, TVG, § 4 Rn. 149a; vgl. auch HMB/*Stamer*, Teil 8 Rn. 79; Däubler/*Deinert*, TVG, § 4 Rn. 252.

606 BSG 12.10.2016 – B 11 AL 6/15 R, juris, Rn. 35.

607 Dazu *Greiner*, RdA 2017, 153, 157.

in Tarifverträgen der Arbeitnehmerüberlassung üblich[608] und nichts anderes als eine Folge des branchenübergreifenden Charakters der Arbeitnehmerüberlassung – ein Umstand, der mit dem Industrieverbandsprinzip, das viele Gewerkschaften zugrunde legen, erkennbar konfligiert.[609] Das spiegelt sich vor allem im persönlichen Geltungsbereich auf Arbeitnehmerseite wider: Der Tarifvertrag gilt „für die Arbeitnehmer (Mitarbeiter), die von dem Zeitarbeitsunternehmen (Arbeitgeber) einem Entleiher (Kundenbetrieb) im Rahmen des Arbeitnehmerüberlassungsgesetzes (AÜG) überlassen werden [...]", § 1.3 MTV. Den Tarifvertragsparteien kommt es damit allein darauf an, dass das Arbeitsverhältnis dem Regelungsregime des AÜG unterfällt, das seinerseits seinen Anwendungsbereich nicht vom Überwiegensprinzip abhängig macht, sondern allein am Überlassungstatbestand anknüpft, § 1 Abs. 1 Satz 1.[610] Stellt der Tarifvertrag nicht auf das Industrieverbandsprinzip ab, sondern allein auf bestimmte Arbeitsverhältnisse, kann nicht angenommen werden, dass der Tarifvertrag den gesamten Betrieb erfassen soll – auf das Überwiegen eines Betriebszwecks kommt es daher nicht an.[611]

Kritik an dem Urteil des BSG – und mittelbar auch an der dieses Urteil aufgreifenden FA AÜG – äußert *Ulrici*.[612] Schon die These, den Tarifwerken liege nicht das Industrieverbandsprinzip zugrunde, greife zu kurz. Das BSG beziehe in die Betrachtung nur die Tarifverträge der Arbeitnehmerüberlassung ein und verkenne die Auswirkungen auf Branchentarifverträge:[613] Es könne die Situation eintreten, dass in dem Mischbetrieb ein Branchentarifvertrag gilt, der alle Arbeitsverhältnisse im Betrieb einheitlich erfasst. Bejaht man zugleich die Anwendbarkeit des Tarifvertrags über die Arbeitnehmerüberlassung, würde man dem Branchentarifvertrag die betriebsweite Regelungskompetenz versagen und so dem Regelungswillen der Tarifvertragsparteien widersprechen. Das sei insofern bedenklich, als auf Arbeitnehmerseite des Arbeitnehmerüberlassungstarifvertrags die gleichen DGB-Gewerkschaften stehen, die unter Zugrundelegung des Industrieverbandsprinzips auch die Branchentarifverträge abschließen. Der

608 Vgl. ausf. *Bissels/Khalil*, BB 2013, 315, 317 f.; Auch der (unwirksame) Tarifvertrag der CGZP stellte nicht auf den Betrieb ab, sondern sollte für alle Unternehmen, Betriebe, Abteilungen und Hilfsbetriebe gelten, die Dienstleistungen in der Arbeitnehmerüberlassung erbringen, vgl. Ziff. 1.2 TV CGZP/AMP, Stand: 2010.

609 *Bissels/Khalil*, BB 2013, 315, 318.

610 BSG 12.10.2016 – B 11 AL 6/15 R, juris, Rn. 38; UBGH/*Hurst*, AÜG, § 8 Rn. 78.

611 BSG 12.10.2016 – B 11 AL 6/15 R, juris, Rn. 40.

612 *Ulrici*, jurisPR-ArbR 9/2017 Anm. 4.

613 *Ulrici*, jurisPR-ArbR 9/2017 Anm. 4, C. III. 2. b).

Regelungswille dieser Gewerkschaften gehe vom Leitbild des Branchentarifvertrags aus – dass diese Tarifverträge von einem Tarifvertrag der Arbeitnehmerüberlassung verdrängt werden, entspreche nicht der Regelungsintention dieser Gewerkschaften. Um eben diese Situation zu vermeiden, sei das Überwiegensprinzip für die Arbeitnehmerüberlassungstarifverträge vereinbart worden. Das komme in der Formulierung zum Ausdruck, dass die Tarifverträge für „Zeitarbeitsunternehmen" gelten. Nur auf diese Weise habe die Formulierung eine eigenständige Bedeutung und sei nicht redundant.

Diese Kritik am Begriff des Zeitarbeitsunternehmens steht in Widerspruch zur ausdrücklich tätigkeitsbezogenen Regelung des persönlichen Geltungsbereichs auf Arbeitnehmerseite, § 1.3. MTV: „Arbeitnehmer (Mitarbeiter), die [...] im Rahmen des Arbeitnehmerüberlassungsgesetzes (AÜG) überlassen werden", sind schließlich auch solche Arbeitnehmer, die aus einem Mischbetrieb stammen. Die Interpretation von *Ulrici*, der Begriff des Zeitarbeitsunternehmens enthalte, dass die Tarifvertragsparteien vom Leitbild des Branchentarifvertrags auch für die Arbeitnehmerüberlassung ausgehen, steht damit in Widerspruch zum ausdrücklichen Wortlaut des Tarifvertrags, sodass ihr nicht gefolgt werden kann.

Auch Mischbetrieben ist es damit grundsätzlich möglich, eine Abweichung vom Gleichbehandlungsgebot durch Inbezugnahme der Tarifverträge der Arbeitnehmerüberlassung zu erreichen.

f. Bezugspunkt der neun Monate

Es stellt sich die Frage nach dem Bezugspunkt der zeitlichen Grenze: Es kommt in Betracht, auf den konkreten überlassenen Arbeitnehmer, den Arbeitsplatz oder auf den Einsatz im jeweiligen Betrieb abzustellen. Nach dem Wortlaut des § 8 Abs. 4 Satz 1 kann ein Tarifvertrag nach § 8 Abs. 2 „hinsichtlich des Arbeitsentgelts vom Gleichstellungsgrundsatz für die ersten neun Monate einer Überlassung an den Entleiher abweichen". Nach dem unmittelbaren Wortlautverständnis bezieht sich die zeitliche Komponente auf das Verhältnis zwischen Arbeitnehmer und Entleiher („Überlassung an den Entleiher"). Die Regelung ist darauf gerichtet, Umgehungsstrategien zu vermeiden.[614] Um dieses Ziel zu erreichen, soll ein Zeitraum von drei Monaten zwischen Überlassungen ebenso unbeachtlich sein, wie das Bestehen eines Arbeitsverhältnisses zu verschiedenen Verleihern.[615] Bezöge man die zeitliche Komponente auf den Arbeitsplatz,

614 BT-Drs. 18/9232, S. 24.
615 BT-Drs. 18/9232, S. 24.

würden Umgehungsstrategien eröffnet – der Entleiher könnte die Gleichbehandlung durch wiederholte Zuweisung eines neuen Arbeitsplatzes vermeiden. Für eine Anknüpfung an den Einsatz im Betrieb lässt sich zwar anführen, dass Friktionen mit bestehenden Tarifwerken vermieden werden, die eine derartige Regelung bereits vorsehen.[616] Dennoch ließe sich – insbesondere in größeren Unternehmen[617] – eine Umgehung der Regelung erreichen, indem die Leiharbeitnehmer im Wechsel in mehreren Betrieben eingesetzt würden.

Mittels einer am Wortlaut orientierten Auslegung lassen sich die aufgezeigten Umgehungsmöglichkeiten systemgerecht vermeiden, indem eine entleiherbezogene Perspektive eingenommen wird: § 8 Abs. 4 benennt ausdrücklich die Überlassung an einen Entleiher. Mit Entleiher kann nur die natürliche bzw. juristische Person gemeint sein, mit der der Verleiher den Überlassungsvertrag schließt.[618] Das gibt nicht zuletzt Art. 3 Abs. 1 d) RL 2008/104/EG vor, der im Wege unionsrechtskonformer Auslegung für das AÜG, das sich als Umsetzungsgesetz versteht,[619] von Bedeutung ist. Maßgeblich ist also weder, auf welchem Arbeitsplatz, noch in welchem Betrieb der Arbeitnehmer eingesetzt wird. Vielmehr ist darauf abzustellen, welche natürliche oder juristische Person die Arbeitskraft des Leiharbeitnehmers auf welche Weise auch immer einsetzt – also derjenige, der den Überlassungsvertrag mit dem Verleiher abschließt. Versetzungen auf andere Arbeitsplätze oder in andere Einsatzbetriebe sind daher für die Berechnung des neunmonatigen Zeitraums ohne Belang.

g. Rückausnahme für Branchenzuschlagstarifverträge, § 8 Abs. 4 Satz 2

Mit § 8 Abs. 4 Satz 2 geht der Gesetzgeber erstmals ausdrücklich auf eine Besonderheit ein, die sich in der Tariflandschaft der Arbeitnehmerüberlassung herausgebildet hat: (Branchen-)Zuschlagstarifverträge (TVBZ). Eine Abweichung ist hiernach möglich, sofern eine stufenweise Heranführung an ein Entgelt vorgenommen wird, das nach 15 Monaten ein Niveau erreicht, das die Tarifvertragsparteien als gleichwertig festgelegt haben. Derzeit bestehen mit der Verhandlungsgemeinschaft Zeitarbeit (VGZ), bestehend aus den Verbänden BAP und

---

616 *Willemsen/Mehrens*, NZA 2015, 897, 901.

617 Die fehlende Regelung zur Anrechnung einer Beschäftigung bei anderen Konzernunternehmen moniert bereits im Zusammenhang mit dem Referentenentwurf *Zimmermann*, BB 2016, 53, 55.

618 *Boemke/Lembke*, AÜG, § 1 Rn. 39; Schüren/*Hamann*, AÜG, § 1 Rn. 55.

619 BT-Drs. 17/4804 S. 1, 8.

iGZ, abgeschlossene TVBZ in elf Branchen und mit vier Gewerkschaften.[620] An der Rückausnahme des § 8 Abs. 4 Satz 2 wird vereinzelt kritisiert, die Regelung mache die bestehenden ausdifferenzierten TVBZ zunichte und stehe so in Konflikt mit Art. 9 Abs. 3 GG.[621] Diese Kritik ist allerdings unberechtigt: Es ist vielmehr davon auszugehen, dass – was auch die Gesetzesbegründung andeutet[622] – die Regelung zu einer Stärkung dieser Konstruktion führt. Freilich muss aber auch bedacht werden, dass den derzeit geltenden Tarifwerken nach hier vertretener Auffassung die Wirksamkeit zu versagen ist.[623]

aa) Inhaltliche Vorgaben

Deutlich problematischer ist hingegen, ob bzw. welche inhaltlichen Vorgaben den Tarifvertragsparteien gemacht sind. Ausgehend vom Wortlaut, nach dem es erforderlich ist, dass ein Entgelt erzielt wird, das „als gleichwertig mit dem tarifvertraglichen Arbeitsentgelt vergleichbarer Arbeitnehmer in der Einsatzbranche festgelegt ist", lassen sich zunächst keinerlei Grenzen erkennen – „Der Gesetzgeber spricht hierzu dunkel wie der Mund der Pythia".[624]

Um dem Regelungsinhalt Kontur zu verleihen, zieht *Thüsing* die Angemessenheitsvermutung als Hinweis heran, um einen weiten Spielraum zu gewähren.[625] Die Angemessenheitsvermutung heranzuziehen, begegnet in Anbetracht der Tariflandschaft der Arbeitnehmerüberlassung jedoch Bedenken[626] und sollte mit Vorsicht genossen werden.

Ein Hinweis, wie weit der Gesetzgeber den Gestaltungsspielraum bemisst, lässt sich den Gesetzesmaterialien entnehmen: Die Regelung wird als Anreiz verstanden, die bestehenden TVBZ weiterzuentwickeln und den Weg zum Abschluss neuer TVBZ zu ebnen.[627] Hieran lässt sich die allgemeine Zufriedenheit

---

620 Vgl. *BDA*, Ausschussdrs. 18(11)761, S. 32, 34; die IG BCE hat fünf TV BZ abgeschlossen: Chemie, Kunststoff, Kautschuk, Kali- und Steinsalzbau und Papier erzeugende Industrie. Die IG Metall hat drei TV BZ abgeschlossen: Metall und Elektro, Textil- und Bekleidungsindustrie sowie Holz und Kunststoff. Ver.di hat zwei TV BZ für Papier, Pappe, Kunststoff und gewerblichen Druck abgeschlossen. Die EVG hat einen TV BZ für die Eisenbahnbranche abgeschlossen.

621 *Zimmermann*, BB 2016, 53, 55.

622 BT-Drs. 18/9232, S. 24.

623 B. III. 2. c. bb).

624 *Thüsing*, DB 2016, 2663, 2665; vgl. *Thüsing*, Ausschussdrs. 18(11)761, S. 26, 30.

625 *Thüsing*, DB 2016, 2663, 2665.

626 C. I. 4. d. bb) (b) (2).

627 BT-Drs. 18/9232, S. 24.

des Gesetzgebers mit den bestehenden TVBZ erkennen, die auf der höchsten Stufe 90% des Entgelts der Stammarbeitnehmer vorsehen.[628] Die gängige Praxis der Branchenzuschlagstarife ist daher von der nationalen Rechtslage unverändert zulässig[629] – freilich mit der Vorgabe, dass eine positive Festlegung[630] des gleichwertigen Arbeitsentgelts vorliegt.

Dieser Einschätzung tritt *Hurst* entgegen: Ausgehend von Sinn, Zweck und Wortlaut des Gesetzes dürfe das festgelegte Vergleichsentgelt nicht unter 100% liegen.[631] Der Gesetzgeber wolle mit der Regelung erreichen, dass die bestehenden Tarifverträge weiterentwickelt würden. Nur bei einer Anknüpfung an das volle Entgelt, das der Entleiher den vergleichbaren Stammarbeitnehmern zahlt, mache die neu hinzugefügte Voraussetzung des gleichwertigen Arbeitsentgelts Sinn.

Zuzugeben ist zwar, dass die Gesetzesbegründung tatsächlich nur davon spricht, die bestehenden Tarifverträge weiterzuentwickeln und einen Anreiz zum Abschluss weiterer Zuschlagstarifverträge zu setzen.[632] Als eine solche Weiterentwicklung kommt aber insbesondere in Betracht, dass die Zuschlagstarifverträge in der höchsten Stufe nicht länger 90% des Vergleichsentgelts – wie derzeit weit überwiegend[633] – vorsehen, sondern eine vollständige Gleichbehandlung. Mit diesem Verständnis würde die Gesetzesbegründung aber widersprüchlich: Einerseits hebt der Gesetzgeber lobend die in den Zuschlagstarifverträgen (vermeintlich[634]) zum Leben erweckte Sachnähe der Sozialpartner hervor, während er ihnen im gleichen Atemzug die Wirksamkeit für die – von den TVBZ selbst inspirierte[635] – Abweichungsmöglichkeit versagt. Zudem wäre § 8 Abs. 4 Satz 2 Nr. 1 nach dem Verständnis von *Hurst* eine gesetzgeberische Fehlkonstruktion: Wäre der Gesetzgeber wirklich bestrebt gewesen, ab dem 16. Einsatzmonat

628 Das ergibt sich aus den Tarifverträgen, die meist eine Regelung enthalten, nach der die Zahlung des Branchenzuschlags auf 90% des Vergleichsentgelts gedeckelt ist, vgl. § 2 Abs. 4 TVBZ Metall- und Elektroindustrie, Stand: Januar 2014; die Regelung des TVBZ Metall- und Elektro wurde in der Instanzrechtsprechung nicht beanstandet, vgl. LAG Thüringen 26.3.2015 – 3 Sa 200/14, juris, Rn. 26; LAG Hamm 15.1.2015 – 17 Sa 1266/14, juris, Rn. 115.

629 Zumindest solange man die oben festgestellte Unwirksamkeit der Tarifverträge aufgrund fehlender Tarifzuständigkeit außer Acht lässt.

630 *Thüsing*, DB 2016, 2663, 2665.

631 UBGH/*Hurst*, AÜG, § 8 Rn. 135.

632 BT-Drs. 18/9232, S. 24.

633 UBGH/*Hurst*, AÜG, § 8 Rn. 135.

634 B. II.; B. III. 2. c. bb) (c).

635 UBGH/*Hurst*, AÜG, § 8 Rn. 134.

zwingend das gleiche Entgelt vorzusehen, hätte er die Ausdrücke „in dem Tarifvertrag" und „festgelegt" weglassen können. Dann hieße Satz 2:

> Eine längere Abweichung durch Tarifvertrag ist nur zulässig, wenn
>
> 1. nach spätestens 15 Monaten einer Überlassung an einen Entleiher mindestens ein Arbeitsentgelt erreicht wird, das gleichwertig mit dem tarifvertraglichen Arbeitsentgelt vergleichbarer Arbeitnehmer in der Einsatzbranche ist, und
> 2. nach einer Einarbeitungszeit von längstens sechs Wochen eine stufenweise Heranführung an dieses Arbeitsentgelt erfolgt.

Diese Formulierung wäre nicht nur weniger umständlich, sondern auch systematisch konsequent, da sowohl für die Vermutungsregelung des § 8 Abs. 1 Satz 2 als auch die Vergleichbarkeit iRd. Equal-pay-Gebots allgemein an das tarifvertragliche Arbeitsentgelt vergleichbarer Arbeitnehmer der Einsatzbranche angeknüpft wird.[636]

Auch die Ziele der AÜG-Reform geben Hinweise, dass der Gestaltungsspielraum der Tarifvertragsparteien weit bemessen aber nicht grenzenlos ist: Der Gesetzgeber hat in den Gesetzesmaterialien zum Ausdruck gebracht, dass die Verhinderung einer Substitution von Stamm- durch Leiharbeitnehmer ein Anliegen ist. Ausdrücklich erhebt der Gesetzgeber das im Zusammenhang mit der Höchstüberlassungsdauer zum Ziel.[637] Auch bei der Zielsetzung und Notwendigkeit der Regelungen erkennt man diese Absicht: Der Gesetzgeber spricht davon, durch das Gesetz werde die Arbeitnehmerüberlassung „auf ihre Kernfunktion als Instrument zur zeitlich begrenzten Deckung des Arbeitskräftebedarfs hin orientiert".[638]

Eben jene zeitlich begrenzte Deckung eines bestehenden Arbeitskräftebedarfs liegt nicht vor, wenn Stammarbeitnehmer ersetzt werden, deren Tätigkeit aber weiter im Betrieb ausgeübt werden muss.[639] Damit dieses Ziel tatsächlich erreicht

---

636 *Greiner*, RdA 2017, 153, 155 f.; UBGH/*Hurst*, AÜG, § 8 Rn. 45; tarifvertragliches Arbeitsentgelt der Entleihbranche als Anhaltspunkt des Gleichbehandlungsgebots allgemein UBGH/*Hurst*, AÜG, § 8 Rn. 29; *Boemke/Lembke*, AÜG, § 9 Rn. 53.

637 „Einer dauerhaften Substitution von Stammbeschäftigten wird entgegengewirkt", BT-Drs. 18/9232, S. 20.

638 BT-Drs. 18/9232, S. 14.

639 „Zur Kernfunktion der Arbeitnehmerüberlassung gehört, dass sie vorübergehend erfolgt. Der dauerhafte Einsatz von Leiharbeitnehmerinnen und Leiharbeitnehmern kann hingegen zu der Verdrängung von Stammarbeitnehmerinnen und -arbeitnehmern im Einsatzbetrieb führen. Dem soll künftig gesetzlich entgegengewirkt werden.", BT-Drs. 18/9232, S. 15; vgl. auch LAG Niedersachsen 19.9.2012 – 17 TaBV 124/11, AiB 2013, 130, Rn. 30 ff.; *Sansone*, Gleichstellung, S. 571.

werden kann, darf die Arbeitnehmerüberlassung nicht schon wirtschaftlich ansprechender sein als der Einsatz von Stammarbeitnehmern: Wenn das tarifvertraglich als gleichwertig festgelegte Entgelt zzgl. des an den Verleiher zu zahlenden Überlassungsentgelts rechnerisch günstiger ist als der Einsatz von Stammarbeitnehmern, könnte der Arbeitskräftebedarf ebenso durch Leiharbeitnehmer gefüllt werden. Freilich bedarf es nach Ablauf der Höchstüberlassungsdauer des § 1 Abs. 1b des Auswechselns der Leiharbeitnehmer für drei Monate.[640] Dauerhaft bestehender Arbeitskräftebedarf kann damit durch geschicktes Austauschen einiger weniger Leiharbeitnehmer kostengünstig verwirklicht werden – eine evidente und wirtschaftlich ansprechende Missbrauchsmöglichkeit zulasten des Stammarbeitsverhältnisses als Normalzustand,[641] die für eine Beschränkung der tarifvertraglichen Gestaltungsmöglichkeiten spricht. Konkrete Grenzen oder Vorgaben lassen sich diesem Postulat hingegen nicht entnehmen.

Festzuhalten bleibt, dass die gängige Praxis einer stufenweisen Heranführung an ca. 90% des Entgelts vergleichbarer Stammarbeitnehmer nach § 8 Abs. 4 Satz 2 nicht zu beanstanden ist. Eine Abweichung darüber hinaus sollte im Blick halten, ob der Austausch von Stammarbeitnehmern durch Arbeitnehmerüberlassung wirtschaftlich vorteilhaft wäre. Das bildet freilich keine Grenze, die Rechtssicherheit schafft oder für den Rechtsanwender einfach zu handhaben ist.

bb) Als gleichwertig festgelegtes Arbeitsentgelt

Auch die Frage, ab wann ein Entgelt in TVBZ vorliegt, das dem Schutz der überlassenen Arbeitnehmer in ausreichendem Maße Rechnung trägt, lässt der Gesetzgeber offen. Die Regelung gibt den Tarifvertragsparteien lediglich auf, ein Entgelt als gleichwertig festzulegen. Ebenso belässt es der Gesetzgeber im Ermessen der Tarifvertragsparteien, wie viele Stufen der TVBZ vorsieht und welche Höhe die Zulagen betragen. Die Regelung bedeute Gestaltungsspielraum für die sachnahen Tarifvertragsparteien[642] – eine Einengung der Tarifvertragsparteien soll nach der gesetzgeberischen Intention also grundsätzlich nicht stattfinden. Erneut wird auf die Sachnähe der Tarifvertragsparteien verwiesen. Dass diese Sachnähe in der gegenwärtigen Gewerkschaftslandschaft für die Arbeitnehmerüberlassung kein überzeugendes Argument ist, wurde bereits im Zusammenhang mit

---

640 Das dürfte aber auch im Interesse der Ver- und Entleiher sein, beträgt doch auch die Frist für die Anrechnung der Vorbeschäftigungszeiten beim gestaffelten Gleichbehandlungsanspruch nach § 8 Abs. 4 Satz 4 AÜG drei Monate.

641 Vgl. *Giesen*, ZRP 2016, 130, 134; zum konkreten Fall des TVBZ Metall-Elektro, *Nießen/Fabritius*, BB 2013, 375, 378.

642 BT-Drs. 18/9232, S. 24.

der Richtigkeitsgewähr erörtert.[643] Misst der Gesetzgeber den Tarifvertragsparteien Sachnähe bei, wäre es widersinnig, ihnen Vorgaben zu machen, wann ein „gleichwertiges"[644] oder ein vergleichbares[645] Arbeitsentgelt vorliegt.

Die von *Ulber* geäußerte Kritik,[646] dass ein Gleichbehandlungsanspruch, der nach der Einsatzdauer differenziert[647] und für die letzten Monate einer 18-monatigen Überlassung höchstens 90% erreicht, Art. 5 Abs. 3 RL 2008/104/EG nicht gerecht werde, überzeugt nicht: Art. 5 Abs. 3 RL 2008/104/EG bezieht sich gerade auf den Gesamtschutz, der bei einer Abweichung vom Gleichbehandlungsgrundsatz gewahrt sein muss. Diese Abweichung durch die Tarifverträge wird gerade durch die Branchenzuschlagstarifverträge zunehmend wirtschaftlich erträglicher. Dass ein Entgelt, das 90% des Gehalts vergleichbarer Stammarbeitnehmern erreicht, eine Abweichung darstellt, die den Gesamtschutz nicht wahrt, erscheint fernliegend. Das entschärft die Dysfunktionalität der Tarifautonomie in der Arbeitnehmerüberlassung allerdings nur in äußerst begrenztem Umfang: Nur selten erreicht der Leiharbeitnehmer die letzte Stufe bevor sein Einsatz beendet wird[648] – und er nach einer kurzen Wartezeit wieder iRe. Karussellkonstruktion zum Einsatz kommt und auf der niedrigsten Stufe des Zuschlagstarifvertrags steht. Es besteht also eine einfache Möglichkeit, das Erreichen jeder beliebigen Stufe zu verhindern.

Der Beurteilungsspielraum der Tarifvertragsparteien ist damit in mehrfacher Sicht weit bemessen: Referenzmaßstab ist nicht der konkrete Entleihbetrieb, sondern das tarifvertragliche Niveau der Entleihbranche, wobei Pauschalierungen zulässig sind.[649] Eine Grenze muss allerdings die Missbrauchskontrolle sein – oder mit den Worten von *Thüsing*: „Gleichwertig ist alles, was als gleichwertig festgelegt wurde, soweit es nicht offensichtlich ungleichwertig ist".[650] Da diese Grenze nach Ansicht des BAG wohl erst bei einem Hungerlohn[651] erreicht ist, ergeben sich keine nennenswerten Einschränkungen der Befugnisse.

---

643 S.o. C. I. 4. d. bb) (b) (2).

644 ISv. § 8 Abs. 4 Satz 2 AÜG.

645 BT-Drs. 18/9232, S. 24.

646 *Ulber*, Rechtsgutachten zum 1. Referentenentwurf, S. 20.

647 Zu den nicht überzeugenden gleichheitsrechtlichen Bedenken von *Ulber*, Rechtsgutachten zum 1. Referentenentwurf, S. 20; vgl. C. I. 3.

648 Arbeitsmarktberichterstattung der BA (Januar 2017): Blickpunkte Arbeitsmarkt – Aktuelle Entwicklungen der Zeitarbeit, S. 13, Abb. 10.

649 *Bayreuther*, NZA 2017, 18, 20; *Giesen*, ZRP 2016, 130, 132.

650 *Thüsing*, DB 2016, 2663, 2665.

651 BAG 24.3.2004 – 5 AZR 303/03, BAGE 110, 79.

h. Fazit

Die gegenwärtige Gesetzessystematik, die eine Abweichung vom Gleichbehandlungsgrundsatz voraussetzungslos zulässt, wahrt den Gesamtschutz, wie ihn Art. 5 Abs. 3 RL 2008/104/EG vorsieht, nicht in hinreichendem Maße. Alle Versuche, die Wahrung eines Gesamtschutzes zu begründen, scheitern. Um die Wahrung zu erreichen und unionsrechtliche Bedenken zu zerstreuen, hat es der Gesetzgeber in der Hand, die Abweichungsmöglichkeit einzuschränken, indem zB ein behördlicher Mitwirkungsakt bei Abweichungstarifverträgen eingeführt wird.

Die Tarifdispositivität in der Arbeitnehmerüberlassung fruchtbar zu machen, begegnet erheblichen Bedenken: Den in diesem Bereich tätigen Gewerkschaften lässt sich zwar nicht der Vorwurf der fehlenden Tariffähigkeit machen, es mangelt ihnen jedoch evident an Repräsentativität und mitgliedschaftlich begründeter Legitimation. Den Tarifvertragsparteien wird damit eine Kompetenz eingeräumt, deren sachgemäße Erfüllung nicht sichergestellt ist – in einem Tarifsystem, das der Mitgliedschaft einen solch hohen Stellenwert beimisst,[652] erscheint das nicht systemkonform.

Der Kombination von Tarifdispositivität und Bezugnahmemöglichkeit mangelt es zudem an dogmatischer Stringenz: Aufgrund von § 310 Abs. 4 BGB findet keine Kontrolle der Inhalte des Tarifvertrags statt. Grund dafür ist, dass grds. anerkannt wird, dass Tarifverträge als kollektiv ausgeübte Privatautonomie eine höhere Richtigkeitsgewähr haben als der vom einzelnen Arbeitnehmer ausgehandelte Arbeitsvertrag[653] – durch die Kollektivierung wird der strukturellen Unterlegenheit des Arbeitsnehmers begegnet und auf diesem Weg eine privatautonome[654] Bestimmung der Arbeitsbedingungen ermöglicht.

Diese Argumentation baut darauf auf, dass der Tarifvertrag selbst sich tatsächlich als autonome – also selbstbestimmte – Regelung erweist. Damit einem Vertrag dieses Charakteristikum zukommt, bedarf es jedoch zwingend der Beteiligung der Betroffenen.[655] An diesem Punkt nimmt die Arbeitnehmerüberlassung eine Sonderstellung gegenüber dem Regelfall des Tarifvertrags ein: Es fehlt nahezu gänzlich an mitgliedschaftlicher Legitimation durch die Betroffenen. Fehlt diese Rückbindung an die Interessen der Betroffenen, liegt in den Regelungen eine Fremdbestimmung. Das wäre unproblematisch, solange es der Mitgliedschaft bedarf, um den Tarifvertrag im Arbeitsverhältnis zur Anwendung zu

652 Dazu B. I. 3.; C. I. 4. e. bb) (b).

653 Vgl. B. III. 2.; C. I. 4. e. bb) (b).

654 Zum privatautonomen Grundgedanken des Tarifrechts s. B. I.

655 Dazu B. II., IV. 2.

bringen. Heikel wird die Lage erst durch die Bezugnahmemöglichkeit: Ohne die Möglichkeit zur Bezugnahme würden die Tarifverträge mangels Gewerkschaftsmitgliedschaft der Leiharbeitnehmer vollkommen wirkungslos bleiben. Problematisch ist bei einer Argumentation, die tragend auf die Autonomie abstellt, dass die Bezugnahme gerade keine privatautonome Entscheidung darstellt: Der Arbeitgeber gibt die Bezugnahmeklausel und damit die Arbeitsbedingungen als AGB einseitig vor, ohne dass der Arbeitnehmer sich dagegen wehren kann. Es realisiert sich eben jene strukturelle Unterlegenheit, die der Grund dafür ist, dass die Rechtsordnung der Tarifautonomie als kollektiv ausgeübter Privatautonomie bedarf.

Die Bezugnahmeklausel ist für Leiharbeitnehmer nachteilig, da eine Negativabweichung vom gesetzlich vorgesehenen Entgeltniveau stattfindet. Anders als Arbeitnehmer außerhalb der Arbeitnehmerüberlassung, die in aller Regel von der Bezugnahme auf einen Tarifvertrag profitieren, haben Leiharbeitnehmer damit überhaupt kein Interesse daran, dass die Regelungen des Tarifvertrags in ihrem Arbeitsverhältnis gelten. Damit ist die Bezugnahme des Tarifvertrags an sich keine schützenswerte privatautonome Entscheidung des Arbeitnehmers, sondern Diktat des Arbeitgebers. In Kombination mit der Privilegierung, die § 310 Abs. 4 BGB gewährt, kommen die Regelungen des legitimationslosen[656] Tarifvertrags zur Anwendung, ohne dass der Arbeitnehmer eine rechtliche Handhabe hätte, um diesem Ergebnis entgegenzutreten. Eine dogmatisch überzeugende Konstruktion sieht anders aus.

Branchenzuschlagstarifverträge sind dennoch als Heranführung und „Quasi-Equal-Pay“[657] grundsätzlich zu begrüßen. Die gesetzgeberische Kodifikation jedoch ist angesichts ihrer Ungenauigkeit und Konturlosigkeit nicht gelungen. Der den Tarifvertragsparteien eröffnete Gestaltungsspielraum wird zurzeit mit einer Heranführung an 90% des Stammarbeitnehmerentgelts in einer – mit Blick auf den Gesamtschutz, Art. 5 Abs. 3 RL 2008/104/EG – verträglichen Weise ausgefüllt. Dieser weite Gestaltungsspielraum birgt jedoch gleichermaßen die Gefahr, dass keine Handhabe besteht, eine deutlich von der Gleichbehandlung abweichende tarifvertragliche Vereinbarung zu beanstanden. Die vorgenannten Hinweise können nicht als strenge Voraussetzungen gesehen werden, deren Überprüfung durch die Gerichte möglich wäre. Die Einschränkung im Wege einer Missbrauchskontrolle greift erst zu spät, um eine effektive Wahrung des Gesamtschutzes zu ermöglichen.

656 Zur Frage, ob die Gewerkschaft selbst aus ihrer Eigenschaft als Arbeitnehmervereinigung „Betroffenheit“ als Grundvoraussetzung jeder Autonomie generiert, s. B. III. 1.

657 *Lembke*, NZA 2017, 1, 7.

5. Lösungsansätze

Durch die Kombination von Tarifdispositivität und Bezugnahmemöglichkeit kommt es zu einer Tarifgeltung ohne mitgliedschaftliche Legitimation, die Schutzmechanismen umgeht und der eigentlichen Funktion der Tarifautonomie Hohn spricht. Um diese Friktionen zu entschärfen, bieten sich verschiedene Wege an.

a. Abschaffung der Tarifdispositivität

Zunächst lässt sich erwägen, die Abweichungsmöglichkeit durch Tarifvertrag insgesamt zu streichen. Das würde zur Geltung des Gleichbehandlungsgrundsatzes führen und letztlich staatliche Arbeitnehmerschutzgesetzgebung darstellen.

Es lässt sich feststellen, dass mangels einer Pflicht zur Schaffung von tarifdispositivem Recht[658] keine verfassungsrechtlichen Bedenken bestehen, die tarifdispositive Ausgestaltung des Gleichbehandlungsgrundsatzes aufzuheben. Bedenklich wäre an dieser Lösung jedoch, dass dem allseits anerkannten Bedürfnis nach Flexibilität in der Arbeitnehmerüberlassung keine Rechnung mehr getragen würde.

b. Streichung der Bezugnahmemöglichkeit

Um eine weniger einschneidende Neuregelung zu erreichen, kommen im Wesentlichen drei Möglichkeiten in Betracht: Es lässt sich erwägen, die Bezugnahmemöglichkeit insgesamt zu streichen (aa)), die Bezugnahmemöglichkeit nur solchen Arbeitgebern zu eröffnen, die normativ an den Tarifvertrag gebunden sind (bb)), oder die Bezugnahmemöglichkeit teleologisch zu reduzieren (cc)).

aa) Streichung der Bezugnahmemöglichkeit

Waltermann spricht sich für eine Streichung allein der Bezugnahmemöglichkeit aus.[659] Dieser Weg hätte den wünschenswerten Effekt, dass die „künstliche Stabilisierung des Tarifsystems im Bereich der Leiharbeit"[660] ein Ende fände und der

658 Dazu B. IV. 2.; Fragen der negativen Koalitionsfreiheit wurden außen vor gelassen. Dass diese hier aber keine Auswirkungen hat, verdeutlichen die Ausführungen von *Ulber*, Tarifdispositives Gesetzesrecht, S. 584 zur Abgrenzung von negativer Koalitionsfreiheit und negativer Tarifvertragsfreiheit.

659 *Waltermann*, Gutachten B zum 68. DJT, B 62; *Waltermann*, NZA 2010, 860, 863; *Waltermann*, NZA 2010, 482, 485, 487; ebenso Däubler/*Heuschmid*, TVG, § 1 Rn. 811; ähnlich mit Bedenken bzgl. der Unionsrechtskonformität *Ulber*, AÜG, § 9 Rn. 306.

660 So *Waas*, ZESAR 2012, 7, 12.

unionsrechtlich fundierte Gleichbehandlungsgrundsatz keine Ausnahme mehr bliebe.

Einer solchen Abweichung allein für tarifgebundene Arbeitnehmer begegnet die Literatur mit verfassungsrechtlichen Bedenken:[661] Zum Teil wird behauptet, dass Gewerkschaftsmitglieder dann gegenüber tarifungebundenen Leiharbeitnehmern erhebliche wirtschaftliche Nachteile erlitten, die sie nur durch einen Gewerkschaftsaustritt beseitigen könnten.[662] Neben einem Druck auf das einzelne Gewerkschaftsmitglied, der gegen die individuelle Koalitionsfreiheit verstoße, komme es zu einer Beeinträchtigung der Bestandsgarantie der Gewerkschaften als kollektiver Ausprägung der Koalitionsfreiheit des Art. 9 Abs. 3 GG.

Gegen diese Argumentation spricht die ohnehin nicht existente gewerkschaftlichen Organisation von Leiharbeitnehmern: Gewerkschaftsmitglieder, die es nicht gibt, können auch nicht aus der Gewerkschaft austreten. Vergegenwärtigt man sich die Mitgliedschaftszahlen, bestehen auch erhebliche Zweifel daran, ob der Bestand der Gewerkschaften davon beeinträchtigt würde, dass die wenigen gewerkschaftlich organisierten Leiharbeitnehmer austräten. Bei einer absoluten Anzahl von knapp über einer Million Arbeitnehmern in der Arbeitnehmerüberlassung[663] und einem Organisationsgrad von ca. zwei Prozent[664] beläuft sich die Zahl der gewerkschaftlich organisierten Leiharbeitnehmer insgesamt auf 20.000. Dass der Austritt dieser Arbeitnehmer den Bestand der in Sachen Mitgliederbestand gut aufgestellten DGB-Gewerkschaften,[665] die sich in der Tarifgemeinschaft zusammengeschlossen haben, infrage zu stellen vermag, erscheint abwegig.

Zuzugestehen ist, dass die Streichung der Bezugnahmemöglichkeit nicht nur einen Anreiz zum Austritt aus der Gewerkschaft setzt, sondern auch einen Anreiz gegen den Beitritt schafft. Dieser Effekt ist jedoch hinzunehmen: Es obliegt den

---

661 *Reim*, ZTR 2003, 106, 109; *Weckesser*, Auswirkungen des Gleichbehandlungsgrundsatzes, S. 77.

662 Allg. zu diesem Effekt *Löwisch/Rieble*, TVG, § 1 Rn. 1043 ff.; § 3 Rn. 538 ff.; 545.

663 Arbeitsmarktberichterstattung der BA (Januar 2017): Blickpunkte Arbeitsmarkt – Aktuelle Entwicklungen der Zeitarbeit, S. 4.

664 UBGH/*Hurst*, AÜG, § 8 Rn. 66; Däubler/*Heuschmid*, TVG, § 1 Rn. 811; *Sansone*, Gleichstellung, S. 363; *Rieble*, BB 2012, 2177; vgl. *Karthaus/Klebe*, FS Kempen, S. 295, 297, Fn. 9.

665 Vgl. die Mitgliederzahlen des DGB aus dem Jahr 2016, http://www.dgb.de/uber-uns/dgb-heute/mitgliederzahlen/2010 (zul. abgerufen am 27.8.2017); GdP: 180.022 Mitglieder; EVG: 192.807 Mitglieder; GEW: 278.306 Mitglieder; NGG: 201.623 Mitglieder; IG BAU: 263.818 Mitglieder; IG BCE: 644.944 Mitglieder; IG Metall: 2.274.033; ver.di: 2.011.950.

Gewerkschaften, dafür Sorge zu tragen, dass die Gewerkschaftsmitgliedschaft attraktiv ist – durch Unterschreitung des gesetzlich vorgesehenen Lohnniveaus ohne Kompensation dürfte das nicht gelingen. Solange die Leiharbeitnehmer im Wege einer „Abstimmung mit den Füßen" den Gewerkschaften das (mitgliedschaftlich legitimierte) Tarifmandat entziehen[666] bzw. nicht gewähren, besteht das vorgenannte Gefährdungsrisiko für den Bestand der Gewerkschaften ebenso wenig wie ein verfassungsrechtlich bedenklicher Druck zum Gewerkschaftsaustritt. Letztendlich kann das den Gewerkschaften nur gelingen, wenn sie sich auf ihre (auch historisch begründete[667]) Kernfunktion besinnen und Defizite der staatlichen Gesetzgebung durch arbeitnehmergünstige Regelungen ausgleichen. Zudem: Dass das Tarifmodell für die Arbeitsmarkparteien attraktiv ist, sollte von den Koalitionen durch eine ansprechende Tarifpolitik sichergestellt werden – und nicht vonseiten des Staates durch Gesetz erzwungen werden.[668]

Die Streichung der Bezugnahmemöglichkeit stellt damit einen Weg dar, der zu einer Rückbesinnung der Tarifautonomie in der Arbeitnehmerüberlassung als mitgliedschaftlich legitimierte, im Kern kollektive Privatautonomie führt.[669] Ob sich ein politischer Konsens finden ließe, der eine solche Entwicklung ermöglicht, erscheint angesichts der jüngsten Gesetzgebungsvorhaben, die eine einfachere Erstreckung der Tarifinhalte zulässt, jedoch äußerst zweifelhaft.

bb) Beschränkung der Bezugnahmemöglichkeit

Deinert und *Walser*[670] sprechen sich dafür aus, die Bezugnahmemöglichkeit bei tarifdispositivem Recht im Allgemeinen nur solchen Arbeitgebern zu eröffnen, die an den Tarifvertrag normativ gebunden sind. Es würde dann ein „*race to the bottom*" weitgehend ausgeschlossen und zugleich eine systematische Schlechter-

666 Dazu C. I. 4. e. bb) (b) (1) und B. III. 2. c. bb) (c).

667 Zur entstehungsgeschichtlichen Bedeutung der Tarifautonomie vgl. *Ulber*, Tarifdispositives Gesetzesrecht, S. 324.

668 So zu § 77 Abs. 3 BetrVG *Henssler*, ZfA 1998, 1, 38; *Friese*, Kollektive Koalitionsfreiheit und Betriebsverfassung, S. 337; *Ehmann*, FS Zöllner, S. 715, 726; vgl. auch BVerfG 4.7.1995 – 1 BvF 2/86, BVerfGE 92, 365, Rn. 111.

669 Dass der Gesetzgeber sich in der Leiharbeit von diesem Leitbild gelöst hat, erörtert *Richardi*, NZA 2013, 408, 411.

670 *Deinert*, SR 2017, 24, 29; *Walser/Deinert*, AuR 2015, 386, 290; einen ähnlichen Vorschlag unterbreitet *Franzen*, ZfA 2016, 25, 39 mit Blick auf die Höchstüberlassungsdauer, die der erste Referentenentwurf ohne Bezugnahmemöglichkeit tarifdispositiv ausgestaltet hat.

stellung der Verbandsmitglieder gegenüber Außenseitern verhindert werden.[671] Bedenken hinsichtlich der negativen Koalitionsfreiheit der Argbeitgeber bestehen nicht, da auch eine Bezugnahme auf Haustarifverträge möglich bleiben soll.

Während dieser Vorschlag für die sonstigen tarifdispositiven Normen durchaus reizvoll klingt, ist zweifelhaft, ob er in der Arbeitnehmerüberlassung zu einer Verbesserung der Lage beitragen könnte: Dass die Tarifverträge in der Arbeitnehmerüberlassung in Verbindung mit der Bezugnahmemöglichkeit als problematisch anzusehen sind, ist nicht der fehlenden Tarifgebundenheit auf Arbeitgeberseite geschuldet, für die der Vorschlag einen Anreiz setzt. Vielmehr manifestiert sich das erhebliche Legitimationsproblem durch den niedrigen Organisationsgrad der betroffenen Leiharbeitnehmer: Es fehlt schlicht an der Mitwirkung der von der Regelung Betroffenen an der Vereinbarung und damit am dogmatischen Fundament der Tarifverträge allgemein.[672] Diese Problemlage wird nicht entschärft, indem die Bezugnahmemöglichkeit lediglich beschränkt wird.

cc) Teleologische Reduktion der Erstreckungsklausel

Schlachter und *Klauk* schlagen vor, den Fehlentwicklungen in der Arbeitnehmerüberlassung entgegenzutreten, indem die Erstreckungsklausel teleologisch reduziert wird.[673] Es solle nur eine Bezugnahme auf einen Abweichungstarifvertrag zulässig sein, der „bestimmte Voraussetzungen erfüllt, die seine materielle Richtigkeitsgewähr indizieren".[674] Als ausschlaggebendes Kriterium wird der Organisationsgrad (ca. 5%) der tarifvertragsschließenden Gewerkschaft im Tarifgebiet vorgeschlagen.

Bepler[675] steht diesem Vorschlag zu Recht kritisch gegenüber: Zum einen obläge es dann dem Gericht, zwischen guten und schlechten Tarifverträgen bzw. Gewerkschaften erster oder zweiter Klasse[676] zu unterscheiden. Des Weiteren würde bei dieser Prüfung ein „Heraushebungsmerkmal"[677] instrumentalisiert, das bereits iRd. Tariffähigkeit relevant wurde. Bestünde Bedarf für einen höheren Organisationsgrad der Gewerkschaften, so müsste sich dieses Merkmal bereits dort bemerkbar machen. Folgt man diesem Einwand und macht auf der Ebene der Tariffähigkeit eine entsprechende Einschränkung, würde man sich

671 *Deinert*, SR 2017, 24, 29.
672 S. B. I., II., IV.
673 *Schlachter/Klauk*, AuR 2010, 354, 360 ff.
674 *Schlachter/Klauk*, AuR 2010, 354, 362.
675 *Bepler*, FS Kempen, S. 109, 121 f.
676 Vgl. zu einer ähnlichen Problematik im Vergaberecht *Greiner*, ZTR 2013, 647.
677 *Bepler*, FS Kempen, S. 109, 121.

funktional in die Nähe der partiellen Tariffähigkeit begeben, die aus den o.g. Gründen[678] abzulehnen ist. Vorzugswürdig ist es daher, bei der Tarifzuständigkeit anzusetzen und diese erst zu verneinen, wenn die Repräsentativität evident fehlt.[679]

c. *Leiharbeitnehmereigene Gewerkschaft*

Vermehrt wurde die fehlende mitgliedschaftliche Legitimation der Gewerkschaften, die Tarifverträge für die Arbeitnehmerüberlassung abschließen, als Grund angeführt, der die tarifdispositive Grundstruktur des AÜG infrage stellt. Eine Gewerkschaft, in der ausschließlich Leiharbeitnehmer beschäftigt sind, würde sich nicht dem Vorwurf ausgesetzt sehen, es komme mangels mitgliedschaftlicher Legitimation zu einer tariflichen Fremdbestimmung über Arbeitsbedingungen. Die Existenz einer solchen Gewerkschaft könnte die defizitäre Interessenwahrnehmung beheben und gewissermaßen zu einer Selbstbereinigung der tarifrechtlichen Strukturen führen. Die angesprochenen Vorteile des tarifdispositiven Rechts[680] könnten dann auch in der Arbeitnehmerüberlassung zum Tragen kommen.

aa) *Organisation der Gewerkschaft: Arbeitnehmerüberlassung als eigene Branche?*

Es stellt sich zunächst die Frage, in welcher Form sich eine solche Gewerkschaft organisieren könnte. In der deutschen Gewerkschaftslandschaft lässt sich vornehmlich zwischen dem Industriverbands- bzw. Branchenprinzip und dem Berufsverbandsprinzip unterscheiden.[681] Das Industrieverbandsprinzip dient dazu, einheitliche Tarifwerke für alle Unternehmen/Betriebe eines Wirtschaftszweigs zu schaffen – unabhängig von der Tätigkeit des Arbeitnehmers –, während das Berufsverbandsprinzip alle Arbeitnehmer erfasst, die der gleichen Berufsgruppe angehören, wobei die Branchenzugehörigkeit unerheblich ist.[682]

Fraglich ist, ob die Arbeitnehmerüberlassung eine eigene Branche darstellt, sodass einer exklusiven Leiharbeitnehmergewerkschaft die Organisation nach dem Industrieverbandsprinzip offen steht. Das BAG ging in der Hungerlohnentscheidung[683] in den Erwägungen zur Sittenwidrigkeit des Lohns davon aus,

---

678 Dazu B. III. 2. c. aa) (c).
679 Dazu B. III. 2. c. bb) (c).
680 Vgl. B. III.
681 Thüsing/Braun/*Emmert*, Tarifrecht, 2. Kap. Rn. 67.
682 Thüsing/Braun/*Emmert*, Tarifrecht, 2. Kap. Rn. 67.
683 BAG 24.3.2004 – 5 AZR 303/03, BAGE 110, 79.

dass die Arbeitnehmerüberlassung eine eigene Branche darstellt. Dass der Gesetzgeber ebenfalls zu dieser Sichtweise tendiert, lässt sich daraus ableiten, dass er mit § 3a AÜG einen tarifgestützten Mindestlohn schuf, der branchenbezogen ausgestaltet ist.[684]

In eine andere Richtung deutet die Wirtschaftszweige-Klassifikation: Diese fasst die (befristete und sonstige) Überlassung von Arbeitskräften in Abschnitt N 78.2 unter die „Erbringung von sonstigen wirtschaftlichen Dienstleistungen“[685] – schlägt die Arbeitnehmerüberlassung also der Dienstleistungsbranche zu. Auch der Umstand, dass die Arbeitnehmerüberlassung einen Dienstverschaffungsvertrag zwischen Ver- und Entleiher darstellt,[686] rückt die Arbeitnehmerüberlassung deutlich – als Subkategorie – in die Nähe der Dienstleistungsbranche.

Eine strenge, ausschließliche Anknüpfung an eine einzige Branche trägt jedoch den Eigenheiten der Arbeitnehmerüberlassung nicht hinreichend Rechnung: Die Arbeitnehmerüberlassung erfolgt branchenübergreifend und ist daher naturgemäß „zwischen den Stühlen“ der Branchenzugehörigkeit. Zudem dient die Organisation der Gewerkschaften nach dem Industrieverbandsprinzip dazu, die Lohnstrukturen einheitlich am Produktionsergebnis zu orientieren.[687] Ein solches Produktionsergebnis lässt sich für die branchenübergreifende Arbeitnehmerüberlassung nicht einheitlich quantifizieren und ist – wie auch der am Stammarbeitnehmer des Entleihers anknüpfende Gleichbehandlungsgrundsatz verdeutlicht – vom Einsatzgebiet abhängig. So setzt der Gleichbehandlungsanspruch des § 8 mittelbar voraus, dass Leiharbeitnehmer zumindest *auch* der Branche zugehören, in der sie eingesetzt werden.[688] Eine klare Einordnung der Arbeitnehmerüberlassung anhand der Branchenzugehörigkeit kann daher nicht gelingen.

Die Frage, ob die Arbeitnehmerüberlassung eine eigene Branche ist, hat jedoch letztlich für das Tarifrecht – und die Wirksamkeit der Tarifwerke – keine Bedeutung: Das Industrieverbandsprinzip als Organisationsform wirkt sich allein auf die Tarifzuständigkeit aus, die durch die Satzung bestimmt wird. Art. 9 Abs. 3 GG schützt allerdings die Organisations- und Verbandsautonomie der

---

684 Vgl. *Ulber*, ZAAR Schriftenreihe Bd. 42, S. 87, 92.

685 Klassifikation der Wirtschaftszweige, Ausgabe 2008 (WZ 2008).

686 GA AÜG, Stand: Januar 2016, 1.1.6.3; *Boemke/Lembke*, AÜG, § 1 Rn. 75 f. mwN; *Boemke*, ZAAR Schriftenreihe Bd. 41, S. 99, 105.

687 Wiedemann/*Oetker*, TVG, § 2 Rn. 65, 355.

688 *Ulber*, ZAAR Schriftenreihe Bd. 42, S. 87, 102.

Koalitionen,[689] sodass die Ausgestaltung des Organisationsbereichs jedem Verband freisteht. Für welche Arbeitnehmer und in welchen Wirtschaftsbereichen eine Koalition tätig werden will, ist eine freie Entscheidung der Koalition selbst. Eine Abgrenzung des Organisationsbereichs kann betriebsbezogen, unternehmensbezogen oder nach sonstigen Kriterien erfolgen.[690] Das Industrieverbandsprinzip steht dieser Freiheit nicht entgegen.[691] Auch ist es unproblematisch möglich, nur einen Teilbereich eines Wirtschaftssektors zu erfassen – oder eine weiter reichende Regelung vorzusehen.[692]

Selbst eine – grds. – im Industrieverbandsprinzip organisierte Gewerkschaft könnte also durch eine entsprechende Satzungsregelung ihre Tarifzuständigkeit auch auf Leiharbeitnehmer erstrecken. Eine solche weiter reichende, branchenübergreifende Regelung, die sich nicht streng an der Branchenzugehörigkeit orientiert, ergibt für die Arbeitnehmerüberlassung auch durchaus Sinn: Der Einsatz der Leiharbeitnehmer erfolgt in aller Regel branchenübergreifend, sodass eine Organisationsform versagt, die allein an die Branchenzugehörigkeit anknüpft.[693] Nicht umsonst haben sich die DGB-Gewerkschaften in einer Tarifgemeinschaft zusammengeschlossen: Die DGB-Gewerkschaften sind nach dem Industrieverbandsprinzip organisiert und knüpfen ihre Zuständigkeit grds. an die Branche an. Eine Regelung der branchenübergreifend erfolgenden Arbeitnehmerüberlassung durch eine DGB-Einzelgewerkschaft hätte nur einen sehr begrenzten Wirkkreis und könnte jedenfalls die Arbeitnehmerüberlasung nicht vollständig abdecken.[694]

Das liegt zuvörderst an der Satzungsgestaltung der DGB-Gewerkschaften: Die Gewerkschaften erklären sich für die Arbeitnehmerüberlassung nur insofern für zuständig, als die Verleihbetriebe ausschließlich oder (ganz) überwiegend an Betriebe verleihen, die vom eigentlichen „Kerngeschäft“ der Gewerkschaft erfasst sind, oder es sich um einzelne Leiharbeitnehmer handelt, die in einen Betrieb

---

689 BAG 10.2.2009 – 1 ABR 36/08, BAGE 129, 322; BAG 25.9.1996 – 1 ABR 4/96, BAGE 84, 166, Rn. 62; HMB/*Höpfner*, Teil 2 Rn. 12; JKOS/*Schubert*, Tarifvertragsrecht, § 2 Rn. 167, 169; *Löwisch/Rieble*, TVG, Grundlagen Rn. 113.

690 BAG 27.9.2005 – 1 ABR 41/04, NZA 2006, 273, Rn. 37; BAG 25.9.1996 – 1 ABR 4/96, BAGE 84, 166, Rn. 57.

691 Vgl. BAG 27.9.2005 – 1 ABR 41/04, NZA 2006, 273, Rn. 37 mwN.

692 Wiedemann/*Oetker*, TVG, § 2 Rn. 65.

693 *Bissels/Khalil*, BB 2013, 315, 318; vgl. auch *Bayreuther*, NZA 2012, 14 f.; *Rieble*, BB 2012, 2177, 2178.

694 *Brors*, RdA 2014, 182, 185; *Schüren*, NZA 2013, 948, 952.

der Stammbranche entliehen werden.[695] Hier zeigt sich erneut, dass Leiharbeitnehmer (zumindest mittelbar) auch als der Branche zugehörig angesehen werden, in der sie eingesetzt werden.[696]

Die Wirksamkeit der Tarifverträge wird von der Frage, ob die Arbeitnehmerüberlassung eine eigene Branche ist, nicht tangiert: In Anbetracht der weitreichenden Freiräume, die die Satzungsautonomie als Freiheitsrecht der Gewerkschaften[697] bereithält, ist es „maximal ein Satzungsproblem",[698] die Arbeitnehmerüberlassung in die Tarifzuständigkeit einer Gewerkschaft einzubeziehen.

bb) Auswirkungen des § 4a TVG

Rechtliche Relevanz für eine leiharbeitnehmereigene Gewerkschaft könnte demgegenüber § 4a TVG haben, der Tarifkollisionen innerhalb eines Betriebs vermeiden soll. Dadurch dass die DGB-Tarifgemeinschaft bereits mit den Verbänden der Verleiher Tarifwerke abgeschlossen haben, könnte es zu einer Tarifkollision kommen, sobald eine Leiharbeitnehmergewerkschaft eigene Tarifverträge mit den Verleihern oder ihren Verbänden abschließt. Der Verleiher wäre nach § 3 TVG normativ an Tarifverträge verschiedener Gewerkschaften gebunden, sodass die Kollisionslage vorliegt, auf die § 4a TVG abzielt. Hieraus ergibt sich ein existenzielles Problem für die Leiharbeitnehmergewerkschaft: Für die Existenz einer Gewerkschaft ist es von überragender Bedeutung, dass sie nicht die Minderheitsgewerkschaft darstellt. Die Frage nach der Mehrheitsgewerkschaft wird in gewisser Weise zur „Existenzfrage" der Gewerkschaft.[699]

(a) Mehrheitsentscheidung nach § 4a Abs. 2 Satz 2 TVG

Ob eine Leiharbeitnehmergewerkschaft eine realisitsche Aussicht darauf hat, die Mehrheitsgewerkschaft im Betrieb des Verleihers zu sein, hängt stark vom Tätigkeitsschwerpunkt des Arbeitgebers ab: Handelt es sich um einen Arbeitgeber, der schwerpunktmäßig Arbeitnehmerüberlassung betreibt, dürfte es einer Leiharbeitnehmergewerkschaft recht leicht fallen, sich gegenüber den DGB-Gewerkschaften

---

695 Eine „Sekundär- oder Annexzuständigkeit", so *Rieble*, BB 2012, 2177, 2179; ausf. dazu B. III. 2. c. bb).

696 *Ulber*, ZAAR Schriftenreihe Bd. 42, S. 87, 102.

697 BAG 11.6.2013 – 1 ABR 32/12, NZA 2013, 1363, Rn. 29; BAG 17.4.2012 – 1 ABR 5/11, Rn. 53.

698 *Ulber*, ZAAR Schriftenreihe Bd. 42, S. 87, 92.

699 Dazu *Greiner*, NZA 2015, 769, 770 ff.; die Koalitionsbestandsgarantie nicht beeinträchtigt sehen demgegenüber BeckOK ArbR/*Giesen*, TVG, § 4a Rn. 9; *Giesen/Kersten*, ZFA 2015, 201 ff.; *Scholz/Lingemann/Ruttloff*, NZA-Beil. 2015, 3, 17 f.

für diese Betriebe zur Mehrheitsgewerkschaft aufzuschwingen: Die Stammbelegschaft wird vorrangig aus Leiharbeitnehmern bestehen, die keine Mitglieder der Gewerkschaften aus der DGB-Tarifgemeinschaft sind.

Deutlich größere Schwierigkeiten hätte eine Leiharbeitnehmergewerkschaft demgegenüber, wenn es sich um einen Mischbetrieb handelt, der zwar Arbeitnehmerüberlassung betreibt, jedoch überwiegend andere arbeitstechnische Ziele verfolgt. Diese Mischbetriebe ohne Schwerpunkt in der Arbeitnehmerüberlassung stellen mit fast 80% gegenüber den reinen Leiharbeitsbetrieben die weit überwiegende Mehrzahl der Verleihbetriebe.[700] Beachtenswert ist zudem, dass 90% der Verleihbetriebe, die nicht im Schwerpunkt Arbeitnehmerüberlassung betreiben, weniger als zehn Leiharbeitnehmer beschäftigen.[701] Die Kombination dieser Gegebenheiten lässt es eher unrealistisch erscheinen, dass eine Leiharbeitnehmergewerkschaft in nennenswertem Umfang als Mehrheitsgewerkschaft in Erscheinung tritt. Selbst wenn jeder Leiharbeitnehmer des Mischbetriebs in der Leiharbeitnehmergewerkschaft organisiert wäre, könnte die Gewerkschaft sich nicht zur Mehrheitsgewerkschaft aufschwingen, da der überwiegende Teil der Stammbelegschaft, die nicht verliehen wird, anderweitig organisiert sein dürfte. Die von der Leiharbeitnehmergewerkschaft abgeschlossenen Tarifverträge würden in diesen Fällen nach § 4a Abs. 2 Satz 2 TVG unanwendbar, während die defizitäre Interessenlage in der weit überwiegenden Zahl der Verleihbetriebe weiter besteht.

(b) Betriebsbegriff

Ein anderes Ergebnis kommt nur dann in Betracht, wenn die Mehrheitsfeststellung die nicht zu verleihenden Stammarbeitnehmer außen vor lässt und ausschließlich die Zahl der erfassten Leiharbeitnehmer vergleicht. Eine solche am persönlichen Anwendungsbereich des Tarifvertrags ausgerichtete Betrachtung liegt § 4a Abs. 2 Satz 2 TVG jedoch nicht zugrunde: Die Mehrheitsfeststellung erfolgt nicht begrenzt auf den persönlichen Anwendungsbereich des TV, sondern es setzt sich der Tarifvertrag der Gewerkschaft durch, die im gesamten Betrieb über die meisten Mitglieder verfügt.[702] Eine Mehrheitsfeststellung zugunsten der Leiharbeitnehmergewerkschaft wäre dann davon abhängig, ob die

700 Von den 52.200 Verleihbetrieben gab es nur 11.300 Betriebe, die im Schwerpunkt Arbeitnehmerüberlassung betreiben; Arbeitsmarktberichterstattung der BA (Januar 2017): Blickpunkte Arbeitsmarkt – Aktuelle Entwicklungen der Zeitarbeit, S. 8.

701 19% beschäftigten zwischen zehn und 100 Leiharbeitnehmer, während 5% mehr als 100 Leiharbeitnehmer beschäftigte; Arbeitsmarktberichterstattung der BA (Januar 2017): Blickpunkte Arbeitsmarkt – Aktuelle Entwicklungen der Zeitarbeit, S. 8.

702 ErfK/*Franzen*, TVG, § 4a Rn. 18.

Arbeitnehmerüberlassung einen eigenständigen Betrieb iSd. § 4a Abs. 2 Satz 2 TVG darstellt.

Damit wird die Frage bedeutsam, wie der Betriebsbegriff zu bestimmen ist. Eine eigenständige Legaldefinition nimmt § 4a Abs. 2 Satz 2 TVG – ebenso wie das BetrVG – nicht vor, der Begriff wird vielmehr als bekannt vorausgesetzt.[703] Ein klares Bekenntnis lässt sich auch der Gesetzesbegründung nicht entnehmen, in der es heißt:

> Der Betriebsbegriff, der für die Ermittlung der Mehrheitsverhältnisse zugrunde zu legen ist, ist tarifrechtlich zu bestimmen. Danach ist ein Betrieb diejenige organisatorische Einheit, innerhalb derer der Arbeitgeber mit seinen Arbeitnehmerinnen und Arbeitnehmern mit Hilfe von technischen und immateriellen Mitteln bestimmte arbeitstechnische Zwecke fortgesetzt verfolgt. Damit entspricht der tarifrechtliche Betriebsbegriff in seiner grundsätzlichen Ausrichtung dem betriebsverfassungsrechtlichen Betriebsbegriff, der infolge seiner Konturierung durch die Rechtsprechung einen für die Praxis praktikablen Rahmen setzt. Damit dient als Anknüpfungspunkt für das Mehrheitsprinzip die Solidargemeinschaft, die infolge der Zusammenfassung von Arbeitnehmerinnen und Arbeitnehmern zur Verfolgung arbeitstechnischer Zwecke entsteht.[704]

Löwisch und *Rieble* kritisieren hieran, die Festlegung sei widersprüchlich, da einerseits ein eigenständiger, tarifrechtlicher Betriebsbegriff zugrunde gelegt werde, andererseits „grundsätzlich" eine Ausrichtung am BetrVG statffinden soll – es aber offen bleibe, welche Ausnahmen der Gesetzgeber vor Augen gehabt hat.[705]

Franzen vertritt den Standpunkt, es sei – mit dem einleitenden Satz der Gesetzesbegründung[706] – ein eigenständiger tarifrechtlicher Betriebsbegriff zugrunde zu legen.[707] Der allgemeine Betriebsbegriff habe sich weithin als untauglich für die Bewältigung praktischer Anwendungsfragen erwiesen, da das Wirschaftsleben zu vielgestaltig sei.[708] Die Merkmale des betriebsverfassungsrechtlichen Begriffs, insb. einheitliche Leitung in mitbestimmungsrelevanten Angelegenheiten,

---

703 ErfK/*Franzen*, TVG, § 4a Rn. 19; *Richardi*, NZA 2015, 915, 917.

704 BT-Drs. 18/4062, S. 13.

705 *Löwisch/Rieble*, TVG, § 4a Rn. 81 („Die Entwurfsbegründung ergeht sich in regulatorischem Geschwätz und läßt die Normadressaten mit der Bestimmung dessen, was gemeint ist, allein."); weniger offensiv Däubler/Bepler/*Däubler*, Tarifeinheitsrecht, D Rn. 79.

706 BT-Drs. 18/4062, S. 13.

707 ErfK/*Franzen*, TVG, § 4a Rn. 19; ebenso Däubler/*Zwanziger*, TVG, § 4a Rn. 50, der aber keine praktischen Abweichungen von der betriebsverfassungsrechtlichen Definition annimmt.

708 ErfK/*Franzen*, TVG, § 4a Rn. 19; vgl. dazu *Gamillscheg*, ZfA 1975, 357; *Joost*, Betrieb und Unternehmen als Grundbegriffe im Arbeitsrecht; *Picker*, RdA 2001, 257.

seien am Zweck des BetrVG orientiert und hätten weniger Aussagekraft. *Franzen* nimmt zur Begriffsbestimmung die Solidargemeinschaft in den Blick und beruft sich dabei auf die Gesetzesbegründung:[709]

> Damit dient als Anknüpfungspunkt für das Mehrheitsprinzip die Solidargemeinschaft, die infolge der Zusammenfassung von Arbeitnehmerinnen und Arbeitnehmern zur Verfolgung arbeitstechnischer Zwecke entsteht.[710]

Ein Rückgriff auf das Betriebsverfassungsrecht könne nur in Betracht kommen, solange dies dem Zweck des § 4a TVG nicht zuwiderlaufe. Entscheidende Bedeutung komme der Verteilungsfunktion des Tarifvertrags zu: Je weiter die Vergütungsstruktur reiche, desto weiter sei der Betriebsbegriff iSd. § 4a Abs. 2 Satz 2 TVG zu fassen. Die „Solidargemeinschaft" könne auf das Unternehmen oder gar den Konzern ausgeweitet werden, wenn ein einheitlicher Vergütungstarifvertrag für diese Einheit(en) bestünde.[711]

Ein solcher tarifrechtlicher Betriebsbegriff unter Anknüpfung an die Solidargemeinschaft ist in der Lage, das Ergebnis der Mehrheitsfeststellung zugunsten der Leiharbeitnehmergewerkschaft zu beeinflussen: Die Tarifverträge der DGB-Tarifgemeinschaft zur Arbeitnehmerüberlassung erfassen ebenso wie jene einer Leiharbeitnehmergewerkschaft ausschließlich Leiharbeitnehmer. Die Vergütungsstruktur – und damit die Verteilungsfunktion – ist bei beiden Tarifwerken auf diese Arbeitnehmergruppe beschränkt. Die Zusammenfassung der Arbeitnehmer erfolgt zur Verfolgung des arbeitstechnischen Zwecks der Dienstverschaffung, sodass die Solidargemeinschaft ausschließlich aus Leiharbeitnehmern bestünde. Im Ergebnis würde die Mehrheitsfeststellung damit ebenso verlaufen wie bei einem Verleiher, der schwerpunktmäßig Arbeitnehmerüberlassung betreibt.

Löwisch und *Rieble* stehen diesem Vorschlag kritisch gegenüber:[712] Das Abstellen auf die Verteilungsfunktion des Tarifvertrags sei zu unbestimmt – es sei unklar, wie einem Tarifvertrag eine besondere Verteilungsfunktion entnommen werden könne. Diese Kritik verkennt, dass die Verteilungsfunktion sich stets nur im räumlichen und persönlichen Geltungsbereich des Tarifvertrags entfalten kann.[713] Eine „besondere" Verteilungsfunktion ist gerade nicht gemeint – es geht lediglich um ein (überbetriebliches) verobjektiviertes Lohngefüge, das die Höhe

709 ErfK/Franzen, TVG, § 4a Rn. 19.
710 BT-Drs. 18/4062, S. 13.
711 ErfK/*Franzen*, TVG, § 4a Rn. 19.
712 *Löwisch/Rieble*, TVG, § 4a Rn. 82 f.
713 Wiedemann/*Wiedemann*, TVG, Einl. Rn. 7; NK-GA/*Bepler*, TVG, § 4a Rn. 23.

der Vergütungen allgemein bestimmt und ihre Relation zueinander festlegt.[714] Tarifverträge dienen damit dazu, „die Erträge der Unternehmen zwischen deren Inhabern und den dort an der Wertschöpfung beteiligten abhängig Beschäftigten zu verteilen."[715] Ausschlaggebend für die Reichweite der Verteilungsfunktion ist dann, wie weit die jeweilige tarifliche Vergütungsstruktur reicht.[716]

Die aufgezeigte Interpretation muss sich aber vorhalten lassen, dass sie eine völlig neue Begriffsbestimmung einer altbekannten und viel genutzten Begrifflichkeit vornimmt. Ein tarifrechtlicher Betriebsbegriff existiert schlichtweg nicht, sodass auch die Tarifvertragsparteien grds. vom allgemeinen Begriffsinhalt ausgehen.[717] Brancheneigenen Besonderheiten wird in den Geltungsbereichsbestimmungen Rechnung getragen.[718] Überzeugend ist daher der Ansatz, der die Begrifflichkeit aus dem Betriebsverfassungsrecht[719] überträgt.[720] Ausgangspunkt ist die von *Jacobi* geprägte Definition,[721] die den Betrieb als organisatorische Einheit definiert, innerhalb derer der Arbeitgeber mithilfe sächlicher und immaterieller Mittel sowie der Belegschaft bestimmte arbeitstechnische Zwecke fortgesetzt verfolgt. Von vorrangiger Bedeutung ist das Bestehen eines einheitlichen Leitungsapparats.[722]

Es kann nicht davon ausgegangen werden, dass der Arbeitgeber die Leitung der Leiharbeitnehmer, die in Mischunternehmen einen eher kleinen Teil der

---

714 Wiedemann/*Wiedemann*, TVG, Einl. Rn. 7; NK-GA/*Bepler*, TVG, § 4a Rn. 23.

715 NK-GA/*Bepler*, TVG, § 4a Rn. 23.

716 ErfK/*Franzen*, TVG, § 4a Rn. 21.

717 NK-GA/*Bepler*, TVG, § 4a Rn. 44; Berg/Kocher/Schumann/*Berg*, TVG, § 4a Rn. 48 f.

718 NK-GA/*Bepler*, TVG, § 4a Rn. 44; Berg/Kocher/Schumann/*Berg*, TVG, § 4a Rn. 48 f.

719 Vgl. dazu BAG 15.10.2014 – 7 ABR 53/12, BAGE 149, 261, Rn. 29; BAG 17.1.2007 – 7 ABR 63/05, BAGE 121, 7, Rn. 15; BAG 19.2.2002 – 1 ABR 26/01, Rn. 16; BAG 29.5.1991 – 7 ABR 54/90, BAGE 68, 67, Rn. 24 f.; BAG 7.8.1986 – 6 ABR 57/85, BAGE 52, 325, Rn. 19; BAG 23.9.1982 – 6 ABR 42/81, BAGE 40, 163, Rn. 16.

720 *Löwisch/Rieble*, TVG, § 4a Rn. 83, 153; BeckOK ArbR/*Giesen*, TVG, § 4a Rn. 18; NK-GA/*Bepler*, TVG, § 4a Rn. 44; *Richardi*, NZA 2015, 915, 917, der jedoch eine Zweckwidrigkeit erkennt; diff. Däubler/*Zwanziger*, TVG, § 4a Rn. 50, der eine tarifrechtliche Bestimmung vornehmen will, jedoch keine Unterschiede zum betriebsverfassungsrechtlichen Begriff sieht.

721 *Jacobi*, Grundlehren des Arbeitsrechts, S. 286; s. auch HMB/*Greiner*, Teil 9 Rn. 117; NK-GA/*Bepler*, TVG, § 4a Rn. 80.

722 BAG 15.10.2014 – 7 ABR 53/12, BAGE 149, 261, Rn. 29; BAG 17.1.2007 – 7 ABR 63/05, BAGE 121, 7, Rn. 15; BAG 19.2.2002 – 1 ABR 26/01, Rn. 16 f.; BAG 29.5.1991 – 7 ABR 54/90, BAGE 68, 67, Rn. 24 f.; BAG 7.8.1986 – 6 ABR 57/85, BAGE 52, 325, Rn. 19; BAG 23.9.1982 – 6 ABR 42/81, BAGE 40, 163, Rn. 16; HMB/*Greiner*, Teil 9 Rn. 117.

Arbeitnehmerschaft darstellen, so weit verselbständigt hat, dass von einem eigenständigen Betrieb auszugehen ist. Im Regelfall ist damit weiterhin davon auszugehen, dass die Leiharbeitnehmergewerkschaft die Minderheitsgewerkschaft darstellen wird.

cc) (Außerrechtliche) Hürden

Neben dieser in § 4a TVG liegenden rechtlichen Hürde scheint zweifelhaft, ob eine Leiharbeitnehmergewerkschaft in der Lage wäre, einen Organisationsgrad zu erreichen, mit dem sie Tariffähigkeit erlangt.[723]

Einerseits kann man zwar davon ausgehen, dass der derzeitige geringe Organisationsgrad damit zusammenhängt, dass Gewerkschaften bisher durch ihr tarifvertragliches Wirken nicht positiv aufgefallen sind. Wer einen Lohn aushandelt, der ganz erheblich[724] unter demjenigen liegt, den eine gesetzliche Regelung grds. vorsieht, macht sich für Arbeitnehmer nicht unbedingt attraktiv – gelungene Mitgliederwerbung durch Tarifvertragsergebnisse sieht anders aus. Diese Kritik müsste eine Leiharbeitnehmergewerkschaft, die ihren ersten Tarifvertrag aushandelt, nicht gegen sich gelten lassen – sie könnte sich vielmehr als Gegenpol darstellen, der eine Verbesserung der Arbeitsbedingungen anstrebt.

Die Tariffähigkeit wird jedoch durch einen außerrechtlichen Umstand zweifelhaft: Für viele Leiharbeitnehmer ist das Leiharbeitsverhältnis das erste Beschäftigungsverhältnis nach der Arbeitslosigkeit.[725] Wer nach längerer Arbeitslosigkeit gerade wieder ins Erwerbsleben eintritt, dürfte sich nur schwer für einen Arbeitskampf begeistern lassen und streikgeldbedingte Lohneinbußen in Kauf nehmen. Ob dann ein nennenswerter Druck auf den Arbeitgeber ausgeübt werden kann, der den Anforderungen an die soziale Mächtigkeit genügt,[726] ist überaus zweifelhaft. Eine nennenswerte Besserung der Interessendurchsetzung durch eine Leiharbeitnehmergewerkschaft ist damit nicht zu erwarten.

723 *Ulber*, ZAAR Schriftenreihe Bd. 42, S. 87, 90.

724 Bruttoarbeitsentgelte für Leiharbeitnehmer bleiben bis zu 42% hinter denen zurück, die vergleichbare Beschäftigte erhalten, vgl. Arbeitsmarktberichterstattung der BA (Januar 2017): Blickpunkte Arbeitsmarkt – Aktuelle Entwicklungen der Zeitarbeit, S. 20.

725 Arbeitsmarktberichterstattung der BA (Januar 2017): Blickpunkte Arbeitsmarkt – Aktuelle Entwicklungen der Zeitarbeit, S. 16 f.

726 Das gilt inbesondere für jene Verleiher, die nicht im Schwerpunkt Arbeitnehmerüberlassung betreiben. Die Leiharbeitnehmer sind dort nur eine verhältnismäßig kleine Gruppe, deren Arbeitsniederlegung den Arbeitgeber nur in begrenztem Umfang beeinträchtigt.

d. *Eigener Vorschlag – Bezugnahme nach Vorprüfung*

Den herausgearbeiteten Defiziten bzgl. der Legitimation der Tarifverträge[727] und der fehlenden Richtigkeitsgewähr[728] lässt sich von gesetzgeberischer Seite begegnen, indem die Bezugnahme nicht voraussetzungslos zugelassen wird, sondern erst nach einem staatlichen Akt, der den Tarifvertrag als Bezugnahmeobjekt legitimiert. Die fehlende mitgliedschaftliche Legitimation würde dann durch eine (mittelbare) demokratische Legitimation zumindest teilweise kompensiert. Das Schutzbedürfnis der Leiharbeitnehmer würde durch den deutschen Staat sichergestellt, sodass die in Art. 5 Abs. 3 RL 2008/104/EG geforderte Wahrung des Gesamtschutzes[729] nicht mehr in Abrede gestellt werden könnte. Der Staat würde dann den Bürger nicht mehr schrankenlos der Gewalt autonomer Gremien ausliefern, die ihm gegenüber weder demokratisch noch mitgliedschaftlich legitimiert sind.[730]

aa) *Funktionale Ähnlichkeit von Bezugnahmemöglichkeit und Allgemeinverbindlicherklärung*

Ein solcher staatlicher Akt, der die Bezugnahme nur auf bestimmte Abweichungstarifverträge zulässt, könnte der Allgemeinverbindlicherklärung des § 5 TVG ähnlich ausgestaltet werden und durch das Bundesministerium für Arbeit und Soziales vorgenommen werden.[731] Faktisch ähnelt die derzeit bedingungslos akzeptierte Bezugnahmemöglichkeit ohnehin bereits der Allgemeinverbindlicherklärung: Die Regelungen der Tarifverträge finden fast ausnahmslos auf Leiharbeitsverhältnisse Anwendung. Aufgrund des evidenten Verhandlungsungleichgewichts zwischen Verleiher und Leiharbeitnehmer wirkt die voraussetzungslose Bezugnahmemöglichkeit nicht anders als eine arbeitgeberseitig oktroyierte Allgemeinverbindlicherklärung – eine realistische Chance, sich gegen die Bezugnahme zu wehren und so der Unterschreitung des Gleichbehandlungsgebots zu entgehen, besteht für den Leiharbeitnehmer nicht.

---

727 Dazu C. I. 4. e. bb) (b).

728 Dazu C. I. 4. d. bb) (b) (2).

729 S. dazu C. I. 4. d.

730 So BVerfG 24.5.1977 – 2 BvL 11/74, BVerfGE 44, 322, Rn. 74; vgl. dazu auch HMB/*Engels*, Teil 1 Rn. 11; *Biedenkopf*, Grenzen der Tarifautonomie, S. 52 f.; *Richardi*, FS Konzen, 791, 799; *Koller*, ZfA 1978, 45, 60.

731 Der Grundgedanke dieses Modells findet sich als Denkanstoß bei *Bepler*, FS Kempen, S. 109, 122 f.

Beiden Erstreckungsmöglichkeiten ist gemein, dass die fehlende privatautonome, mitgliedschaftlich begründete Tarifbindung des § 3 TVG ersetzt wird.[732] Freilich besteht ein Unterschied in der Wirkung: Die Bezugnahme wirkt – so zumindest nach ganz herrschender Meinung – als verkürzte vertragliche Absprache, der keine unmittelbare normative Wirkung zukommt.[733] Demgegenüber kommt den Bestimmungen des Tarifvertrags bei der Allgemeinverbindlicherklärung gem. § 5 Abs. 4 Satz 1 TVG Rechtsnormcharakter zu.[734] Eine solche Bindung ist zwar eine andere, aber keineswegs qualitativ von höherem oder minderem Wert.[735]

bb) Bezugnahme in der Arbeitnehmerüberlassung – Besonderheit

Nimmt man die Interessenlage bei der Bezugnahme näher in den Blick, offenbart sich eine weitere Besonderheit der Arbeitnehmerüberlassung, die sie von den üblichen Fällen der Bezugnahme abgrenzt: Außerhalb der Arbeitnehmerüberlassung hat der Arbeitnehmer gar kein Interesse daran, sich gegen die Bezugnahme zu wehren. Im Gegenteil, es besteht vielmehr ein Interesse, von den Regelungen des Tarifvertrags erfasst zu werden und ohne die Bürde der Mitgliedschaft in den Genuss der erstrittenen Vorteile zu kommen. Das zeigt sich auch in einer Folge, die oft mit der Bezugnahmeklausel in Verbindung gebracht wird: Für den Arbeitgeber hat sie – neben der Vereinheitlichung – den Vorteil, dass Anreize zur Gewerkschaftsmitgliedschaft durch die Gleichbehandlung von Gewerkschaftsmitgliedern und Außenseitern verhindert werden.[736] Ganz anders die Situation für Leiharbeitnehmer: Dort wirkt sich die Bezugnahmeklausel ausschließlich wirtschaftlich negativ aus – käme es ohne sie doch zur Gleichbehandlung mit der Stammbelegschaft. Diese Situation führt dazu, dass das gedankliche Fundament der Privilegierung der Bezugnahme nach § 310 Abs. 4 Satz 3 BGB erodiert. Die Privilegierung soll honorieren, dass der Arbeitgeber von der Vertragsdisparität, die im Individualarbeitsverhältnis besteht und Grund der Inhaltskontrolle ist, keinen Gebrauch macht und sich freiwillig der Regelungsmacht der Tarifparteien unterwirft.[737] In

---

732 Zur Allgemeinverbindlicherklärung: *Löwisch/Rieble*, TVG, § 5 Rn. 320; HMB/*Sittard*, Teil 7 Rn. 86.

733 Däubler/*Lorenz*, TVG, § 3 Rn. 223; HMB/*Henssler*, Teil 10 Rn. 6 f.; aA *v. Hoyningen-Huene*, RdA 1974, 138, 142 ff., der eine normativ geltende Tarifbindung annimmt.

734 ErfK/*Franzen*, TVG, § 5 Rn. 5; HMB/*Sittard*, Teil 7 Rn. 86.

735 So zur Bezugnahme und normativer Wirkung kraft Mitgliedschaft iSv. § 3 Abs. 1 iVm. § 4 Abs. 1 TVG *Franzen*, ZfA 2016, 25, 43.

736 ErfK/*Franzen*, TVG, § 3 Rn. 29; Thüsing/Braun/*Reufels*, Tarifrecht, 8. Kap. Rn. 3; HMB/*Henssler*, Teil 10 Rn. 4.

737 Vgl. dazu *Greiner*, Rechtsfragen, S. 525.

der Arbeitnehmerüberlassung nutzt der Verleiher hingegen gerade die Vertragsdisparität, um eine Absenkung unter das gesetzlich vorgeschriebene Niveau zu erreichen. Die Privilegierung folgt letztlich aus der Richtigkeitsgewähr,[738] die – wie oben dargelegt[739] – in der Arbeitnehmerüberlassung kein tragfähiges Argument darstellt. Steht die Richtigkeitsgewähr der Tarifverträge aufgrund fehlender mitgliedschaftlicher Legitimation durch die letztlich betroffenen (Leih-)Arbeitnehmer in Zweifel, wirkt sich das unmittelbar auf die Anerkennungswürdigkeit der Privilegierung aus.

Eine gesetzlich festgeschriebene Einschränkung, welche Abweichungstarifverträge in Bezug genommen werden dürfen, könnte diese Interessenlage zumindest ein Stück weit entschärfen und verhindern, dass die Leiharbeitnehmer zum „Spielball"[740] oder zur „Verfügungsmasse"[741] im gewerkschaftlichen Ringen werden.

cc) Bedenken – Tarifzensur?

Allerdings könnte man Bedenken anmelden, da es zu einer gewissen Prüfung und Anerkennung des tarifvertraglichen Verhandlungsergebnisses durch den Staat kommt – die Nähe zur Tarifzensur liegt auf der Hand. Diese Bedenken greifen jedoch in der konkreten Situation der Arbeitnehmerüberlassung nicht durch. Richtig ist, dass die Tarifautonomie keiner staatlichen Erlaubnis bedarf, sondern lediglich der Anerkennung ihrer Normsetzungsbefugnis.[742] Eine Einschränkung durch (einseitig) zwingendes Gesetzesrecht berührt diesen Schutzbereich jedoch gar nicht, da die Tarifvertragsparteien weiterhin günstigere Regelungen schaffen können.[743] So liegt der Fall in der tarifdispositiven Ausgestaltung des Gleichbehandlungsgrundsatzes nach § 8. Die Tarifvertragsparteien haben – mangels einer korrespondierenden Pflicht des Gesetzgebers[744] – keinen Anspruch auf die Zulassung tarifvertraglicher Negativabweichungen vom Gesetzesrecht. Daraus folgt, dass eine Negativabweichung durch Tarifvertrag ohne weiteres von einer staatlichen Delegierung abhängig gemacht werden kann – handelt es sich doch

738 HMB/*Henssler*, Teil 10 Rn. 40.

739 S.o. C. I. 4. d. bb) (b).

740 Dazu C. I. 4. e. bb) (b) (1).

741 EnzEuR/*Forst*, § 16 Rn. 75.

742 Dazu *Kohte*, FS Bepler, S. 287, 298.

743 *Kohte*, FS Bepler, S. 287, 298.

744 Das liefe auf die oben abgelehnte Pflicht zur Schaffung tarifdispositiven Rechts hinaus, s.o. B. IV. 2.

nicht um ein Tätigwerden im originären Bereich der Tarifautonomie, sondern um ein solches im abgeleiteten, delegierten Status.[745]

dd) Ausgestaltung

Wie eingangs bereits erwähnt, bietet es sich aufgrund der Sachnähe an, das Bundesministerium für Arbeit und Soziales als entscheidungsbefugte Behörde zu benennen. Als formelle Voraussetzung sollte – parallel zu § 5 Abs. 1 Satz 1 TVG – ein Antragserfordernis mit den Tarifvertragsparteien als Antragsbefugten eingefügt werden. Dieses Erfordernis dient allerdings allein dazu, das Verfahren überhaupt in Gang zu setzen. Anders als bei der Allgemeinverbindlicherklärung besteht kein zwingendes Bedürfnis, einen Antrag beider Tarifvertragsparteien zu verlangen: Ein Bedürfnis, die autonome Tarifgebundenheit – die iRv. § 5 TVG Schutzziel des gemeinsamen Antrags ist[746] – attraktiv zu halten, besteht nicht, da die mitgliedschaftliche Tarifbindung ohnehin derzeit nicht vorkommt. Die Wirksamkeit der Bezugnahmezulassung sollte erst mit Bekanntmachung im Bundesanzeiger als öffentlich-rechtlichem Akt erfolgen.[747]

Als materielle Voraussetzung lässt sich an ein öffentliches Interesse an der Bezugnahmezulassung denken. Fraglich ist, welcher Ansatzpunkt für das öffentliche Interesse zu wählen ist: *Bepler*, der die Möglichkeit, den Kreis der erstreckungstauglichen Tarifverträge der Allgemeinverbindlichkeit vergleichbar zu begrenzen, als Diskussionsanstoß ins Spiel brachte, sprach sich zu Recht gegen die Richtigkeitsgewähr als Anknüpfungspunkt aus und möchte eher auf die Verbreitung des Tarifwerks abstellen.[748] Bei der Allgemeinverbindlicherklärung bedarf es nach § 5 Abs. 1 Satz 1 aE TVG lediglich, dass die Allgemeinverbindlicherklärung im öffentlichen Interesse geboten scheint. Das gesetzlich in Satz 2 Nr. 1 fixierte Regelbeispiel der überwiegenden Bedeutung des Tarifvertrags in seinem Geltungsbereich, lässt sich aber nur bedingt fruchtbar machen: Nach der Gesetzesbegründung kommt es in erster Linie auf die mitgliedschaftliche Tarifbindung an[749] – ein Element, das für die Arbeitnehmerüberlassung keine Bedeutung hat. Würde man auf die mitgliedschaftliche Tarifbindung abstellen, käme dies faktisch der Abschaffung der Bezugnahmemöglichkeit gleich. Auch das

745 *Kohte*, FS Bepler, S. 287, 298.

746 *Löwisch/Rieble*, TVG, § 5 Rn. 244.

747 So bei § 5 TVG, vgl. HMB/*Sittard*, Teil 7 Rn. 34.

748 *Bepler*, FS Kempen, S. 109, 122.

749 BT-Drs. 18/1558, S. 48 f.; weiter *Jöris*, NZA 2014, 1313, 1315.

weitere Element, wie viele Arbeitsverträge sich am Tarifvertrag orientieren,[750] ist für das vorgeschlagene Modell ohne Wert. Die tarifgemäße Ausgestaltung, die insbesondere durch vertragliche Bezugnahme erfolgt,[751] soll durch die Zulassung gerade erst ermöglicht werden. Eine anderweitige Orientierung an den Tarifregelungen, die unter dem Gleichbehandlungsniveau liegt, lässt sich ebenso wenig anführen, da die Negativabweichung nur durch Tarifvertrag oder Bezugnahme ermöglicht wird.

Auch das Regelbeispiel aus § 5 Abs. 1 Satz 2 Nr. 2 TVG – die Absicherung der Wirksamkeit tarifvertraglicher Normsetzung gegen die Folgen wirtschaftlicher Fehlentwicklung – lässt sich nicht heranziehen: Ausweislich der Gesetzesbegründung soll dieses Regelbeispiel vor allem sinkenden Organisationsgraden trotzen, muss jedoch *ultima ratio* bleiben.[752] Eine Situation die auf die Arbeitnehmerüberlassung zunächst zu passen scheint. Allerdings ist zu bedenken, dass auch iRv. § 5 Abs. 1 Satz 2 Nr. 2 TVG eine Allgemeinverbindlicherklärung nicht in Betracht kommt, wenn es dem Tarifvertrag an einer gewissen Breitenwirkung fehlt und die Koalitionen im konkreten Geltungsbereich keine besondere Bedeutung erlangt haben[753] – eine solche Breitenwirkung und Bedeutung lässt sich für Tarifverträge in der Arbeitnehmerüberlassung angesichts der niedrigen Tarifbindung kraft Mitgliedschaft iSv. §§ 3 Abs. 1, 4 Abs. 1 Satz 1 TVG nicht annehmen.

Das öffentliche Interesse an der Zulassung zur Bezugnahme lässt sich systemgerecht aus den Zielen der Arbeitnehmerüberlassung, wie sie auch in RL 2008/104/EG zutage treten, herleiten: Ein öffentliches Interesse, die Bezugnahme zu ermöglichen ergibt sich regelmäßig schon aus dem Flexibilisierungsbedürfnis der Branche. Unterstellt man dieses öffentliche Bedürfnis, fungiert die Zwischenschaltung des Bundesministeriums als Korrektiv, um eine zu weitreichende Abweichung vom Gleichbehandlungsgrundsatz zu verhindern und dem Schutzbedürfnis der Leiharbeitnehmer Rechnung zu tragen. Um diesen unbestimmten Rechtsbegriffen eine besser handhabbare Kontur zu verleihen, bietet es sich an, eine uferlose Zulassung zu verhindern, indem eine prozentuale Abweichung den Tarifvertrag von der Zulassung *a priori* ausschließt. Um den Bedenken bzgl. der Schwerfälligkeit des Prozesses zu begegnen, die bereits iRd. Diskussion um die Wahrung des Gesamtschutzes iSv. Art. 5 Abs. 3 RL 2008/104/EG gegen eine

750 BT-Drs. 18/1558, S. 48 f.; HMB/*Sittard*, Teil 7 Rn. 57; Däubler/*Lakies*, TVG, § 5 Rn. 108.

751 BT-Drs. 18/1558, S. 48 f.

752 BT-Drs. 18/1558, S. 49; s. auch *Löwisch/Rieble*, TVG § 5 Rn. 208 f.

753 ErfK/*Franzen*, TVG, § 5 Rn. 14a; BeckOK ArbR/*Giesen*, TVG, § 5 Rn. 14.

prozentuale Begrenzung vorgebracht wurden,[754] bietet es sich an, das öffentliche Interesse weit auszulegen. Eine sinnvolle Grenze wäre es zum Beispiel, nur solche Abweichungstarifverträge für die Bezugnahme zu öffnen, die weniger als 25% abweichen. Damit bestünde ein recht weiter Spielraum, in dem die Tarifvertragsparteien branchenspezifischen Besonderheiten Rechnung tragen können. Sollte diese Grenze als zu eng empfunden werden, kommt eine Drittelregelung in Betracht: Tarifverträge, die das Tarifniveau der Einsatzbranche – in Anlehnung an die Sittenwidrigkeitsrechtsprechung[755] – um mehr als ein Drittel unterschreiten, dürfen nicht für eine Bezugnahme geöffnet werden.

Eine solche Regelung entspricht den gesetzgeberischen Intentionen, die sich insbesondere dem Tarifautonomiestärkungsgesetz[756] entnehmen lassen: Die Ordnung des Arbeitslebens durch Tarifverträge ist erwünscht aber rückläufig. Um diesem Missstand entgegenzuwirken, erleichterte der Gesetzgeber die Erstreckung von tarifvertraglichen Regelungen auf Außenseiter.[757] Während eine vollständige Streichung der Erstreckungsklausel dieses gesetzgeberische Ziel konterkarieren würde, ist die vorgeschlagene Regelung mit ihm konform und stellt sicher, dass die Tarifverträge Außenseiterinteressen – anders als nach geltender Rechtslage – nicht unangemessen benachteiligen. Der umfassenden Regelungsaufgabe der Tarifvertragsparteien in diesem Ausschnitt des Arbeitslebens[758] wird mit dieser Lösung hinreichend Rechnung getragen.

6. Ergebnis

Abschließend lässt sich festhalten, dass die zeitliche Begrenzung der tarifvertraglichen Abweichungsmöglichkeit keinen grundsätzlichen Bedenken begegnet. Probleme ergeben sich erst aus der unbeschränkt zugelassenen Tarifdispositivität der Regelung iVm. der fehlenden gewerkschaftlichen Organisation der Leiharbeitnehmer. Der in Art. 5 Abs. 3 RL 2008/104/EG geforderte Gesamtschutz, wird im deutschen Recht faktisch nicht umgesetzt. Es bestehen weder immanente Schranken für die Tarifvertragsparteien noch vermag es die Richtigkeitsgewähr, einen

754 S.o. C. I. 4. d. cc).

755 Obwohl das BAG in der Hungerlohnentscheidung (24.3.2004 – 5 AZR 303/03, BAGE 110, 79) für die Sittenwidrigkeit gerade nicht auf die Einsatzbranche abstellt, vgl. dazu bereits C. I. 4. d. bb) (c).

756 BGBl. I 2014 S. 1348.

757 BT-Drs. 18/1558, S. 48 f.

758 So im Zusammenhang mit Differenzierungsklauseln BAG 18.3.2009 – 4 AZR 64/08, NZA 2009, 1028, Rn. 63 ff.

Gesamtschutz sicherzustellen. Gleiches gilt für § 138 BGB und die Lohnuntergrenze des § 3a.

Das tarifdispositive Gesetzesrecht kann zwar grds. Vorteile bereithalten, stößt jedoch in der Arbeitnehmerüberlassung auf Probleme: Mangels gewerkschaftlicher Organisation sind die Tarifverträge keine autonome Regelung, die von den Betroffenen aufgestellt wurde und der sich eine Richtigkeitsgewähr – oder Angemessenheitschance[759] – unterstellen ließe. Dieser Umstand stellt die Tarifdispositivität iVm. voraussetzungsloser Bezugnahmemöglichkeit dogmatisch insgesamt infrage. Eine wenig eingriffsintensive Möglichkeit, diese Konfliktlage zu beheben und nicht nur die Arbeitnehmerüberlassung allgemein, sondern auch das Tarifrecht in dieser Branche auf ihre jeweilige Kernfunktion zurückzuführen, liegt in der Einführung eines staatlichen Zulassungsverfahrens, das der Allgemeinverbindlicherklärung des § 5 TVG ähnlich ausgestaltet werden sollte.

II. Höchstüberlassungsdauer

Ein weiteres Kernelement der AÜG-Novelle 2017 ist in der Höchstüberlassungsdauer des § 1 Abs. 1b zu sehen. Die einst gesetzlich fixierte Höchstüberlassungsdauer wurde zum 1.1.2003 abgeschafft.[760] Die Reform aus dem Jahr 2011 stellte den Begriff „vorübergehend" in den Mittelpunkt. Ziel der Änderung war zum einen die Klarstellung, dass das deutsche Modell den Vorgaben der RL 2008/104/EG entspricht, die in Art. 1 Abs. 1 diese Begrifflichkeit zur Bestimmung des Anwendungsbereichs benennt und iRd. Begriffsbestimmungen des Art. 3 Abs. 1 b) bis e) erneut aufgreift. Zum anderen sollte eine flexible Zeitkomponente geschaffen werden.[761] Dieser unbestimmte Rechtsbegriff wurde vonseiten der Literatur mit Kritik überzogen[762] und veranlasste den Gesetzgeber zur Schaffung der Höchstüberlassungsdauer.[763]

---

759 Diese Begrifflichkeit favorisierend *Bepler*, FS Kempen, S. 109, 122.

760 BGBl. I 2002, 4607; dazu *Lembke*, BB 2003, 98; *Ulber*, AuR 2003, 7.

761 BT Drs. 17/4804, S. 7 f.

762 Vgl. *Thüsing*, NZA 2013, 1248 mit dem bezeichnenden Titel „Vorübergehende und nicht-vorübergehende Arbeitnehmerüberlassung: Das Rätselraten geht weiter"; zum Meinungsbild *Nießen/Fabritius*, NJW 2014, 263; *Lembke*, NZA 2013, 815, 820.

763 Auch wenn die Gesetzesbegründung lediglich davon spricht, das Merkmal „vorübergehend" werde konkretisiert, BT-Drs. 18/9232, S. 20.

1. Einführung einer zeitlichen Höchstgrenze

In der Diskussion um die Einführung einer konkret bestimmten zeitlichen Höchstgrenze wurde die Kompetenz der Mitgliedstaaten, was „vorübergehend" iSd. Richtlinie ist, nicht ernsthaft angezweifelt. Der weite Gestaltungsspielraum, der den Mitgliedstaaten angesichts der stark variierenden Arbeitsrechtssysteme zuzubilligen ist, wirkt sich genau hier aus – freilich ändert das nichts an der Auslegungshoheit des EuGH für unionsrechtliche Begriffe.[764]

a. Bezugspunkt der Höchstüberlassungsdauer

Die Frage, ob die zeitliche Grenze arbeitsplatz- oder arbeitnehmerbezogen zu bestimmen ist, stellt sich bei der Höchstüberlassungsdauer ebenso wie iRd. neunmonatigen Abweichungsmöglichkeit vom Gleichbehandlungsgrundsatz.[765] Die Frage wurde zu Zeiten der aF von der Literatur[766] lebhaft diskutiert, während das BAG in einer Entscheidung die Frage offen lassen konnte.[767] Nun legt § 1 Abs. 1b Satz 1, 2 eine klare arbeitnehmerbezogene Sichtweise an den Tag:[768]

---

764 Dazu insgesamt *Franzen*, RdA 2015, 141, 148.

765 Zum Gleichbehandlungsgrundsatz C. I. 4. f.

766 Vgl. LAG Hamburg 4.9.2013 – 5 TaBV 6/13, LAGE § 1 AÜG Nr. 11, Rn. 28 ff.; *Geis*, Die Auswirkungen der Reform des AÜG im Jahr 2011 auf die konzerninterne Arbeitnehmerüberlassung, S. 191 ff.; *Brors/Schüren*, Gutachten für MAIS NRW, S. 8 f.; *Deinert*, RdA 2014, 65, 71; *Krause*, ZfA 2014, 349, 370; *Steinmeyer*, DB 2013, 2740, 2741; *Lembke/Rothmann*, ZESAR 2014, 372, 382.

767 BAG 10.7.2013 – 7 ABR 91/11, BAGE 145, 355, Rn. 54: „Es kann dahingestellt bleiben, welchem dieser Ansätze zu folgen oder wie der Begriff ‚vorübergehend' sonst zu konkretisieren ist. Jedenfalls bei der vorliegenden Fallgestaltung liegt keine ‚vorübergehende' Arbeitnehmerüberlassung mehr vor. Der Begriff „vorübergehend" in § 1 Abs. 1 Satz 2 AÜG wäre sinnentleert, wenn eine ohne jegliche zeitliche Begrenzung vorgenommene Arbeitnehmerüberlassung, bei der der Leiharbeitnehmer anstelle eines Stammarbeitnehmers eingesetzt werden soll, noch als vorübergehend anzusehen wäre. Um einen derartigen Fall handelt es sich hier."; ähnlich BAG 21.2.2017 – 1 ABR 62/12, ZTR 2017, 367, Rn. 57.

768 UBGH/*Bissels*, AÜG, § 1 Rn. 211; *Hamann/Klengel*, EuZA 2017, 194, 196; *Lembke*, NZA 2017, 1, 4; *Giesen*, ZRP 2016, 130, 131; *Neighbour/Schröder*, BB 2016, 2869; *Ulber*, Rechtsgutachten zum 1. Referentenentwurf, S. 9; *Boemke*, ZAAR Schriftenreihe Bd. 41, S. 99, 116; *Zimmermann*, BB 2016, 53; *Bissels/Falter*, ArbRAktuell 2017, 4; *Bissels/Falter*, DB 2016, 1444; zu den Problemen, die mit einer arbeitsplatzbezogenen Sichtweise einhergehen *Kämmerer*, Der neue Rechtsrahmen der Arbeitnehmerüberlassung, S. 54 f.

Der Verleiher darf denselben Leiharbeitnehmer nicht länger als 18 aufeinander folgende Monate demselben Entleiher überlassen; der Entleiher darf denselben Leiharbeitnehmer nicht länger als 18 aufeinander folgende Monate tätig werden lassen. Der Zeitraum vorheriger Überlassungen durch denselben oder einen anderen Verleiher an denselben Entleiher ist vollständig anzurechnen, wenn zwischen den Einsätzen jeweils nicht mehr als drei Monate liegen.

aa) Verstoß gegen Art. 5 Abs. 5 RL 2008/104/EG?

Befürworter der Regelung betonen, dass der Arbeitnehmerbezug als generell-abstrakte Regelung gleichwertige, branchenübergreifende Ergebnisse ermögliche und so die Handhabung erleichtere.[769] Kritiker nehmen demgegenüber in den Blick, dass die Regelung eine Austauschmöglichkeit biete, die „unkomplizierte Modelle der Gesetzesumgehung"[770] eröffne und die unionsrechtliche Zulässigkeit der Regelung infrage stellt.[771] Durch den Arbeitnehmerbezug sei es möglich, denselben Arbeitnehmer – nach lediglich drei Monaten – wieder am selben Arbeitsplatz einzusetzen. Ein dauerhaft bestehender Arbeitskräftebedarf würde dann nicht durch Stammarbeitnehmer, sondern Leiharbeitnehmer bedient – es käme zur unerwünschten Substituierung von Stammarbeitnehmern.[772]

Damit diese Argumentation trägt, müssten der Richtlinie Hinweise zu entnehmen sein, dass die Substituierung von Stammarbeitnehmern tatsächlich verhindert werden soll. Als Anknüpfungspunkt kommt Art. 5 Abs. 5 RL 2008/104/EG in Betracht, der den Mitgliedstaaten vorgibt, erforderliche Maßnahmen zu ergreifen, um eine missbräuchliche Anwendung und aufeinander folgende Überlassungen zu verhindern, die Bestimmungen der Richtlinie umgehen sollen.

Virulent wird dann die Frage, was einen „Missbrauch" iSd. Art. 5 Abs. 5 RL 2008/104/EG darstellt. Zunächst ist festzustellen, dass es das in Art. 2 RL 2008/104/EG formulierte Ziel der Richtlinie ist, Leiharbeitnehmer zu schützen und die Qualität der Leiharbeit zu verbessern sowie dafür zu sorgen, dass „ein angemessener Rahmen für den Einsatz von Leiharbeit festgelegt werden muss". Der Schutz der Leiharbeitnehmer und die Verbesserung der Qualität der Leiharbeit sind jedenfalls keine Ziele, die durch ein Substituierungsverbot unmittelbar

769 UBGH/*Bissels*, § 1 Rn. 210.

770 *Giesen*, ZRP 2016, 130, 131.

771 *Hamann*, NZA 2015, 904, 905; *Schüren/Fasholz*, NZA 2015, 1473, 1474; *DGB*, Ausschussdrs. 18(11)761, S. 9, 12 f.; zweifelnd *Ulber*, ZAAR Schriftenreihe Bd. 42, S. 87, 109.

772 *Hamann*, NZA 2015, 904, 905; *Hamann*, EuZA 2009, 287, 311; *Schüren/Fasholz*, NZA 2015, 1473, 1474; *DGB*, Ausschussdrs. 18(11)761, S. 9, 12 f.; *Nielebock*, FS Bepler, S. 455, 465 f.; zu diesem Ziel der Richtlinie allg. *Sansone*, Gleichstellung, S. 462.

erreicht würden. Ein Substituierungsverbot könnte letztlich sogar dazu führen, dass Arbeitsplätze in der Arbeitnehmerüberlassung, die insbesondere bei Auftragsspitzen infolge eines Konjunkturhochs bedeutsam werden, nicht besetzt werden und das Beschäftigungspotenzial nicht ausgeschöpft wird.

Allerdings enthält Art. 2 RL 2008/104/EG auch die Vorgabe, dass die Richtlinie zur Schaffung von Arbeitsplätzen und zur Entwicklung *flexibler* Arbeitsformen beitragen soll. Genau dieses Element der Flexibilisierung ist entscheidendes Kriterium für den missbräuchlichen Charakter einer Arbeitnehmerüberlassung: Ein Interesse an Flexibilisierung scheidet aus, sobald ein Dauerbedarf für die Tätigkeit besteht.[773] Die Richtlinie richtet sich damit gegen eine Substituierung von Stammarbeitsplätzen, die eine Folge der – in Deutschland schon sozialpolitisch unerwünschten[774] – wiederholten Überlassung darstellen kann.[775]

Auch scheint die Missbrauchsmöglichkeit unter einem weiteren Aspekt naheliegend: Es geht ausdrücklich um eine missbräuchliche Anwendung *dieses* Artikels, der die Gleichstellung des einzelnen Arbeitnehmers betrifft. Besteht eine einfache Möglichkeit, den Leiharbeitnehmer nach einer lediglich dreimonatigen Wartefrist erneut auf dem gleichen Arbeitsplatz einzusetzen, würde der Leiharbeitnehmer erneut auf der untersten Stufe des Branchenzuschlagstarifvertrags stehen – eine Gleichbehandlung kann auf diese Weise einfach vermieden werden.[776]

bb) Lösung

Die Problemlage tritt jedoch nicht durch die Schaffung einer Höchstüberlassungsdauer an sich ein, sondern erst durch die mit lediglich drei Monaten recht kurz bemessene Anrechnungsfrist von Vorbeschäftigungszeiten und den Arbeitnehmerbezug der Regelung. Sähe die Regelung eine längere Frist zur Anrechnung von Vorbeschäftigungszeiten vor, würde ein Rotationsmodell und damit

773 *Nielebock*, FS Bepler, S. 455, 465; *Klueß*, AuR 2014, 321, 322; *Hamann*, AuR 2016, 136, 138; *Kämmerer*, Der neue Rechtsrahmen der Arbeitnehmerüberlassung, S. 69.

774 BT-Drs. 18/9232, S. 15, 20; *Sansone*, Gleichstellung, S. 112, 458 ff.; *Greiner*, NZA 2013, 697, 701 f.; *Preis*, NZA 2010, Heft 5 Editorial.

775 Zur Frage, ob eine Verhinderung der Substitution von Stammarbeitnehmern ein arbeitsmarktpolitisch legitimes Ziel sein kann, s. C. II. 2. c. bb).

776 Näher dazu s.u. C. II. 2.; *Hamann*, AuR 2016, 136, 138 sieht eine parallele zum institutionellen Rechtsmissbrauch bei Befristungsketten, sodass die Arbeitsgerichte die „Reißleine" ziehen müssten.

die Substituierung zumindest erheblich erschwert. Die „harte Entscheidung“[777] des Entleihers, auf eine gut eingearbeitete Arbeitskraft noch länger verzichten zu müssen, könnte die Bereitschaft des Arbeitgebers stärken, die Aufgabe einem Stammarbeitnehmer zu übertragen – und ggf. sogar den Leiharbeitnehmer auf dieser Position einzustellen.[778]

Erst die kurze Anrechnungsfrist verdient damit Kritik. Bei isolierter Betrachtung der Höchstüberlassungsdauer an sich ergeben sich demgegenüber zunächst keine unionsrechtlichen Bedenken.

b. Rechtfertigungsbedürfnis nach Art. 4 Abs. 1 RL 2008/104/EG

Zudem wurde die Frage aufgeworfen, ob die Konkretisierung im Wege einer fixen, 18-monatigen Grenze zulässig ist. Kritische Stimmen führen den Flexibilisierungsgedanken an, der insbesondere in Erwägungsgrund 1 und Art. 2 der Richtlinie betont wird.[779] Das spricht jedoch nicht gegen die Regelung des § 1 Abs. 1b: Es handelt sich gerade nicht um eine „starr festgelegte Überlassungsdauer, sondern um eine Höchstgrenze“.[780] Ob die Überlassung diesen Zeitraum gänzlich ausfüllt oder eine kürzere Dauer gewählt wird, gibt der nationale Gesetzgeber nicht vor. Die Höchstüberlassungsdauer legt lediglich die Grenze fest, bis zu der eine iSd. Richtlinie vorübergehende Überlassung maximal denkbar ist.[781]

Freilich darf die Bedeutung von Art. 4 Abs. 1 RL 2008/104/EG nicht außer Acht gelassen werden, der bestimmt, dass Verbote oder Einschränkungen der Arbeitnehmerüberlassung nur aus Gründen des Allgemeininteresses gerechtfertigt sind. Ausdrücklich genannt werden der Schutz der Leiharbeitnehmer, die Erfordernisse von Gesundheitsschutz und Sicherheit am Arbeitsplatz oder die Notwendigkeit, das reibungslose Funktionieren des Arbeitsmarktes zu gewährleisten und eventuellen Missbrauch zu verhüten. Dass nach Ablauf der 18 Monate der Überlassung die Zulässigkeit entzogen wird, ist zweifelsohne zumindest eine Einschränkung der Beschäftigungsform.

---

777 So *Greiner*, RdA 2017, 153 f. schon zur jetzigen Rechtslage, ohne eine Verlängerung der Frist vorzuschlagen.

778 Zu diesem sog. Klebeeffekt s. C. II. 2. c. aa).

779 *Franzen*, RdA 2015, 141, 148; *Hamann*, EuZA 2009, 287, 312; so auch *Happ/van der Most*, BB 2015, 565, 567 f., die Zweifel an der Verhältnismäßigkeit im Ringen zwischen Flexibilität und Sicherheit haben.

780 *Hamann*, NZA 2015, 904; ebenfalls keine Bedenken Preis/Sagan/*Sansone*, Europäisches Arbeitsrecht, § 8 Rn. 25.

781 *Sansone*, Gleichstellung, S. 468.

Die Einführung einer Höchstüberlassungsdauer lässt sich als Konkretisierung der Richtlinienvorgabe „vorübergehend" einordnen,[782] die den erheblichen Gestaltungsspielraum der Mitgliedstaaten achtet und einen Missbrauch in Form einer dauerhaften Arbeitnehmerüberlassung verhindert.[783] Die Anforderungen an die Rechtfertigung der zeitlichen Beschränkung sollten zudem nicht allzu streng angesetzt werden – handelt es sich doch nicht um ein striktes Verbot, sondern um eine vergleichsweise milde Beschränkung: Nach einer Wartezeit von lediglich drei Monaten (§ 1 Abs. 1b Satz 2) wäre die Überlassung desselben AN auf demselben Arbeitsplatz beim selben Entleiher ohne Probleme wieder möglich.

Auch lässt das nationale Interesse an der Verhinderung der Substitution sich als Allgemeinwohlinteresse iSv. Art. 4 Abs. 1 RL 2008/104/EG verstehen: Die beispielhafte Aufzählung in Hs. 2 nennt u.a. das reibungslose Funktionieren des Arbeitsmarkts und Missbrauchsverhütung. Insbesondere letztere zielt darauf ab, eine Arbeitnehmerüberlassung zu verhindern, „wo sie sich vom Charakteristikum des vorübergehenden Einsatzes entfernt."[784] Neben Gesetzgeber und Literatur[785] erkennt auch das BAG[786] ein solches Interesse an und verweist auf die Ausführungen des BVerfG[787] zur Unterscheidung von volkswirtschaftlich sinnvoller kurzfristiger und unerwünschter langfristiger Arbeitnehmerüberlassung, wenn es ausführt, ein Verbot der dauerhaften Überlassung verwirkliche den Schutz der Leiharbeitnehmer und begrenze zugleich „im kollektiven Interesse der Belegschaft des Entleiherbetriebs deren Spaltung".

---

782 Zur Frage, ob diese Vorgabe sogar ein Verbot der nicht nur vorübergehenden Arbeitnehmerüberlassung enthält, C. II. 2. b.

783 EUArbR/*Rebhahn/Schörghofer*, RL 2008/104/EG, Art. 4 Rn. 7; *Hamann*, NZA 2015, 904; *Heuschmid*, AuR 2015, 279, 280; in diese Richtung auch Schlussantrag *Szpunar* 20.11.2014 – C-533/13, BeckEuRS 2014, 406256, Rn. 114 ff.; wenig ergiebig die Entscheidung selbst, EuGH 17.3.2015 – C-533/13, NZA 2015, 423, die den Anwendungsbereich von Art. 4 Abs. 1 RL 2008/104/EG stark beschneidet; krit. dazu *Franzen*, RdA 2015, 141, 149; *Boemke/Sachadae*, EuZA 2015, 313.

784 So *Happ/van der Most*, BB 2015, 565, 568.

785 BT-Drs. 18/9232, S. 15, 20; *Sansone*, Gleichstellung, S. 112, 458 ff.; *Greiner*, NZA 2013, 697, 701 f.; *Preis*, NZA 2010, Heft 5 Editorial.

786 BAG 10.7.2013 – 7 ABR 91/11, BAGE 145, 355, Rn. 42; BAG 28.9.1988 – 1 ABR 85/87, BAGE 59, 380, Rn. 20.

787 BVerfG 4.4.1967 – 1 BvR 84/65, BVerfGE 21, 261, Rn. 21.

c. *Entleiherbegriff*

Die Höchstüberlassungsdauer knüpft dem Wortlaut des § 1 Abs. 1b Satz 1 nach an denselben „Entleiher“ an. Die Bestimmung des Entleihers ist damit rechtsträgerbezogen vorzunehmen, sodass eine Versetzung auf einen anderen Arbeitsplatz oder in einen anderen Betrieb des Unternehmens keine Auswirkungen auf § 1 Abs. 1b Satz 1 hat.[788]

Demgegenüber möchte *Lembke*[789] einem betriebsbezogenen Ansatz den Vorzug gewähren: Es komme auf den Einsatz des Leiharbeitnehmers im jeweiligen Betrieb des Entleihers zur Berechnung an. Das folge aus systematischen Erwägungen: Die Abweichungsmöglichkeiten des § 1 Abs. 1b Sätze 4–6 eröffnen die Abweichungsmöglichkeit auch „im Betrieb eines nicht tarifgebundenen Entleihers“ durch Betriebsvereinbarung. Die Höchstüberlassungsdauer kann daher in den jeweiligen Betrieben unterschiedlich ausgestaltet werden, was für den betriebsbezogenen Ansatz spreche.

Die betriebsbezogene Sichtweise, die für die – als Ausnahme gedachten – Abweichungsmöglichkeiten an den Tag gelegt wird, kann jedoch nicht dafür sprechen, dass der Gesetzgeber auch den – dem Wortlaut nach rechtsträgerbezogenen – Grundsatz der 18-monatigen Höchstdauer betriebsbezogen ausgestalten wollte. Die Formulierung der Ausnahme ist lediglich logische Konsequenz des gewählten Mittels: Die Abweichung kann nur im Wege einer Betriebsvereinbarung erreicht werden – der räumliche Geltungsbereich ist dabei zwingend auf den Betrieb beschränkt, mit dessen Betriebsrat sie abgeschlossen wurde.[790]

2. Kombination von Höchstüberlassungsdauer und § 8 Abs. 4

Bei isolierter Betrachtung ist die Höchstüberlassungsdauer (europarechtlich) unbedenklich – allein die kurze Anrechnungsfrist und die arbeitnehmerbezogene Ausgestaltung begegnen Bedenken. Allerdings ist die Kombination von Höchstüberlassungsdauer bei gleichzeitiger Geltung eines zwingend ausgestalteten Equal-pay-Anspruchs in die Kritik geraten. Inwiefern der Einsatz für einen klar begrenzten Zeitraum dem Schutz der Leiharbeitnehmer dient, wie

---

788 *Bissels/Falter*, ArbRAktuell 2017, 4; *Giesen*, ZRP 2016, 130, 131, der hierin „unkomplizierte Modelle der Gesetzesvermeidung“ sieht; *Neighbour/Schröder*, BB 2016, 2869.

789 *Lembke*, NZA 2017, 1, 4; so auch *BDA*, Ausschussdrs. S. 32, 36 unter Berufung auf GA AÜG, Stand: Januar 2016, § 1 Nr. 1.1.2 Abs. 4.

790 Dazu *Richardi*, BetrVG, § 77 Rn. 126 f.; ErfK/*Kania*, BetrVG, § 77 Rn. 32 ff.; BeckOK ArbR/*Werner*, BetrVG, § 77 Rn. 28.

es die Gesetzesbegründung[791] begründungslos anführt, erscheint höchst zweifelhaft: Sobald der Leiharbeitnehmer einen Anspruch auf equal pay aufgrund einer entsprechend lang dauernden Überlassung nach § 8 hätte, würde die Höchstüberlassungsdauer dazu führen, dass er diesen Anspruch auf Gleichbehandlung verliert und beim nächsten Einsatz wieder auf der untersten Stufe der Branchenzuschlagstarifverträge beginnt.[792] Daher wird das vom Gesetzgeber genannte Ziel, einer dauerhaften Substitution von Stammbeschäftigten durch die begrenzte Einsatzdauer entgegenzuwirken,[793] nicht realisiert – im Gegenteil: Die Missbrauchsmöglichkeit durch ein Austauschkarussell setzt sogar einen finanziellen Anreiz für den Entleiher, eine Substitution von Stammarbeitnehmern durch Leiharbeitnehmer herbeizuführen.

a. Beschränkung der unternehmerischen Freiheit der Verleiher, Art. 16 GRC

In rechtlicher Hinsicht tösing fokussiert die Kritik mit der unternehmerischen Freiheit (Art. 16 GRC) der Verleiher primärrechtliche Gesichtspunkte.[794] Der EuGH sieht die Arbeitnehmerüberlassung in ständiger Rechtsprechung als von der unionsrechtlichen Dienstleistungsfreiheit erfasst an,[795] sodass auch die Gewährleistung des Art. 16 GRC einschlägig ist.[796] Zunächst müsste der Anwendungsbereich der GRC eröffnet sein: Die GRC bindet nur die Organe, Einrichtungen und sonstigen Stellen der Union ohne weitere Voraussetzung, während sie auf die Mitgliedstaaten nur iRd. Durchführung von Unionsrecht anwendbar ist, Art. 51 Abs. 1 Satz 1 GRC.[797] Unionsrecht bezeichnet das Primärrecht und die in Art. 288

---

791 BT-Drs. 18/9232, S. 20.

792 *Schüren/Fasholz*, NZA 2015, 1473, 1474; *Franzen*, RdA 2015, 141, 150; *Happ/van der Most*, BB 2015, 565, 567; *Thüsing*, NZA 2014, 10, 11 f.; krit. auch *Seel*, öAT, 2016, 27, 29.

793 BT-Drs. 18/9232, S. 20.

794 *Franzen*, RdA 2015, 141, 150; in diese Richtung auch *Thüsing*, NZA 2014, 10, 12; ebenso *Happ/van der Most*, BB 2015, 565, 567, die Zweifel anmelden, ob die Höchstüberlassungsdauer für sich betrachtet primärrechtskonform ist.

795 EuGH 10.2.2011 – C-307/09 bis C-309/09, NZA 2011, 283; vgl. zu Art. 60 Abs. 1 EWG-Vertrag EuGH 17.12.1981 – C-279/80, NJW 1982, 1203.

796 *Franzen*, RdA 2015, 141, 150; so schon für die isolierte Betrachtung der Höchstüberlassungsdauer *Happ/van der Most*, BB 2015, 565, 567.

797 Sog. „agency situation", Calliess/Ruffert/*Kingreen*, EUV/AEUV, Art. 51 GRC Rn. 8; „Mitgliedstaaten" iSd. unionsrechtlichen Terminologie bezeichnet alle Organe, Einrichtungen und sonstigen Stellen sowie privatrechtliche Einrichtungen, die von den Mitgliedstaaten beherrscht werden, *Jarass*, GRC, Art. 51 Rn. 16 mwN.

AEUV aufgeführten Handlungsformen[798] – also auch Richtlinien. Der EuGH interpretiert Durchführung von Unionsrecht iSd. Norm weit und fordert lediglich „das Vorliegen eines Zusammenhangs zwischen einem Unionsrechtsakt und der fraglichen nationalen Maßnahme [...], der darüber hinausgeht, dass die fraglichen Sachbereiche benachbart sind oder der eine von ihnen mittelbare Auswirkungen auf den anderen haben kann".[799]

b. Verbot aus RL 2008/104/EG?

Grundlegende Bedeutung kommt dann der Frage zu, ob sich der Leiharbeitsrichtlinie ein Verbot der dauerhaften Überlassung entnehmen lässt: Stellt die Einführung einer Höchstüberlassungsdauer die mitgliedstaatliche Ausgestaltung dieses Verbots dar, liegt der Zusammenhang iSv. Art. 51 Abs. 1 Satz 1 GRC vor. Ergibt sich hingegen kein Verbot der dauerhaften Arbeitnehmerüberlassung aus der Richtlinie, ist die Einführung der Höchstüberlassungsdauer eine übererfüllende Richtlinienumsetzung.[800]

aa) Verbot aus RL 2008/104/EG?

Ein Verbot erscheint angesichts Art. 1 Abs. 1 RL 2008/104/EG, der nur die vorübergehende Arbeitnehmerüberlassung ausdrücklich regelt, zumindest fraglich. Deutsche Instanzgerichte[801] und Teile der Literatur[802] kommen allerdings zu dem Ergebnis, die Richtlinie verbiete eine dauerhafte Arbeitnehmerüberlassung. Diesen Standpunkt nahm – so das BAG[803] – auch der deutsche Gesetzgeber ein,

---

798 Calliess/Ruffert/*Kingreen*, EUV/AEUV, Art. 51 GRC Rn. 8; *Jarass*, GRC, Art. 51 Rn. 16.

799 EuGH 10.7.2014 – C-198/13, NZA 2014, 1325, Rn. 34 mwN aus der Rechtsprechung des EuGH vor Inkrafttreten der GRC.

800 *Hamann*, NZA 2015, 904, 905; *Hamann/Klengel*, EuZA 2017, 194, 198.

801 LAG Hessen 21.5.2013 – 4 TaBV 298/12, ZTR 2013, 679; LAG Rheinland-Pfalz 1.8.2013 – 11 Sa 112/13, juris; LAG Berlin-Brandenburg 19.12.2012 – 4 TaBV 1163/12, juris; LAG Niedersachsen 19.9.2012 – 17 TaBV 124/11, juris; LAG Berlin-Brandenburg Teilurt. v. 9.1.2013 – 15 Sa 1635/12, juris; LAG Baden-Württemberg 22.11.2012 – 11 Sa 84/12, juris.

802 *Geis*, Die Auswirkungen der Reform des AÜG im Jahr 2011 auf die konzerninterne Arbeitnehmerüberlassung, S. 186 ff.; *Sansone*, Gleichstellung, S. 460 ff.; *Boemke/Sachadae*, EuZA 2015, 313; *Düwell*, ZESAR 2011, 449, 450; *Ulber*, AuR 2010, 10, 11; aA *Thüsing*, NZA 2014, 10, 12; *Thüsing/Stiebert*, DB 2012, 632, 633 f.; *Boemke*, RIW 2009, 177, 179.

803 BAG 10.7.2013 – 7 ABR 91/11, BAGE 145, 355, Rn. 36, wobei ausdrücklich offen gelassen wird, ob der Richtlinie tatsächlich ein Verbot zu entnehmen ist.

der in den Gesetzesmaterialien eine Eins-zu-eins-Umsetzung von Unionsrecht angestrebt hat.[804]

Die Gegenansicht, die nicht von einem Verbot ausgeht, sieht in Art. 1 Abs. 1 RL 2008/104/EG lediglich eine Festsetzung des Anwendungsbereichs der Richtlinie.[805] Eine dauerhafte Überlassung sei nicht erfasst, sodass der Gesetzgeber nicht durch die Richtlinie in seiner Regelungskompetenz eingeschränkt werde.[806] Erwägungsgrund 18 der Richtlinie zeige zudem, dass Verbote kritisch gesehen werden – der Richtlinie ein stillschweigendes Verbot zu entnehmen, stehe hierzu in einem Spannungsverhältnis.[807] Zudem würden die beiden Ziele der Richtlinie durch zwei Instrumente realisiert, die eine zeitliche Einschränkung als Fremdkörper erscheinen lassen: Der sozialen Absicherung der Leiharbeitnehmer soll durch Art. 5 Abs. 1 RL 2008/104/EG und den Grundsatz der Gleichbehandlung Rechnung getragen werden, während das Flexibilisierungsbedürfnis durch die grundsätzliche Zulassung der Leiharbeit beachtet wird.[808]

Auch unterfalle die dauerhafte Überlassung nicht im gleichen Umfang dem Schutzgedanken der Leiharbeitsrichtlinie: Die Flexibilität, die den Arbeitnehmern bei häufigen Wechseln des Entleihers abverlangt wird, werde bei dauerhafter Überlassung nicht gefordert – der Arbeitnehmer sei daher partiell sogar besser gestellt.[809]

bb) Streitentscheid

Auf den ersten Blick scheint die dauerhafte Überlassung tatsächlich weniger problembehaftet, führt doch das dauerhafte Auseinanderfallen von Arbeit- und Weisungsgeber für sich genommen zu keinem erhöhten Schutzbedürfnis. Es muss jedoch beachtet werden, dass mit längerer Einsatzdauer auch das Interesse des Leiharbeitnehmers steigt, mit der Stammbelegschaft auch arbeitsvertraglich

---

804 BT-Drs. 17/4804 S. 8; der EuGH ging in einem auf diese Frage abzielenden Vorabentscheidungsverfahren nicht auf die Problematik ein, EuGH 17.3.2015 – C-533/13, NZA 2015, 423.

805 EnzEuR/*Forst*, § 16 Rn. 59; *Düwell*, ZESAR 2011, 449, *Hamann*, EuZA 2009, 287, 311; *Schüren/Wank*, RdA 2011, 1, 10, *Thüsing/Stiebert*, DB 2012, 632; *Boemke*, ZAAR Schriftenreihe Bd. 41, S. 99, 107.

806 *Boemke*, RIW 2009, 177, 179; *Giesen*, FA 2012, 66; *Steinmeyer*, DB 2013, 2740, 2741.

807 *Thüsing/Stiebert*, DB 2012, 632, 633.

808 So *Geis*, Die Auswirkungen der Reform des AÜG im Jahr 2011 auf die konzerninterne Arbeitnehmerüberlassung, S. 186, der im Ergebnis jedoch von einem Verbot der nicht nur vorübergehenden Arbeitnehmerüberlassung ausgeht.

809 *Thüsing/Stiebert*, DB 2012, 632, 633.

gleichgestellt zu werden.[810] Zudem unterstellt die Richtlinie nicht allein aufgrund des häufigen Wechsels des Weisungsgebers ein besonderes Schutzbedürfnis, sondern nimmt auch arbeitsmarktpolitische Erwägungen in den Blick: Wie sich aus Erwägungsgrund 8 der Richtlinie ergibt, soll einer „Segmentierung des Arbeitsmarktes"[811] entgegengewirkt werden. Eine dauerhafte Überlassung von Leiharbeitnehmern führt zu genau einer solchen Segmentierung des Arbeitsmarktes in Kern- (bzw. Stamm-) und Randbelegschaften. Dieses Ziel lässt sich auch an Art. 6 RL 2008/104/EG erkennen, der eine Verpflichtung vorsieht, Leiharbeitnehmer über offene Stellen im entleihenden Unternehmen zu unterrichten, „damit sie die gleichen Chancen auf einen unbefristeten Arbeitsplatz haben wie die übrigen Arbeitnehmer dieses Unternehmens". Wäre die dauerhafte Arbeitnehmerüberlassung bedingungslos erlaubt bzw. eine Regelung in das Ermessen der Mitgliedstaaten gestellt, bestünde keinerlei Anreiz Leiharbeitnehmer in die Stammarbeitnehmerschaft zu überführen – Art. 6 RL 2008/104/EG wäre eine bloße Leerformel.[812]

Der Leiharbeitnehmer steht auch in Fragen der Beständigkeit seiner Arbeitsbedingungen weniger günstig dar und verdient Schutz. Durch das Instrument der Arbeitnehmerüberlassung entgeht der Entleiher den kündigungsrechtlichen Schranken – eine bestimmte Frist, die vor Beendigung des Einsatzes zu wahren ist, besteht schließlich nicht. In gewissem Umfang lässt sich hierdurch das unternehmerische Risiko minimieren. Freilich unterliegt der Verleiher als Vertragsarbeitgeber weiterhin dem Kündigungsrecht – Auswirkungen auf das Bestandsschutzinteresse des Arbeitnehmers hat dieser Umstand mithin nicht unmittelbar. Dennoch wird der Leiharbeitnehmer in Nichteinsatzzeiten in aller Regel im Hinblick auf die Vergütung deutlich schlechter stehen. Eben diese Unwägbarkeit führt dazu, dass auch eine dauerhafte Überlassung prekäre Elemente aufweist und vom Schutzzweck der Richtlinie erfasst sein muss.

---

810 *Geis*, Die Auswirkungen der Reform des AÜG im Jahr 2011 auf die konzerninterne Arbeitnehmerüberlassung, S. 190, Fn. 102.

811 Ausführlich zu diesem Phänomen *Deinert*, RdA 2014, 65–77; dass die direkte Beschäftigung das gegenüber der Leiharbeit vorzugswürdige Beschäftigungsverhältnis darstellt, wird an Art. 6 RL 2008/104/EG deutlich, der den Zugang zum entleihenden Unternehmen verbessern soll, so auch Schlussantrag *Szpunar* 20.11.2014 – C-533/13, NZA 2015, 423, Rn. 111, 120; aA *Rieble/Vielmeier*, EuzA 2011, 474, 484.

812 *Sansone*, Gleichstellung, S. 462; *Geis*, Die Auswirkungen der Reform des AÜG im Jahr 2011 auf die konzerninterne Arbeitnehmerüberlassung, S. 191; aA *Boemke*, ZAAR Schriftenreihe Bd. 41, S. 99, 107 f. unter Hinweis auf die Lage im Teilzeit- und Befristungsrecht.

Maßgeblich für ein aus der Richtlinie folgendes Verbot sprechen zudem die Festlegungen der Art. 1 Abs. 1, Art. 3 Abs. 1 b) – e) RL 2008/104/EG. Prägend für diese Bestimmungen ist, dass stets eine zeitliche Begrenzung angeführt wird, woraus sich der Schluss ziehen lässt, dass nur die vorübergehende Arbeitnehmerüberlassung zulässig sein soll.[813]

Auch unter systematischen Gesichtspunkten ist von einem Verbot auszugehen: Ein Dauerverleih und aufeinander folgende Überlassungen, die in Art. 5 Abs. 5 RL 2008/104/EG als Umgehungsinstrument untersagt werden, sind in ihrer tatsächlichen Erscheinung nicht wesentlich unähnlich.[814] Beide Phänomene als unterschiedlich legitim anzusehen verbietet sich. Zudem wären, nähme man die dauerhafte Arbeitnehmerüberlassung vom Anwendungsbereich der Richtlinie aus, die Schutzmechanismen der Richtlinie nicht anwendbar – es käme zur einem „Unterbietungswettbewerb".[815] Die Richtlinie sieht damit ein Verbot der nicht nur vorübergehenden Arbeitnehmerüberlassung vor. Die Höchstüberlassungsdauer ist damit die Konkretisierung des Merkmals „vorübergehend", sodass der für die Anwendbarkeit der GRC erforderliche Zusammenhang besteht.

c. Rechtfertigung der Beschränkung, Art. 52 Abs. 1 GRC

Eine Rechtfertigung dieser Einschränkung der unternehmerischen Freiheit könnte sich aus Art. 52 Abs. 1 GRC ergeben. Hiernach sind Einschränkungen zulässig, sofern eine gesetzliche Grundlage besteht, die Wahrung des Wesensgehalts des Rechts sichergestellt ist, ein legitimes Ziel verfolgt wird und die Regelung verhältnismäßig ist.[816] Eine gesetzliche Grundlage besteht mit § 1 Abs. 1b.

813 *Sansone*, Gleichstellung, S. 461; *Blanke*, Umsetzung der RL Leiharbeit, S. 116; *Trümner/Fischer*, PersR 2013, 193, 195; *Düwell*, ZESAR 2011, 449–455; *Hamann*, EuZA 2009, 287, 310; *Ulber*, AuR 2010, 10, 11; *Kiss/Banko*, EuZA 2010, 208, 214; von dieser These geht auch der EuGH 13.9.2007 – C-458/05, juris, Rn. 35 aus, ohne dies näher auszuführen; ebenso Schlussantrag *Szpunar* 20.11.2014 – C-533/13, NZA 2015, 423, Rn. 112, 120.

814 *Geis*, Die Auswirkungen der Reform des AÜG im Jahr 2011 auf die konzerninterne Arbeitnehmerüberlassung, S. 191, 194; *Klueß*, AuR 2014, 321, 322; *Hamann*, jurisPR-ArbR, 40/2012 Anm. 1; *Seiwerth*, Noerr Academy 2011, 261, 263 f.; *Düwell*, ZESAR 2011, 449, 454 ff.; *Schüren/Wank*, RdA 2011, 1, 3; *Düwell/Dahl*, DB 2010, 1759, 1761; *Ulber*, AuR 2010, 412, 413; *Hamann*, EuZA 2009, 287, 310 ff.; aA *Boemke*, ZAAR Schriftenreihe Bd. 41, S. 99, 108 f.; *Lembke*, BB 2012, 2497, 2501.

815 *Rieble/Vielmeier*, EuZA 2011, 474, 487.

816 *Jarass*, GRC, Art. 52 Rn. 19.

Als legitimes Ziel kommt in Betracht, den vorübergehenden Charakter der Arbeitnehmerüberlassung gesetzlich zu betonen.

Das BAG machte 2013 Ausführungen zur Verhältnismäßigkeit und zu der Wahrung des Wesensgehalts. Nach Ansicht des BAG steht Art. 16 GRC dem nationalrechtlichen Verbot der nicht nur vorübergehenden Arbeitnehmerüberlassung grundsätzlich nicht entgegen, da dieser „geringfügige Eingriff iSv. Art. 52 Abs. 1 Sätze 1 und 2 GRC den wesentlichen Gehalt der unternehmerischen Freiheit"[817] nicht berühre. Zudem diene „das Verbot dem durch Art. 31 Abs. 1 GRC geschützten Recht der Arbeitnehmerinnen und Arbeitnehmer auf gesunde, sichere und würdige Arbeitsbedingungen und damit dem Schutz der Rechte Anderer. Hiernach ist der deutsche Gesetzgeber befugt, die mehr als vorübergehende Arbeitnehmerüberlassung zu verbieten."[818] Versteht man schon die Bezeichnung „vorübergehend" in § 1 Abs. 1 Satz 1 aF als Verbot der nicht nur vorübergehenden Überlassung, so muss das auch für die Einführung der Höchstüberlassungsdauer gelten, die nach gesetzgeberischer Intention[819] der Konkretisierung des Merkmals „vorübergehend" dient. Die zur Rechtfertigung anzustellende Verhältnismäßigkeitsprüfung[820] fällt dann zunächst zugunsten der Zulässigkeit aus.[821]

aa) Verhältnismäßigkeit – Schutz der Leiharbeitnehmer

An dieser Beurteilung lässt sich für die aktuelle Fassung zweifeln. Zwar ist festzustellen, dass – aufgrund der lediglich dreimonatigen Wartefrist sowie der idR ohnehin kürzeren Einsatzdauer[822] – die Höchstüberlassungsdauer lediglich

817 BAG 10.7.2013 - 7 ABR 91/11, BAGE 145, 355, Rn. 47.

818 BAG 10.7.2013 - 7 ABR 91/11, BAGE 145, 355, Rn. 47.

819 Vgl. dazu BT-Drs. 18/9232, S. 20.

820 EuGH 22.1.2013 - C-283/11, GRUR Int 2013, 288, Rn. 47; EuGH 17.10.2013 - C-101/12, Rn. 47; EuGH 16.2.2012 - C-360/10, EuZW 2012, 261, Rn. 44; *Jarass*, GRC, Art. 16 Rn. 21 ff.; Calliess/Ruffert/*Ruffert*, EUV/AEUV, Art. 16 GRC Rn. 5.

821 In diese Richtung auch das BAG zur Frage, ob § 1 Abs. 1 Satz. 1 aF ein Verbot der dauerhaften Arbeitnehmerüberlassung enthält: BAG 30.9.2014 - 1 ABR 79/12, NZA 2015, 240, Rn. 29; BAG 10.7.2013 - 7 ABR 91/11, BAGE 145, 355, Rn. 47; krit. zum Schutzgedanken bei einer Verbindung von Höchstüberlassungsdauer und Gleichbehandlung nach neun Monaten *Franzen*, RdA 2015, 141, 150; im Ergebnis die Zulässigkeit ebenfalls bejahend und eine unangemessene Einschränkung der unternehmerischen Freiheit verneinend *Hamann/Klengel*, EuZA 2017, 194, 203; *Hamann*, AuR 2016, 136, 137 f.

822 Aus diesem und anderen Umständen sei die Höchstüberlassungsdauer ohnehin „arbeitsmarktpolitisch wertlos", *Happ/van der Most*, BB 2015, 565, 566; ähnlich *Melot de Beauregard*, DB 2015, 2881.

eine geringfügige Beschränkung darstellt und der Wesensgehalt der unternehmerischen Freiheit der Verleiher nicht angetastet wird, da weiterhin erhebliche Einsatzbereiche für die Arbeitnehmerüberlassung verbleiben. Allerdings wirkt sich die Kombination auf die iRd. Art. 52 GRC anzustellende Verhältnismäßigkeitsprüfung aus: Durch die Kombination mit der zeitlichen Grenze für die Abweichung von der Gleichbehandlung verliert der Arbeitnehmer den durch eine entsprechend lange Einsatzdauer erarbeiteten Gleichbehandlungsanspruch wieder. Inwiefern der Leiharbeitnehmer durch den regelmäßigen Wechsel des Arbeitsplatzes geschützt wird, lässt sich nicht erkennen. Die Aussage des Gesetzgebers, Leiharbeitnehmer würden „geschützt, weil sie nur für einen klar begrenzten Zeitraum eingesetzt werden können“,[823] bringt kein Licht ins Dunkel.

Franzen bringt in diesem Zusammenhang den „Klebeeffekt“ an, dem die Einschätzung zugrunde liegt, dass durch zeitlich eng begrenzte Überlassungen der Leiharbeitnehmer sich „eher Hoffnungen machen kann, eine feste Anstellung im Einsatzbetrieb zu erhalten“.[824] Vergegenwärtigt man sich die Ergebnisse verschiedener Studien[825] zu diesem Thema, ist der Klebeeffekt lediglich ein Wunschtraum: Er spielt allein im Bereich qualifizierter Tätigkeiten – die ohnehin den Ausnahmefall der Arbeitnehmerüberlassung darstellen[826] – eine Rolle. Insgesamt konnte ein Klebeeffekt in lediglich sieben Prozent der Leiharbeitsverhältnisse festgestellt werden.[827] Dass sich durch die Novelle hieran etwas ändern wird, erscheint zweifelhaft, da kostengünstige Karussellkonstruktionen weiterhin möglich sind und keine Anreize für den Entleiher zur Übernahme bestehen.

Die vom BAG genannten Schutzgesichtspunkte der würdigen Arbeitsbedingungen für Leiharbeitnehmer iSv. Art. 31 GRC sprechen unter diesen Umständen nicht mehr für die Verhältnismäßigkeit der Regelung.[828] Der Höchstüberlassungsdauer bedarf es in diesem Zusammenhang nicht mehr.[829] Sie ist überflüssig und

---

823 BT-Drs. 18/9232, S. 20.

824 aA *Franzen,* ZfA 2016, 25, 35.

825 Vgl. *Sell,* Ausschussdrs. 18(11)761, S. 75 mwN.

826 Arbeitsmarktberichterstattung der BA (Januar 2017): Blickpunkte Arbeitsmarkt – Aktuelle Entwicklungen der Zeitarbeit, S. 11.

827 Vgl. *Sell,* Ausschussdrs. 18(11)761, S. 75 mwN; *Stang/Ulber,* NZA 2015, 910, 912 mwN.

828 *Franzen,* RdA 2015, 141, 150; so auch allg. ohne Bezug zur GRC *Thüsing,* DB 2016, 2663, 2666; *Thüsing,* NZA 2014, 10, 11.

829 *Franzen,* RdA 2015, 141, 150; *Thüsing,* NZA 2014, 10, 11; *Lembke,* BB 2014, 1333, 1338; aA *Krause,* ZfA 2014, 349, 371, der Unterschiede im Bestandsschutz anführt, ohne dieser Argumentation weiter nachzugehen.

damit nicht „geeignet" iSd. Verhältnismäßigkeit[830] und damit zunächst nicht unionsrechtskonform.

bb) Verhältnismäßigkeit – Schutz der Stammarbeitnehmer vor Substitution

Diese Einschätzung ändert sich aber, wenn man auch die Arbeitsbedingungen der Stammarbeitnehmer in die Verhältnismäßigkeitsprüfung einfließen lässt: Legt man zugrunde, dass die dauerhafte Arbeitnehmerüberlassung den sozialpolitisch unerwünschten Effekt der Substituierung von Stammarbeitsplätzen hat,[831] wirkt die Höchstüberlassungsdauer als Konkretisierung des Merkmals „vorübergehend" allein zum Schutz der Stammarbeitnehmer.[832] Der Gesetzgeber bekennt sich zum Stammarbeitnehmer als „Normalfall" und sichert diesen durch das arbeitsmarktpolitische Instrument der Höchstüberlassungsdauer ab. Hiermit wird gesetzlich ein legitimes Ziel iSv. Art. 52 Abs. 1 GRC verfolgt. Auch bleibt es bei der vorab[833] dargestellten Geringfügigkeit des Eingriffs.

Im Unterschied zur oben dargestellten Situation der Leiharbeitnehmer, wird die gesetzgeberische Intention des Stammarbeitnehmerschutzes nicht durch die zeitliche Begrenzung des Gleichbehandlungsgrundsatzes konterkariert. Vielmehr ist die Höchstüberlassungsdauer in diesem Zusammenhang eine arbeitsmarktpolitische Maßnahme, bei der ein weiter Gestaltungsspielraum des Gesetzgebers[834] allgemein anerkannt ist. Die Höchstüberlassungsdauer ist damit trotz der Kombination mit der zeitlich begrenzten Abweichungsmöglichkeit vom Gleichbehandlungsgrundsatz unionsrechtskonform.

3. Abweichung durch Tarifverträge der Einsatzbranche

Weiter stellt sich die Frage, ob die vom Gesetzgeber in § 1 Abs. 1b Sätze 3–6 vorgesehene Möglichkeit auf Bedenken stößt, durch Kollektivvereinbarungen der Einsatzbranche die Höchstüberlassungsdauer zu verlängern. Nach § 1 Abs. 1b Satz 3 darf lediglich „in einem Tarifvertrag der Tarifvertragsparteien der Einsatzbranche […] eine abweichende Überlassungshöchstdauer festgelegt werden",

---

830 *Franzen*, RdA 2015, 141, 150; *Happ/van der Most*, BB 2015, 565, 568 f.

831 BT-Drs. 18/9232, S. 15, 20; *Sansone*, Gleichstellung, S. 112, 458 ff.; *Greiner*, NZA 2013, 697, 701 f.; *Preis*, NZA 2010, Heft 5 Editorial.

832 Ausf. zu dieser Folge der Weiterentwicklung der Arbeitnehmerüberlassung *Greiner*, NZA 2013, 697, 702 mwN; in diese Richtung auch schon *Hamann*, RdA 2011, 321, 326; so für Höchstüberlassungsdauern in den Tarifverträgen der Entleiher *Ulber*, ZAAR Schriftenreihe Bd. 42, S. 87, 104.

833 C. II. 2. c.

834 Vgl. ErfK/*Schmidt*, Einl. Rn. 4.

während § 1 Abs. 1b Satz 5 eine Regelung in Betriebs- oder Dienstvereinbarungen erlaubt, sofern ein Tarifvertrag diese Regelungen vorsieht. Die Abweichungsmöglichkeit wird durch § 1 Abs. 1b Sätze 4, 6 auch nicht tarifgebundenen Entleihern eröffnet.

Damit weicht § 1 Abs. 1b vom ersten Referentenentwurf ab, in dem die Abweichungsmöglichkeit nur für tarifgebundene Arbeitgeber eröffnet war.[835] Diese Ausformung hätte ein Novum im deutschen tarifdispositiven Gesetzesrecht dargestellt.[836] Im Gesetzgebungsverfahren wurden die Sätze 4 und 6 eingefügt und so den Bedenken im Hinblick auf die negative Koalitionsfreiheit der Verleiher[837] sowie die positive Koalitionsfreiheit der Leiharbeitnehmer[838] Rechnung getragen. Die kritischen Stimmen sind durch diese Anpassung jedoch nicht verstummt. Die Beschränkung auf Tarifverträge der Einsatzbranche – also solche Tarifverträge, die der Entleiher abgeschlossen hat – steht im Fokus: Die Regelung sei ein Systembruch und damit ein massiver Eingriff in die Tarifautonomie der Leiharbeitsgewerkschaften[839] und wird als eine „Tarifentmündigung der Zeitarbeitsbranche“[840] angesehen.[841] Ein Argument, das angesichts des Umstands, dass keine reine Leiharbeitnehmergewerkschaft existiert – und wohl auch auf absehbare Zeit nicht existieren wird[842] – und die Tarif*autonomie* in der Arbeitnehmerüberlassung mangels Organisationswilligkeit der Arbeitnehmer[843] ohnehin zweifelhaft ist, nicht recht zu überzeugen vermag.

a. Systembruch durch Bezug auf Sozialpartner der Entleihbranche

Zudem sehen Kritiker in der Regelung des § 1 Abs. 1b Sätze 4–6 in zweifacher Hinsicht einen Systembruch: Zum einen, weil Arbeitsbedingungen nicht in einem einschlägigen (leiharbeits-)branchenspezifischen Tarifvertrag vorgegeben

835 Ausf. Kritik *Franzen*, ZfA 2016, 25, 39 ff.

836 Zum Grundmuster der Tarifdispositivität sowie der Besonderheiten im Arbeitszeit und Betriebsverfassungsrecht *Franzen*, ZfA 2016, 25 ff.

837 Dazu *Zimmermann*, BB 2016, 53, 54; *Seel*, öAT 2016, 27, 29.

838 Dazu *Franzen*, ZfA 2016, 25, 36, 39.

839 *Zimmermann*, BB 2016, 53, 54; *Seel*, öAT 2016, 27, 29; *Henssler*, Ausschussdrs. 18(11)761, S. 40, 46.

840 *Henssler*, RdA 2017, 83, 97; *Henssler*, Ausschussdrs. 18(11)761, S. 40, 46.

841 Dazu auch *Henssler/Höpfner*, AÜG-Höchstüberlassungsdauer, Rechtsgutachten 2016.

842 Ausf. dazu C. I. 5. c.

843 Ausf. zu den Grundlagen des Autonomiebegriffs s. B. II.

werden.[844] Zum anderen, da die Überlassungsdauer leiharbeitnehmerbezogen ausgestaltet ist,[845] während die Abweichung an den Entleiher und den in seinem Betrieb bestehenden Betriebsrat geknüpft ist.[846]

aa) Tariflandschaft für die Arbeitnehmerüberlassung in der Einsatzbranche

Exemplarisch werden nun die Arbeitgeberverbände der Metallindustrie in den Blick genommen, da in dieser Branche mit 285.000 eingesetzten Leiharbeitnehmern beinahe 30% der Leiharbeit insgesamt geleistet wird[847] und auf Arbeitnehmerseite mit der IG Metall die größte DGB-Gewerkschaft[848] tarifpolitisch aktiv ist. Hervorzuheben ist zunächst, dass die Sozialpartner der Metallindustrie sich bereits 2012 der Arbeitnehmerüberlassung angenommen haben, indem sie den „Tarifvertrag Leih-/Zeitarbeit (TV LeiZ)" abschlossen. Inhaltlich stärkt der Tarifvertrag der Metallindustrie die Rechte des Betriebsrats und sieht ein Übernahmeangebot an Leiharbeitnehmer nach entsprechender Einsatzdauer vor.[849]

bb) Tarifzuständigkeit

Im Kern geht es um die Frage, ob die Tarifzuständigkeit vorliegt: Sinn und Zweck der Tarifzuständigkeit ist es, sicherzustellen, dass – zumindest im Ansatz – nur solche Verbände Tarifverträge nutzen, die in einem bestimmten Zuständigkeitsbereich besonders kompetent sind.[850] Die Regelungsbefugnis der Tarifvertragsparteien wird auf diese Weise (satzungsautonom) begrenzt.[851] Die Tarifzuständigkeit der Gewerkschaften in der Arbeitnehmerüberlassung ist nach

---

844 *Schüren/Fasholz*, NZA 2015, 1473, 1474; *Ulber*, Rechtsgutachten zum 1. Referentenentwurf, S. 11; *Krause*, AuR 2012, 55.

845 Dazu C. II. 1. a.

846 *Ulber*, Rechtsgutachten zum 1. Referentenentwurf, S. 11.

847 Arbeitsmarktberichterstattung der BA (Januar 2017): Blickpunkte Arbeitsmarkt – Aktuelle Entwicklungen der Zeitarbeit, S. 10, Abb. 5.

848 Im Jahr 2016 hatte die IG Metall 2.274.033 Mitglieder, was einen Anteil von 37,6% aller DGB-Gewerkschaften entspricht. Statistik abrufbar unter: http://www.dgb.de/uber-uns/dgb-heute/mitgliederzahlen/2010 (zul. abgerufen am 27.8.2017).

849 Ausführliche Darstellung der Inhalte bei *Krause*, NZA 2012, 830 ff.; nach 18 Monaten entsteht ein Anspruch des Leiharbeitnehmers auf Prüfung, ob eine Übernahme möglich ist, während nach 24 Monaten ein Übernahmeangebot verpflichtend ist. Ausnahmen sind bei Sachgründen zulässig.

850 HMB/*Sittard*, Teil 2 Rn. 206.

851 HMB/*Sittard*, Teil 2 Rn. 205.

den oben erarbeiteten Ergebnissen[852] wegen evidenter Untauglichkeit und fehlender mitgliedschaftlicher Rückbindung abzulehnen.

Anders als noch hinsichtlich der tarifvertraglichen Abweichung vom Gleichbehandlungsgebot, steht iRv. § 1 Abs. 1b Sätze 4–6 auch die Tarifzuständigkeit der Arbeitgeberseite in Zweifel: Die Betreiber der Entleihbetriebe werden in aller Regel keine Personaldienstleister sein, die im iGZ oder BAP organisiert sind, sondern den Arbeitgeberverbänden der Entleihbranche angehören. *Gussen* möchte den Tarifverträgen daher die Wirksamkeit versagen: Auf Seiten der Metallarbeitgeber fehle es an der Tarifzuständigkeit für die Arbeitnehmerüberlassung.[853] Während die IG Metall ihre satzungsmäßige Zuständigkeit auch auf die Arbeitnehmerüberlassung erweitert habe, sei dieser Schritt auf Arbeitgeberseite nicht gegangen worden. Die Arbeitgeber der Entleihbranche seien daher nicht tarifzuständig.

Diese Einschätzung trägt aber dem besonderen Charakter der Arbeitnehmerüberlassung als Dreiecksverhältnis[854] nicht hinreichend Rechnung: Vertragsarbeitgeber – also Träger der Rechte und Pflichten aus dem Schuldverhältnis[855] – bleibt der Verleiher. Zuzustimmen ist *Gussen* allein hinsichtlich solcher Tarifverträge, die inhaltliche Regelungen über die Arbeitsverhältnisse der Leiharbeitnehmer zu ihren Verleihern betreffen – für diese Materie muss sich auch die Arbeitgeberseite satzungsmäßig zuständig erklärt haben. Bei den in Rede stehenden Tarifverträgen geht es aber gerade nicht um solche Regelungen: Der Tarifvertrag regelt lediglich die Rahmenbedingungen[856] zum Einsatz von Leiharbeit in Betrieben der Metall- und Elektroindustrie,[857] während die materiellen Regelungen über den Inhalt der Arbeitsverhältnisse in den (Branchenzuschlags-)Tarifverträgen von iGZ und BAP mit der DGB-Tarifgemeinschaft

852 Dazu B. III. 2. c. bb).

853 *Gussen*, FA 2014, 363, 364 f.; aA unter einer weiten, branchenbezogenen Interpretation der Satzungsbestimmungen *Krause*, Tarifverträge zur Begrenzung der Leiharbeit, S. 88.

854 Vgl. ErfK/*Wank*, AÜG, § 1 Rn. 8; daher die Bezeichnung des Entleihers als nichtvertraglicher bzw. faktischer Arbeitgeber, vgl. EuGH 21.10.2010 – C-242/09, NZA 2010, 1225, Rn. 20; BAG 18.1.1989 – 7 ABR 21/88, BAGE 61, 7.

855 Dazu *Reinsch*, Rechtverhältnis, passim; BeckOK ArbR/*Kock*, AÜG, § 1 Rn. 42; ErfK/*Wank*, AÜG, Einl. Rn. 23 f.

856 *Bayreuther*, BB 2014, 1973.

857 Dabei handelt es sich um Betriebsnormen iSd. § 3 Abs. 2 TVG, dazu C. II. 3. b.

getroffen werden – diese Kompetenzaufteilung wird auch von den Sozialpartnern der Entleihbranche ausdrücklich anerkannt und respektiert.[858]

Aufgrund dieser unterschiedlichen Regelungsthematik fehlt es den Arbeitgeberverbänden gerade nicht an der Tarifzuständigkeit. Sie usurpieren keine Regelungen, die sich außerhalb ihrer Zuständigkeit befinden, sondern ordnen das Arbeitsleben in den Betrieben ihrer Mitglieder, indem sie eine Regelung darüber treffen, unter welchen Umständen und in welchem Umfang der Arbeitgeber auf Leiharbeit zurückgreifen kann. Diese Regelungsmaterie den Arbeitgebern der Einsatzbranche und ihren Verbänden zu versagen, wäre verfehlt.

Für dieses Ergebnis spricht auch, dass die Tarifzuständigkeit keine legislative Festsetzung erfahren hat, sondern vom Gesetzgeber nur als Reaktion auf den grundsätzlichen Konsens in Literatur und Rechtsprechung (insbesondere in § 97 ArbGG) anerkannt wurde.[859] Wenn das Merkmal der Tarifzuständigkeit aber keinerlei Grundlage im Gesetz findet, so muss es dem Gesetzgeber zustehen, bestimmte Regelungsinhalte für bestimmte Akteure freizugeben – genau eine solche Zuweisung bestimmter Regelungsmaterien lässt sich in § 1 Abs. 1b Sätze 4–6 erkennen.

Dafür spricht auch das Ziel der AÜG-Novelle, die Substitution von Stammarbeitnehmern zu unterbinden: Würde man die Verlängerung der Höchstüberlassungsdauer alleine der Arbeitnehmerüberlassungsbranche und den dortigen Tarifakteuren überantworten, träte letztlich eine Situation ein, wie sie für den Gleichbehandlungsgrundsatz bereits bekannt ist: Die Tarifverträge würden eine – nahezu[860] – unbegrenzte Abweichung zulassen. Wenn eine derart weitreichende Abweichung möglich ist, verwischt das die Grenze zur dauerhaften Arbeitnehmerüberlassung, die durch die Höchstüberlassungsdauer gerade vermieden[861] werden soll. Dadurch dass die Abweichung von der Höchstüberlassungsdauer den Sozialpartnern der Einsatzbranche überantwortet ist, wird die Gemengelage der Arbeitnehmerüberlassung systemkonform um eine vierte Schutzgruppe bereichert: Die Stammarbeitnehmer. Eine zeitliche Begrenzung

---

858 Leitfaden zur Zeitarbeit in der Metall- und Elektro-Industrie, S. 5, abrufbar unter: https://www.gesamtmetall.de/sites/default/files/downloads/handlungsleitfaden-zeitarbeit.pdf (zul. abgerufen am 27.8.2017); vgl. auch https://www.gesamtmetall.de/tarifpolitik/tarifvertraege/zeitarbeit (zul. abgerufen am 27.8.2017).

859 S. dazu *Kutscher*, Tarifzuständigkeit, S. 4 f.; *Stoppelmann*, Tariffähigkeit und Tarifzuständigkeit, S. 130.

860 Schließlich müssen die Tarifverträge iSv. § 1 Abs. 1b eine konkrete Dauer benennen, vgl. BT-Drs. 18/9232, S. 20; *Seiwerth*, NZA 2017, 479, 480.

861 BT-Drs. 18/9232, S. 20.

der Höchstdauer dient dazu, eine Substitution zu verhindern und ist daher – wie der Tarifvertrag betont[862] – im Interesse der Stammarbeitnehmer und ihres Betriebsrates. An der Tarifzuständigkeit der Sozialpartner bestehen somit keinerlei Zweifel.

cc) Tarifverträge der Einsatzbranche – systemkonformer Anknüpfungspunkt

Zwar scheint es auf den ersten Blick nicht stimmig, eine Aufweichung der gesetzlichen Höchstüberlassungsdauer dem Zugriff der Sozialpartner der Arbeitnehmerüberlassung zu entziehen, um diese der Einsatzbranche zu überantworten.[863] *Ulber* sieht in dieser Gestaltung einen Widerspruch, da die Höchstüberlassungsdauer selbst (leih-)arbeitnehmerbezogen ausgestaltet ist. Die Überlassungsdauer könne als arbeitsvertragliche Beziehung daher nur von den Sozialpartnern der Verleihbranche gestaltet werden. Die Anknüpfung der Tarifdispositivität an die Entleihbranche stelle eine Überschreitung der Normsetzungsbefugnis für Tarifaußenseiter dar und schaffe eine Verpflichtung zulasten Dritter.[864]

Diese Argumentation verkennt, dass die Überlassungsdauer letztlich keine Regelung ist, die unmittelbaren Bezug zum Individualarbeitsverhältnis des Leiharbeitnehmers hat. Wie lange der Verleiher einen bestimmten Arbeitnehmer überlässt, hängt schließlich nicht vom Willen des Leiharbeitnehmers und dessen Vertragsarbeitgebers ab, sondern vom Bedarf des Entleihers. Damit spricht schon die Funktion der Arbeitnehmerüberlassung als flexibles Personalinstrument dafür, auf die Einsatzbranche abzustellen – die Tarifparteien der Einsatzbranche können aufgrund ihrer Sachnähe besser beurteilen, wie viel Flexibilität angemessen ist.[865]

Schüren und *Fasholz* kritisieren, dass die Abweichungsmöglichkeit in „die Hände von Akteuren, die zur Vertretung ganz anderer Interessen legitimiert sind", gegeben werde.[866] Auch diese Argumentation begegnet Bedenken. Vielmehr lässt die Schutzintention der Höchstüberlassungsdauer gar kein anderes Ergebnis zu. Die Höchstüberlassungsdauer kann im Lichte des zwingenden Equal-pay-Grundsatzes nach neun Monaten – entgegen der begründungslosen

---

862 Vgl. Nr. 2 TV Leih-/Zeitarbeit Baden Württemberg, Stand: 2012; *Brors*, AuR 2014, 258, 260.

863 So *Zimmermann*, BB 2016, 53, 54; *Schüren/Fasholz*, NZA 2015, 1473, 1474; *Ulber*, Rechtsgutachten zum 1. Referentenentwurf, S. 11.

864 *Ulber*, Rechtsgutachten zum 1. Referentenentwurf, S. 11.

865 *Hamann*, NZA 2015, 904, 907; näher zum Element der Sachnähe unter C. I. 4. d. bb) (b) (2).

866 *Schüren/Fasholz*, NZA 2015, 1473, 1474.

Aussage des Gesetzgebers[867] – nicht dem Schutz der Leiharbeitnehmer dienen, sondern allein dem Schutz der Stammarbeitnehmer vor einer Substitution ihrer Arbeitsplätze.[868] Dann ist es aber zwingend, die Tarifverträge der Stammarbeitnehmer zur Abweichung heranzuziehen: Allein die Gewerkschaften der Einsatzbranche haben ein Interesse daran, die Einsatzdauer der Arbeitnehmerüberlassung zu begrenzen.[869] Das tritt nicht zuletzt auch in Art. 2 RL 2008/104/EG zutage, nach dem das Ziel der Richtlinie – der Schutz der Leiharbeitnehmer – erreicht werden soll, „indem die Einhaltung des Grundsatzes von Leiharbeitnehmern [...] gesichert wird" – von der zeitlichen Begrenzung des Einsatzes ist hingegen nicht die Rede.

Eine über 18 Monate hinausgehende Überlassungsdauer wird von den Gewerkschaften nur zugelassen, wenn es im Interesse der Stammbelegschaft ist. Diese Abwägung in die Branche derjenigen zu überantworten, die von der tarifdispositiven Regelung geschützt werden sollen, ist gerade die Daseinsberechtigung tarifdispositiven Rechts:[870] Der staatliche Gesetzgeber respektiert die Tarifautonomie, indem er anerkennt, dass die von der Regelung betroffenen Sozialpartner in der Lage sind, tarifvertraglich eine dem Gesetz gleichwertige, ausgewogene und sachgerechte Regelung zu erzielen.[871] Grundgedanke ist auch hier die Richtigkeitsgewähr der Tarifverträge, die ihrerseits wieder eine Anerkennung der eigenverantwortlichen, selbständigen und souveränen Interessenwahrnehmung darstellt.[872] Darüber hinaus spricht für die Indienstnahme der Entleihbranche, dass aufgrund der „weniger fragilen Funktionsbedingungen für die Tarifautonomie eine verbesserte Legitimationsgrundlage"[873] besteht.

Die Anknüpfung an Tarifverträge der Entleihbranche ist damit als Beteiligung der Betroffenen nicht nur kein Systembruch, sondern vielmehr einziger systemkonformer Anknüpfungspunkt.

---

867 BT-Drs. 18/9232, S. 20.

868 *Greiner*, RdA 2017, 153; näher dazu C. II. 2. c.

869 Das erkennen auch *Zimmermann*, BB 2016, 53, 54; *Schüren/Fasholz*, NZA 2015, 1473, 1474, die allerdings gegen die Anknüpfung an Tarifverträge der Einsatzbranche argumentieren; in diese Richtung auch *Giesen*, ZRP 2016, 130, 131.

870 Näher dazu B. IV.

871 Wiedemann/*Wiedemann*, TVG, Einl. Rn. 380; Thüsing/Braun/*Thüsing*, Tarifrecht, 1. Kap. Rn. 56 f.

872 Ausf. dazu C. I. 4. d. bb) (b) (2); Wiedemann/*Wiedemann*, TVG, Einl. Rn. 380; Thüsing/Braun/*Thüsing*, Tarifrecht, 1. Kap. Rn. 56 f.

873 *Ulber*, ZAAR Schriftenreihe Bd. 42, S. 87, 112.

b. Rechtliche Qualifizierung der Abweichungsklausel

Teils wird den Tarifverträgen der Einsatzbranche die Fähigkeit abgesprochen, eine Abweichung von der Höchstüberlassungsdauer überhaupt zu regeln. *Henssler* und *Höpfner* vertreten den Standpunkt, es handele sich bei der Abweichungsklausel nicht um eine Betriebsnorm iSv. § 3 Abs. 2 TVG, sodass eine tarifliche Abweichung scheitern müsse.[874] *Bissels* und *Falter* fassen diese Argumentation so zusammen, dass die Tarifvertragsparteien die Regelung treffen könnten, gesetzlich aber nicht dürfen, während die Tarifvertragsparteien der Einsatzbranche dürfen aber nicht können.[875]

Eine Betriebsnorm iSd. § 3 Abs. 2 TVG führt dazu, dass die Rechtsnormwirkung des Tarifvertrags auch ohne mitgliedschaftliche Bindung des Arbeitnehmers besteht, sodass auch Außenseiter von der Normwirkung erfasst sind.[876] Hierzu ist es aber nach ständiger Rechtsprechung[877] erforderlich, dass eine Regelung für den einzelnen Beschäftigten unmöglich ist. Unmöglichkeit bedeutet, dass eine individualvertragliche Lösung „wegen evident sachlogischer Unzweckmäßigkeit ausscheidet",[878] da eine betriebseinheitliche Regelung erforderlich ist.[879] Eben dieses Erfordernis wird vonseiten der Literatur in Abrede gestellt.[880]

---

874 *Henssler/Höpfner*, AÜG-Höchstüberlassungsdauer, S. 30 ff., 34; *Rieble*, ZAAR Schriftenreihe Bd. 15, S. 65, 78; aA *Lembke*, NZA 2017, 1, 5; *Ulber*, ZAAR Schriftenreihe Bd. 42, S. 87, 104.

875 *Bissels/Falter*, ArbRAktuell 2017, 4, 7.

876 BAG 21.1.1987 – 4 AZR 486/86, DB 1987, 492, Rn. 20; Däubler/*Lorenz*, TVG, § 3 Rn. 60 „generelle Allgemeinverbindlicherklärung".

877 BAG 1.8.2001 – 4 AZR 388/99, BAGE 98, 303, Rn. 33; BAG 17.6.1997 – 1 ABR 3/97, BAGE 86, 126, Rn. 19; BAG 26.4.1990 – 1 ABR 84/87, BAGE 64, 368, Rn. 63; Däubler/*Lorenz*, TVG, § 3 Rn. 61; strenger BeckOK ArbR/*Giesen*, TVG, § 3 Rn. 14, der nur solche Regelungen als betriebliche Normen ansieht, die den erzwingbaren Mitbestimmungsrechten des BetrVG zuzuordnen sind; krit. *Löwisch/Rieble*, TVG, § 3 Rn. 222.

878 BAG 26.4.1990 – 1 ABR 84/87, BAGE 64, 368, Rn. 63.

879 BAG 1.8.2001 – 4 AZR 388/99, BAGE 98, 303, Rn. 33; BAG 17.6.1997 – 1 ABR 3/97, BAGE 86, 126, Rn. 19; BAG 26.4.1990 – 1 ABR 84/87, BAGE 64, 368, Rn. 63; Däubler/*Lorenz*, TVG, § 3 Rn. 61; strenger BeckOK ArbR/*Giesen*, TVG, § 3 Rn. 14, der nur solche Regelungen als betriebliche Normen ansieht, die den erzwingbaren Mitbestimmungsrechten des BetrVG zuzuordnen sind; krit. *Löwisch/Rieble*, TVG, § 3 Rn. 222.

880 *Henssler/Höpfner*, AÜG-Höchstüberlassungsdauer, S. 30 ff., 34; *Bissels/Falter*, ArbRAktuell 2017, 4, 7.

Diese Situation liegt bei der Abweichungsregelung aber gerade vor: Wie oben gezeigt[881] geht es bei der Abweichung gerade nicht darum, eine Arbeitsbedingung des einzelnen Leiharbeitnehmers zu regeln, sondern um die Festlegung, in welchem zeitlichen Rahmen es dem Arbeitgeber erlaubt sein soll, jenseits der gesetzlichen Norm auf Arbeitnehmerüberlassung zurückzugreifen. Eine solche Regelung dient dem Interesse der Stammbelegschaft als betrieblichem Kollektiv und kann nicht im Wege einer individualvertraglichen Vereinbarung mit dem (Leih-)Arbeitnehmer getroffen werden.

c. *Abweichung durch Betriebs-/Dienstvereinbarung*

In § 1 Abs. 1b Satz 4 ermöglicht der Gesetzgeber es nicht-tarifgebundenen Entleihern, in einer Betriebs- oder Dienstvereinbarung von der Höchstüberlassungsdauer abzuweichen, indem die abweichenden Regelungen des Tarifvertrags – inhaltsgleich[882] – übernommen werden. Diese Möglichkeit wird in § 1 Abs. 1b Satz 6 erweitert, indem der nicht-tarifgebundene Entleiher von der Öffnungsklausel eines Tarifvertrags für die Dauer von 24 Monaten Gebrauch machen kann – sofern der Tarifvertrag nicht selbst eine zeitliche Grenze vorgibt.

Rechtliche Bedenken gegen diese Regelungssystematik bestehen nicht: Nicht-tarifgebundenen Arbeitgebern die Abweichungsmöglichkeit zu eröffnen, dient dem Schutz der von Art. 9 Abs. 3 GG erfassten negativen Koalitionsfreiheit.[883] Die Form der (Sub-)Delegation an die Betriebspartner, die in ähnlicher Form in § 7 ArbZG zur Anwendung kommt,[884] ist insbesondere mit Blick auf den Gleichheitssatz rechtlich unbedenklich – „Keinen Betriebsrat zu haben kann eben Vor- und Nachteil sein".[885]

Nach § 1 Abs. 1b Satz 7 muss der nicht-tarifgebundene Entleiher bei Abschluss einer Betriebs- oder Dienstvereinbarung iSd. Sätze 4 und 6 „auf den für die Branche des Entleihers repräsentativsten Tarifvertrag" abstellen. Um diese Repräsentativität zu ermitteln, ist auf die Zahl der tarifgebundenen Unternehmen und Arbeitnehmer abzustellen.[886] Diese Regelung erscheint in Ermangelung

881 Dazu C. II. 3. a. cc).
882 *Lembke*, NZA 2017, 1, 5.
883 Ausf. *Hamann*, NZA 2015, 904, 907 f.
884 Vgl. dazu ErfK/*Wank*, ArbZG, § 7 Rn. 3 ff.; BeckOK ArbR/*Kock*, ArbZG, § 7 Rn. 1 ff.
885 *Hamann*, NZA 2015, 904, 907.
886 BT-Drs. 18/9232, S. 21.

der Erkenntnismöglichkeiten des Entleihers hinsichtlich des Verbreitungsgrades des Tarifvertrags wenig sinnvoll.[887]

d. Ergebnis

Die Regelung des § 1 Abs. 1b Sätze 4–6, die den Sozialpartnern der Entleihbranche die Abweichungsmöglichkeit von der Höchstüberlassungsdauer überträgt, begegnet keinen rechtlichen Bedenken. Nur die Tarifparteien dieser Branche können das von der Höchstüberlassungsdauer verfolgte Ziel, die Substitution von Stammarbeitnehmern zu vermeiden, in systemkonformer Weise erreichen.

4. Alternativer Lösungsansatz: Sachgrundbindung

Es lässt sich festhalten, dass die Höchstüberlassungsdauer an sich weder unionsrechtlich bedenklich ist, noch dass es durch die Überantwortung der Tarifdispositivität an die Entleihbranche zu einem Systembruch kommt. Angesichts der einfachen Umgehungsmöglichkeit aufgrund des Arbeitnehmerbezugs iVm. der lediglich dreimonatigen Anrechenbarkeit von Vorbeschäftigungszeiten lohnt es sich zu erwägen, ob es nicht weniger missbrauchsanfällige Gestaltungsmöglichkeiten[888] gibt, die den vorübergehenden Charakter der Arbeitnehmerüberlassung absichern. Dies gilt insbesondere vor dem Hintergrund, dass Art. 5 Abs. 5 RL 2008/104/EG den Mitgliedstaaten auferlegt, Missbrauchsmöglichkeiten durch aufeinanderfolgende Überlassungen zu verhindern.[889] Ein Lösungsweg, der in der Literatur Beachtung gefunden hat und von zahlreichen anderen europäischen Rechtsordnungen beschritten wird, ist die Bindung der Arbeitnehmerüberlassung an Sachgründe.[890]

a. Vergleichsbetrachtung: Andere europäische Rechtsordnungen

Zahlreiche europäische Länder haben die Zulässigkeit der Arbeitnehmerüberlassung davon abhängig gemacht, dass eine bestimmte Situation vorliegt, in der

---

887 UBGH/*Bissels*, § 1 Rn. 256 f.; *Lembke*, NZA 2017, 1, 5 („Wie der Entleiher diese Zahlen herausfinden soll, ist allerdings schleierhaft"); allg. zur Problematik *Greiner*, Rechtsfragen, S. 481 ff.; zur Parallelproblematik bei § 77 Abs. 3 BetrVG: *Richardi*, BetrVG, § 77 Rn. 259 f. mwN.

888 Eine strengere Handhabung des Gleichbehandlungsgrundsatzes nach niederländischem bzw. französischem Vorbild zur Diskussion stellend *Happ/van der Most*, BB 2015, 565, 571.

889 *Hamann*, NZA 2015, 904, 907.

890 Dazu C. II. 4. a.

ein vorübergehender Bedarf besteht (zB Vertretungskonstellationen) oder knüpfen unterschiedliche Höchstüberlassungsdauern an verschiedene Sachgründe:[891] Finnische Tarifverträge sehen nicht selten vor, dass der Einsatz von Leiharbeitnehmern nur zulässig ist, sofern bestimmte Sachgründe vorliegen.[892] In Luxemburg besteht eine absolute Höchstüberlassungsdauer, wobei Verlängerungen in bestimmten Fällen möglich sind.[893] Nach polnischem Recht darf eine Arbeitnehmerüberlassung zwölf Monate innerhalb eines Zeitraums von 36 aufeinanderfolgenden Monaten nicht überschreiten, es sei denn die Überlassung erfolgt zur Vertretung Abwesender.[894] Das spanische Recht erlaubt Arbeitnehmerüberlassung zum Ersatz abwesender Angestellter, bei zeitlich begrenztem, außergewöhnlichem Mehrbedarf an Mitarbeitern und für spezielle Arbeiten oder Dienstleistungen.[895] In der Tschechischen Republik besteht eine zwölfmonatige Höchstüberlassungsdauer, die jedoch auf Gesuch des Leiharbeitnehmers oder bei Überlassung zwecks Ersatz eines Mitarbeiters, der wegen Mutterschafts-, Elternzeit oder Ableistung von Zivildienst ausfällt, verlängert werden kann. In Portugal besteht eine Staffelung nach Sachgründen für die Höchstüberlassungsdauer: Bei Ersatz eines abwesenden Mitarbeiters für die gesamte Dauer der Abwesenheit, sechs Monate als Ersatz eines ausgeschiedenen Mitarbeiters oder bei saisonalem Mehrbedarf sowie bei Projekten, die besonders qualifizierte Mitarbeiter erfordern, und zwölf Monate bei zeitlich begrenzter Mehrarbeit.[896] Das norwegische Recht erlaubt Arbeitnehmerüberlassung nur in den Fällen, in denen auch befristete Arbeitsverhältnisse zulässig sind.[897]

---

891 Ausf. Darstellung der rechtlichen Rahmenbedingungen in den unterschiedlichen Mitgliedstaaten *BAP*, Zeitarbeit in Europa, 2014.

892 Vgl. dazu EuGH 17.3.2015 – C-533/13, NZA 2015, 423.

893 ZB als Ersatz für einen zeitweise abwesenden oder suspendierten Arbeitnehmer, als saisonale Arbeitskraft und für bestimmte Beschäftigungen, für die kein permanenter Bedarf besteht.

894 Dann ist eine Überlassung bis zu 36 Monate möglich. Der überlassene Arbeitnehmer ist danach für drei Jahre von der Überlassung an diesen Entleiher ausgeschlossen; vgl. Gesetz über die Beschäftigung von Leiharbeitnehmern, Juli 2003; Gesetz über Arbeitsförderung und Institutionen des Arbeitsmarktes, April 2004; Polnisches Arbeitsgesetzbuch.

895 Gesetz 14/1994, 43/2006, 32/2006, 30/2007.

896 Teilweise sind diese Zeiträume mit Einverständnis der Arbeitsinspektion „*Inspecção Geral Trabalho*" verlängerbar; Gesetz Nr.: 358/89, Gesetz Nr.: 146/99, Gesetz Nr.: 19/07 (Art. 2).

897 Dazu zählen insbesondere Arbeiten, die idR nicht im Unternehmen anfallen; zB Einsatz als Ersatz für eine zeitlich befristete Abwesenheit eines Stammarbeitnehmers

Eine sehr ausdifferenzierte Lösung sieht das belgische Recht vor:[898] Der Arbeitsvertrag darf nur befristet geschlossen werden und bedarf eines Sachgrundes. Die Höchstüberlassungsdauer variiert je nachdem, ob die Überlassung zur Verrichtung einer außergewöhnlichen Arbeit erfolgt (je nach Tätigkeit drei, ausnahmsweise sechs Monate) oder bestimmte Vertretungsfälle vorliegen.[899] Bei vorübergehend erhöhtem Bedarf kann die Höchstüberlassungsdauer zwischen sechs und 12 Monaten frei vereinbart werden, wobei mit Zustimmung der Gewerkschaftsvertretung im Unternehmen („*délégation syndicale*") eine darüber hinausgehende Höchstüberlassungsdauer zulässig ist.[900]

b. Vorschläge in der Literatur

Die Sachgrundbindung ist Grundlage einiger prominenter Vorschläge vonseiten der Literatur:[901] *Ulber* und *Stang* schlagen einen Weg vor, der dem norwegischen Recht ähnlich ist und die Funktionskongruenz betont:[902] Eine Überlassung soll nur zulässig sein, wenn ein Sachgrund iSv. § 14 Abs. 1 Satz 2 Nr. 1 oder 3 TzBfG vorliegt. Diese Regelung soll um eine zwölfmonatige Höchstüberlassungsdauer ergänzt werden, die in begründeten Ausnahmefällen auf bis zu 24 Monate verlängert werden könne.

Hamann möchte eine unwiderlegliche Vermutung schaffen, dass ein Einsatz von bis zu 18 Monaten stets vorübergehend und damit zulässig ist. Für darüber hinausgehende Überlassungen bedürfe es demgegenüber eines rechtfertigenden Grundes, den *Hamann* nach dem Vorbild des § 14 Abs. 1 TzBfG ausgestalten möchte.[903]

---

und bei Urlaub bzw. Weiterbildung; vgl. Gesetz der Arbeitsbedingungen, Arbeitsmarktgesetz.

898 Ausf. *Bleck*, RdA 2015, 416, 421.

899 Je nach außergewöhnlicher Tätigkeit drei bis sechs Monate, Art. 13 iVm. Art. 6 § 2 CCT n°108; sechs bis 12 Monate bei Aufhebungsvertrag, Kündigung oder Tod des Arbeitnehmers, Art. 7 ff. CCT n°108.

900 Art. 10 CCT n°108.

901 *Brors/Schüren*, Gutachten für MAIS NRW, S. 8 f.; *Happ/van der Most*, BB 2015, 565, 570; *Hamann*, NZA 2015, 904, 906; *Düwell*, ZESAR 2011, 449, 454; *Hamann*, NZA 2011, 70; *Lembke*, NZA 2017, 1, 3.

902 *Stang/Ulber*, NZA 2015, 910, 912; *Ulber/Stang*, AuR 2015, 250.

903 *Hamann*, NZA 2015, 904, 906; aA noch *Hamann*, RdA 2011, 321, 326 („Ein ‚vorübergehender' Einsatz kann des Weiteren nicht von einem sachlichen Grund, wie ihn § 14 Abs. 1 TzBfG für die Befristung von Arbeitsverhältnissen verlangt, abhängig gemacht werden").

Brors und *Schüren* knüpfen in ihrem für das Ministerium für Arbeit, Integration und Soziales NRW ausgearbeiteten Entwurf statt an die Dauer der individuellen Überlassung an den Bedarf des Entleihers an.[904] Dabei wird ausdrücklich auf § 14 Abs. 1 Satz 2 Nr. 1 TzBfG Bezug genommen. Neben Großprojekten, Auftragsspitzen und Vertretungsfällen soll ein vorübergehender Bedarf auch vorliegen, wenn der Entleiher einen Dauerarbeitsplatz kurzfristig nicht mit einem geeigneten Kandidaten besetzen kann.[905] Diese Regelung flankieren *Brors* und *Schüren* mit einer (widerleglichen) Vermutung, nach der bei einer sechsmonatigen Überlassung eines oder mehrerer rotierender Leiharbeitnehmer vermutet wird, dass eine nicht vorübergehende Überlassung vorliegt.[906]

c. *Tauglichkeit der Sachgrundbindung*

Die Regelungstechnik der Sachgrundbindung findet bereits im Rahmen des Teilzeit- und Befristungsrechts – und damit bei einem anderen „prekären"[907] Arbeitsverhältnis – Berücksichtigung: Dort sind in § 14 Abs. 1 Satz 2 TzBfG sachliche Gründe genannt, nach denen eine Befristung des Arbeitsverhältnisses gerechtfertigt ist, ohne dass eine strenge kalendarische Grenze besteht, die § 14 Abs. 2 TzBfG für sachgrundlose Befristungen vorsieht.

Unter systematischen Gesichtspunkten ergibt ein paralleler Aufbau von TzBfG und AÜG Sinn: Beide Instrumente sollen vorübergehenden Arbeitskräftebedarf decken und erfüllen damit eine „vergleichbare personalwirtschaftliche Funktion"[908] und stellen „funktionsgleiche Alternativen"[909] dar. Die Funktionskongruenz klingt auch auf unionsrechtlicher Ebene an: Sowohl der Leiharbeits- als auch die Befristungsrichtlinie liegt der Flexicurity-Grundsatz als tragendes Element zugrunde.[910] Auch die Gesetzesbegründung geht in diese Richtung, wenn es heißt, dass die Tarif- bzw. Betriebspartner „die Verlängerung zulässiger

---

904 *Brors/Schüren*, Gutachten für MAIS NRW, S. 8 f.

905 Vor allem die letzte Variante, die freilich eher bei hochqualifizierten Positionen einschlägig wäre, bietet eine erhebliche Chance für den „Klebeeffekt"; dazu allg. C. II. 2. c. aa).

906 *Brors/Schüren*, Gutachten für MAIS NRW, S. 9.

907 *Hamann/Klengel*, EuZA 2017, 194, 206.

908 *Lembke*, NZA 2017, 1, 3.

909 *Schüren/Wank*, RdA 2011, 1, 8 („funktionale Identität"; „funktionsgleiche Alternative").

910 *Happ/van der Most*, BB 2015, 565, 570.

Einsatzzeiten näher ausgestalten [können], indem sie beispielsweise nach bestimmten Einsatzzwecken und -gebieten differenzieren".[911]

Zuzugestehen ist, dass durch das alleinige Abstellen auf Sachgründe die Tarif- bzw. Sozialpartner weitestgehend außen vor gelassen werden. Die Regelung weist allerdings zugleich einen größeren Wirkbereich auf, da für jeden Einsatz eine sachlich begründete „einsatzspezifische" Überlassungsdauer gegeben ist, die unabhängig von der Tarifbindung oder dem Bestehen eines Betriebsrats ist. Eine Beschränkung der Tarifautonomie erscheint vor diesem Hintergrund abwegig: Tarifvertragliche Regelungen können an die Sachgründe anknüpfen und diese – den finnischen Tarifverträgen vergleichbar – näher definieren. Eine grundsätzliche Pflicht, gesetzliche Regelungen tarifdispositiv auszugestalten, besteht ohnehin nicht.[912]

Ausschlaggebender Vorteil der Sachgrundbindung ist, dass sie eine fundamentale Konfliktsituation sachgerecht auflöst: Im Gegensatz zur Höchstüberlassungsdauer des § 1 Abs. 1b ist die Sachgrundbindung nicht arbeitnehmerbezogen, sondern arbeitsplatzbezogen und macht den vorübergehenden Charakter am Bedarf des Entleihers fest. Durch diese Orientierung lässt sich dem Missbrauch der Arbeitnehmerüberlassung durch ein Leiharbeitskarussell besser begegnen. Allein das Abstellen auf den Bedarf beim Entleiher ergibt unter Berücksichtigung des Schutzziels der zeitlichen Begrenzung Sinn: Eine (leih-)arbeitnehmerbezogene Sichtweise bewirkt nur einen schwachen Schutz der Stammarbeitsplätze, deren Substituierung durch den vorübergehenden Charakter verhindert werden soll.[913]

III. Ergebnis

Während die zeitlich begrenzte Abweichungsmöglichkeit vom Gleichbehandlungsgrundsatz zunächst keinen Bedenken begegnet, erscheint die unbeschränkt gewährte Tarifdispositivität iVm. voraussetzungsloser Bezugnahmemöglichkeit angesichts geringer Organisationsgrade dysfunktional. Ohne eine Einbindung der Betroffenen kann von Tarif*autonomie* nicht die Rede sein. Die (Entgelt-)Tarifverträge der Leiharbeitnehmer sind Fremdbestimmung ohne mitgliedschaftliche oder demokratische Legitimation.

Demgegenüber begegnet die Zuweisung an die Tarifpartner des Einsatzbetriebs keinen Bedenken. Sie ist die einzige systemkonforme Möglichkeit, die

911 BT-Drs. 18/9232, S. 21; vgl. auch *Bissels/Falter*, ArbRAktuell 2017, 4, 7.

912 Dazu B. IV. 2.

913 Zu diesem Schutzzweck C. II. 2. c. bb), II. 3. a.

Sozialpartner einzubinden. Ein Abstellen auf die Tarifpartner der Arbeitnehmerüberlassung verbietet sich angesichts des Schutzziels der Regelung.

Eine Neuausrichtung des Rechts der Arbeitnehmerüberlassung ist damit bei der Abweichung vom Gleichbehandlungsgrundsatz anzusiedeln – nicht hingegen bei der Überlassungsdauer. Eine Möglichkeit, um die Flexibilität der Arbeitnehmerüberlassung zu erhalten, den Tarifvertragsparteien bei der (Entgelt-) Flexibilisierung ein Mitspracherecht zu gewähren und zugleich den Gesamtschutz der Leiharbeitnehmer zu wahren, ist es, ein Zulassungsverfahren zu etablieren, das der Allgemeinverbindlicherklärung ähnlich ausgestaltet ist.

D. Umfassende Tarifdispositivität im öffentlichen Dienst? § 4 TVöD als Arbeitnehmerüberlassung

Nicht nur im Bereich der Privaten kann es zu Fremdpersonaleinsatz kommen, sondern auch – wie § 4 TVöD[914] verdeutlicht – im öffentlichen Dienst. Drittbezogene Personaleinsätze finden sich sowohl unmittelbar im öffentlichen Dienst, als auch bei der Ausführung öffentlicher Aufgaben durch Unternehmen, die lediglich von der öffentlichen Hand gegründet oder kontrolliert sind.[915]

Die Tarifverträge des öffentlichen Dienstes erweitern das Direktionsrecht des öffentlichen Arbeitgebers dahingehend, dass die Arbeitsbedingungen flexibel angepasst werden, ohne dass der Bestand des Arbeitsverhältnisses davon berührt würde.[916] Es kommt zu einer Dreieckskonstellation, bei der die Weisungsrechte in fachlicher Hinsicht nicht vom Vertragsarbeitgeber ausgeübt werden. Ob und inwiefern sich diese Gestaltungsformen an den Regelungen des AÜG messen lassen müssen, war in Rechtsprechung und Literatur umstritten. Der Bundesrat hat dieses Problem gesehen und im Jahre 2013 die Bundesregierung (zunächst vergeblich) dazu aufgefordert, diese Frage zu überprüfen und gegebenenfalls zu regeln.[917] Kern der Kritik waren die sachlich ungerechtfertigten fiskalischen und bürokratischen Mehrbelastungen, die mit der Anwendbarkeit des AÜG einhergehen. Diese Kritik griff der Gesetzgeber mit der Novelle 2017 auf, indem er in § 1 Abs. 3 Nr. 2b, 2c eine Bereichsausnahme für Tarifverträge des öffentlichen Dienstes vorsah. Es stellt sich die Frage, inwiefern es dieser Bereichsausnahme überhaupt bedarf und ob sie mit den unionsrechtlichen Vorgaben übereinstimmt.

---

914 Weitere mögliche Überlassungstatbestände iSd. AÜG finden sich zB in § 4 TV-L, § 13 TV-UmBw. Der weitere Gang der Untersuchung bezieht sich zwecks Übersichtlichkeit ausschließlich auf § 4 TVöD.

915 *Augustin*, ZTR 2014, 319.

916 *Gerdom*, öAT 2011, 150; von „Binnenflexibilität" sprechen in diesem Zusammenhang *Preis/Greiner*, ZTR 2006, 290.

917 BR-Drs. 745/13.

I. Entwicklung der Rechtslage

Grund für die Unklarheit ist, dass die Überlassung seit der Novelle im Jahr 2011 nicht mehr gewerbsmäßig erfolgen muss, sondern „im Rahmen der wirtschaftlichen Tätigkeit" (so schon § 1 Abs. 1 Satz 1 aF). Vormals lag eine erlaubnispflichtige Überlassung nach dem AÜG vor, wenn die Überlassung im gewerberechtlichen Sinne[918] gewerbsmäßig erfolgte. Gewerbsmäßig bedeutet jede nicht nur gelegentliche, sondern auf eine gewisse Dauer angelegte und auf Erzielung wirtschaftlicher Vorteile ausgerichtete selbständige Tätigkeit, wobei als ausschlaggebendes Kriterium die Gewinnerzielungsabsicht heranzuziehen ist.[919] Eine solche Gewinnerzielungsabsicht fehlte regelmäßig, wenn Beamte oder Arbeitnehmer des öffentlichen Dienstes bei anderen juristischen Personen des öffentlichen oder privaten Rechts eingesetzt wurden.[920] Das BAG lehnte aufgrund dieser fehlenden Gewinnerzielungsabsicht eine Anwendbarkeit des AÜG letztlich ab, obwohl es sich bei der Personalgestellung um eine Personalüberlassung iSd. AÜG handele.[921]

Die Neuformulierung, nach der es auf die Überlassung im Rahmen einer wirtschaftlichen Tätigkeit ankommt, führte zu einer bewussten Erweiterung des Anwendungsbereichs des AÜG, mit der insbesondere auf konzerninterne Verleihunternehmen reagiert werden sollte.[922] Der Gewinnerzielungsabsicht ist seither keinerlei Bedeutung mehr beizumessen. Darüber hinaus erfasst der Anwendungsbereich der Richtlinie (Art. 1 Abs. 2 RL 2008/104/EG) ausdrücklich auch öffentliche Unternehmen – eine Herausnahme öffentlicher Arbeitgeber oder der sozialpolitischen Arbeitnehmerüberlassung ist seither nicht unproblematisch[923] und bedarf eines erheblichen Begründungsaufwandes. In diesem Konfliktbereich stehen sich zwei instanzgerichtliche Entscheidungen gegenüber, von denen eine die tarifliche Personalgestellung nach § 4 Abs. 3 TVöD dem

---

918 BAG 2.6.2010 – 7 AZR 946/08, NZA 2011, 351, Rn. 27 f.; *Boemke/Lembke*, AÜG, § 1 Rn. 46.

919 BeckOK GewO/*Pielow*, § 1 Rn. 142 ff.; Landmann/Rohmer/*Kahl*, GewO, § 1 Rn. 3; MüKo HGB/*Schmidt*, § 1 Rn. 23; Tettinger/Wank/Ennuschat/*Ennuschat*, GewO, § 1 Rn. 7 ff.; BT-Drs. VI/2303, S. 10.

920 *Löwisch/Domisch*, BB 2012, 1408.

921 BAG 24.5.2012 – 6 AZR 648/10, ZTR 2012, 515, Rn. 21; die Frage offenlassend BVerwG 22.9.2015 – 5 P 12/14, NZA-RR 2016, 106, Rn. 37.

922 Vgl. BT-Drs. 17/4804, S. 8; *Ulber*, AÜG, § 1 Rn. 43 ff.; *Huke/Neufeld/Luickhardt*, BB 2012, 961, 965.

923 Zu öffentlichen Arbeitgebern *Brand*, ZTR 2013, 59, 60; *Augustin*, ZTR 2014, 319, 320; *Bauschke*, öAT 2014, 181, 182; zur sozialpolitischen Arbeitnehmerüberlassung *Rieble/Vielmeier*, EuZA, 2011, 474, 478 ff.

Anwendungsbereich des AÜG – ohne dies näher zu begründen – unterstellt, die andere hingegen sowohl eine unmittelbare, als auch eine entsprechende Anwendbarkeit ablehnt.[924] Zu dieser Rechtsunsicherheit trugen das Bundesministerium des Innern in einem Rundschreiben und das Bundesministerium für Arbeit und Soziales in ihrer Geschäftsanweisung vor Schaffung von § 1 Abs. 3 Nr. 2b bei, indem sie ohne Begründung angaben, eine Personalgestellung unterfalle dem Anwendungsbereich des AÜG.[925]

II. Gestaltungsformen

Um den Einsatz von Beschäftigten flexibel zu gestalten, bietet § 4 TVöD verschiedene Möglichkeiten. Zu beachten ist hierbei, dass § 4 TVöD auf „Beschäftigte" abstellt. Dieser Begriff wird verwendet, um die vormals verwendeten Bezeichnungen der „Angestellten" und „Arbeitnehmer" durch eine einheitliche Bezeichnung zu ersetzen.[926] Als „Beschäftigte" kommen nur jene Personen in Betracht, die aufgrund eines privatrechtlichen Vertrags tätig werden. § 4 TVöD kann aufgrund dieses Umstands nicht herangezogen werden, um den drittbezogenen Einsatz von Beamten zu ermöglichen, da diese in einem öffentlich-rechtlichen Sonderverhältnis tätig werden.[927] Die Flexibilisierung des Einsatzes von Beamten kann sich daher nicht nach dem TVöD richten. Es finden sich im einschlägigen Beamtenrecht allerdings Regelungen, die vergleichbare Konstruktionen zum Inhalt haben.[928]

Die in § 4 Abs. 1 TVöD geregelte Abordnung liegt vor, wenn Beschäftigte zur vorübergehenden Beschäftigung bei einer anderen Dienststelle oder einem anderen Betrieb desselben oder eines anderen Arbeitgebers unter Fortsetzung des bestehenden Arbeitsverhältnisses zugewiesen werden. Die Abordnung erfolgt nicht zwingend zu einem anderen Arbeitgeber. Das Weisungsrecht verbleibt unter Umständen beim Vertragsarbeitgeber, sodass es in diesen Fällen am Auseinanderfallen von Weisungsgeber und Vertragsarbeitgeber fehlt, das

924 Bejahend LAG Baden-Württemberg 17.4.2013 – 4 TaBV 7/12, ZTR 2013, 618, Rn. 109; verneinend OVG NRW 19.9.2014 – 20 A 281/13. PVB, ZTR 2015, 107, Rn. 59.

925 Vgl. Rundschreiben v. 21.12.2011 – D 5 – 220 110/7, v. 10.10.2013 – D 5-31001/4#3; GA AÜG, Stand: Januar 2016, § 1, 1.1.5 Abs. 14, S. 13.

926 BeckOK TVöD/*Stier*, § 1 Rn. 3; zur Historie der Unterscheidung bis hin zur Aufgabe *Hromadka*, RdA 2015, 65 ff.

927 *Heup*, Fremdpersonal im öD, S. 85 ff.; BeckOK TVöD/*Stier*, § 1 Rn. 4.

928 Abordnung zB §§ 27 BBG, 24 LBG NW; Art. 47 BayBG; Versetzung zB §§ 28 Abs. 1 BBG, 15 Abs. 1 BeamtStG, 25 LBG NRW, 24 Abs. 1 LBG BW; Zuweisung zB §§ 27 BBG, 24 LBG NW; Art. 47 BayBG; Personalgestellung zB § 123a Abs. 2 BRRG.

die Arbeitnehmerüberlassung kennzeichnet.[929] Eine Anwendbarkeit des AÜG scheidet allein in diesen Fällen von vornherein aus.

Die Versetzung, die ebenfalls in § 4 Abs. 1 TVöD geregelt ist, grenzt sich hiervon dadurch ab, dass sie auf Dauer erfolgt.[930] Der Einsatz erfolgt jedoch in einer anderen Dienststelle desselben Arbeitgebers,[931] sodass bei der Versetzung die erforderliche Dreieckskonstellation nicht vorliegt. Eine Anwendbarkeit des AÜG kommt nie in Betracht.[932]

Eine Zuweisung iSv. § 4 Abs. 2 TVöD liegt vor, wenn ein Beschäftigter vorübergehend im dienstlichen, betrieblichen oder öffentlichen Interesse bei einem Dritten eine gleich vergütete Tätigkeit erbringt, ohne dass der Allgemeine Teil des TVöD zur Anwendung kommt. Als maßgebliches Gesetz kommt das AÜG grundsätzlich in Betracht.

Die in § 4 Abs. 3 TVöD geregelte Personalgestellung ist dadurch gekennzeichnet, dass die Aufgaben, die den Beschäftigten obliegen, zu einem Dritten verlagert werden und der Arbeitgeber verlangt, dass die geschuldete Arbeitsleistung dem Dritten zu erbringen ist. Nicht selten geht diese Aufgabenübertragung mit einem Betriebsübergang (§ 613a BGB) einher,[933] wenn Arbeitnehmer dem Übergang ihres Arbeitsverhältnisses auf den Erwerber gem. § 613a Abs. 6 BGB widersprechen. Die Aufgabenübertragung kann einen Wegfall der Beschäftigungsmöglichkeit und einen betriebsbedingten Kündigungsgrund iSv. § 1 Abs. 2, 3 KSchG darstellen. Insbesondere in dem Fall, dass der Arbeitnehmer vom Sonderkündigungsschutz erfasst ist, kommt der Personalgestellung Bedeutung zu: Die Erweiterung des Direktionsrechts durch § 4 Abs. 3 TVöD ermöglicht die Flexibilisierung des Arbeitseinsatzes. Parallel zur Lage bei Konzernunternehmen könnte durch diesen Umstand eine Aufweichung des Unternehmensbezugs der Weiterbeschäftigungsmöglichkeit in Betracht kommen.[934] Im konkreten Fall des Sonderkündigungsschutzes kommt die Personalgestellung als Erfüllung desselben in Betracht.[935] Personalgestellungen werden daher

929 So auch *Gaenslen*, öAT 2015, 181, 182; *Bauschke*, öAT 2014, 181, 183.

930 Conze/Karb/Wölk/*Karb*, Personalbuch, Versetzung Rn. 3118.

931 Vgl. Protokollerklärungen zu § 4 Abs. 1 TVöD.

932 *Heup*, Fremdpersonal im öD, S. 111.

933 *Groeger*, Arbeitsrecht im öD, Teil 3 D Rn. 49.

934 Diese Möglichkeit in Betracht ziehend *Preis/Greiner*, ZTR 2006, 290, 295; krit. Schaub/*Linck*, Arbeitsrechts-Handbuch, § 183, Rn. 5, der auf die fehlende Durchsetzungskraft gegenüber dem Dritten abstellt; *Ruge/von Tiling*, ZTR 2012, 263, 266 f.

935 BAG 24.9.2015 – 2 AZR 562/14, NZA 2016, 366, Rn. 38; BAG 29.3.2007 – 8 AZR 538/06, AP BGB § 613 a Widerspruch Nr. 4, Rn. 42.

insbesondere bei Privatisierungen relevant, um die Kündigung des Arbeitnehmers zu vermeiden.[936]

Wie sich an der Protokollnotiz zu § 4 Abs. 3 TVöD erkennen lässt, erfolgt die Personalgestellung „auf Dauer". Sollte das AÜG auf die Personalgestellung Anwendung finden, steht dieser Umstand in einem eklatanten Spannungsverhältnis zur Arbeitnehmerüberlassung, die ausweislich § 1 Abs. 1 Satz 2 aF lediglich „vorübergehend" erfolgt und nach § 1 Abs. 1b nF auf 18 Monate begrenzt ist.[937]

Unterschiede, die über das oben Dargestellte hinausgehen, bestehen im Allgemeinen nicht, sodass im weiteren Verlauf der Untersuchung von „Personalgestellung" als Oberbegriff[938] für alle Formen des flexiblen Personaleinsatzes im öffentlichen Dienst, bei dem eine Arbeitnehmerüberlassung vorliegen könnte,[939] die Rede sein wird. Sollten im besonderen Unterschiede bestehen, werden diese ausdrücklich benannt.

III. Ausschlusskriterien

1. Arbeitnehmereigenschaft

Aus Art. 3 Abs. 1 a) RL 2008/104/EG ergibt sich, dass der nationale Arbeitnehmerbegriff gilt. Arbeitnehmer ist hiernach, wer aufgrund eines privatrechtlichen Vertrags in persönlicher Abhängigkeit einem anderen Dienste gegen Entgelt erbringt.[940] Diese Definition hat der Gesetzgeber – bereits vor Schaffung der gesetzlichen Regelung des § 611a BGB – in § 1 Abs. 1 Satz 1 aF zugrunde gelegt[941] und auf eine Erweiterung verzichtet. Beamte werden nicht aufgrund eines privatrechtlichen Vertrags tätig, sondern aufgrund eines durch Verwaltungsakt (§ 35 VwVfG) begründeten öffentlich-rechtlichen Sonderrechtsverhältnisses.[942] Der drittbezogene Personaleinsatz von Beamten kann daher keine Arbeitnehmerüberlassung

---

936 *Bauschke*, öAT 2014, 181, 182.

937 Näher dazu C. II. 2. b.

938 „Personalgestellung" erfasst als untechnischer Oberbegriff im allgemeinen Sprachgebrauch verschiedenste Phänomene, vgl. *Preis/Greiner*, ZTR 2006, 290, 296; *Fieberg*, NZA 2014, 187, 188.

939 Nach den hier gefundenen Ergebnissen Abordnung (soweit zu einem Dritten), Zuweisung und Personalgestellung.

940 *Dütz/Thüsing*, Arbeitsrecht, § 1 Rn. 33 mwN.

941 Thüsing/*Waas*, AÜG, § 1 Rn. 29.

942 ErfK/*Preis*, BGB, § 611 Rn. 128; BeckOK TVöD/*Stier*, § 1 Rn. 4.

nach dem AÜG darstellen[943] und richtet sich allein nach einschlägigem Beamtenrecht. Bezogen auf alle Beschäftigten iSd. TVöD hingegen scheidet die Anwendbarkeit des AÜG – zumindest aufgrund der Arbeitnehmereigenschaft – nicht von vornherein aus.

2. Vertragliche Überlassung

Um vom Anwendungsbereich des AÜG erfasst zu sein, bedarf es einer vertraglichen Grundlage.[944] Obgleich § 1 Abs. 1 diese Voraussetzung nicht aufstellt, finden sich doch vielfach – zB §§ 9 Abs. 1 Nr. 1, 12 Abs. 1 Satz 1 – Verweise auf ein Rechtsgeschäft zwischen Ent- und Verleiher, sodass eine Überlassung kraft Gesetzes keine Arbeitnehmerüberlassung darstellen kann.[945] Die Rechtsnatur, die der Vertragsbeziehung bei der Personalgestellung zukommt, lässt sich nicht schematisch abschließend bestimmen. Es kommen Dienstverträge iSv. §§ 611 ff. BGB, Werkverträge[946] iSv. §§ 631 ff. BGB und Geschäftsbesorgungsverträge iSv. § 675 BGB gleichermaßen als Grundlage in Betracht.[947]

Diese Unterscheidung wird insbesondere bei Jobcentern (§§ 6a, 44b SGB II) relevant: Nach alter Rechtslage (§ 44 b Abs. 1 Satz 1 SGB II aF) wurden sie[948] durch einen privatrechtlichen oder öffentlich-rechtlichen Vertrag errichtet. Demgegenüber sieht § 44 b Abs. 2 Satz 1 SGB II nF dieses Erfordernis nicht mehr vor, sondern lässt ausschließlich eine Konstituierung kraft Gesetzes zu.[949] Allerdings sieht § 44 b Abs. 2 SGB II vor, dass „Standort sowie nähere Ausgestaltung und Organisation der gemeinsamen Einrichtung durch Vereinbarung" geregelt werden. Gerade diese Vereinbarung, die die Modalitäten der Aufgabenerfüllung und damit die Überlassung im eigentlichen Sinne betrifft, könnte als Grundlage

---

943 Ausf. *Heup*, Fremdpersonal im öD, S. 85 ff.; dass hieran auch die Gleichstellung aus § 5 Abs. 1 Satz 3 BetrVG nichts zu ändern vermag, erkennen *Löwisch/Domisch*, BB 2012, 1408–1410; *Löwisch*, BB 2009, 2316.

944 Vgl. nur ErfK/*Wank*, AÜG, Einl. Rn. 14.

945 Das Problem illustrieren *Löwisch/Domisch*, BB 2012, 1408, 1409 am Beispiel von Krankenhäusern und § 53 Abs. 1 LHG BW bzw. § 4 Abs. 5 UKG BW.

946 Mangels eines fachlichen Weisungsrechts (vor allem bei dauerhaftem Einsatz) kaum praxisrelevant, *Gerdom*, öAT 2011, 150.

947 So auch *Preis/Greiner*, ZTR 2006, 290, 296, 295, die die Personalgestellung als untechnischen Oberbegriff deuten.

948 Allerdings noch unter dem Begriff „ARGE".

949 Entgegen der herrschenden Auffassung in der Literatur nimmt BSG 18.1.2011 – B 4 AS 90/10 R, juris an, dass es keiner Vereinbarung mehr bedarf; näher *Grimm*, MittBayNot 2012, 103, 105.

der „vertraglichen Überlassung“ in Betracht kommen. Das AÜG ist allerdings auf Jobcenter nicht anwendbar, da der Vertragsarbeitgeber mit dem Personaleinsatz eigenständige Betriebszwecke verfolgt.[950] Zudem sind die Jobcenter, zu denen nach § 10 Abs. 1 Satz 1 AÜG ein Arbeitsverhältnis fingiert würde, mangels Arbeitgeberfähigkeit keine tauglichen Entleiher.[951]

3. Bloß gelegentliche Überlassung

Von der Anwendung des AÜG ist die Arbeitnehmerüberlassung zwischen Arbeitgebern *de lege lata* (§ 1 Abs. 3 Nr. 2a) ausgenommen, sofern sie nur gelegentlich erfolgt und der Arbeitnehmer nicht zum Zweck der Überlassung eingestellt und beschäftigt wird. Die Norm statuiert einen Bagatellvorbehalt.[952] Um dem Ausnahmecharakter der Vorschrift gerecht zu werden, sind an die gelegentliche Überlassung strenge Anforderungen zu stellen, sodass eine enge Auslegung zu erfolgen hat.[953] Eine solche bloß gelegentliche Überlassung kann auch im öffentlichen Dienst gegeben sein.[954] Die Begrifflichkeit „gelegentlich“ schließt Aufgaben aus, die regelmäßig anfallen[955] und kann keine gezielte und wiederholte Überlassung erfassen.[956] Insbesondere die in § 4 TVöD genannten Maßnahmen sind zweifelsohne als „gezielt“ zu qualifizieren, sodass kein Ausschluss der Anwendbarkeit des AÜG vorliegt, wenn die Überlassungen wiederholt bzw. dauerhaft vorgenommen werden.

IV. Phänomenologische Einordnung

Vom Wortlaut des § 4 TVöD ausgehend werden bei Personalgestellung, Zuweisung und drittbezogener Abordnung Tätigkeiten bei einem Dritten erbracht, ohne dass zu diesem ein Arbeitsverhältnis besteht. Allerdings liegt das fachliche

950 Näher dazu *Boemke/Sachadae*, jurisPR-ArbR 2/2016, Anm. 6.

951 BAG 23.6.2015 – 9 AZR 261/14, BAGE 152, 59.

952 BeckOK ArbR/*Kock*, AÜG, § 1 Rn. 205.

953 BT-Drs. 17/4804, S. 8; GA AÜG, Stand: Januar 2016, § 1, 1.3.3 Abs. 2, S. 23; ebenfalls eine enge Auslegung annehmend *Löwisch/Domisch*, BB 2014, 1408, 1409.

954 *Löwisch/Domisch*, BB 2014, 1408, 1409 mit Beispielen.

955 BeckOK ArbR/*Kock*, AÜG, § 1 Rn. 206.

956 *Leuchten*, NZA 2011, 608, 609; *Huke/Neufeld/Luickhardt*, BB 2012, 961, 965.

Weisungsrecht bei ebendiesem Dritten[957] – zum Arbeitgeber besteht lediglich noch ein „formales“ Arbeitsverhältnis.[958]

Einer Ansicht nach scheidet aufgrund der Besonderheit der öffentlichen Hand als Arbeitgeber eine Arbeitnehmerüberlassung aus: Der öffentliche Arbeitgeber stelle, anders als das „normale“ Verleihunternehmen, keine Arbeitnehmer mit dem Ziel ein, sie zu verleihen. Vielmehr stelle die öffentliche Hand ein, um ihre eigenen Aufgaben zu erledigen – drittbezogene Personaleinsätze kämen lediglich vor, wenn sich diese Aufgaben verschieben und wären als zweckwidriger Zustand des Arbeitsverhältnisses anzusehen.[959] Eine Anwendbarkeit des AÜG scheide von vornherein aus.

Diese Argumentation geht jedoch von einer Typisierung des Verleihers aus, die sich nicht aus dem AÜG ergibt: Der Verleihunternehmerbegriff des AÜG ist nicht dadurch konturiert, dass die Überlassung von Arbeitnehmern „regelmäßig als Gegenstand des Unternehmens anzusehen ist“[960] und die Einstellung der Arbeitnehmer primär zum Zwecke des Verleihs erfolgt. Die Legaldefinition aus § 1 Abs. 1 Satz 1 kennt eine solche Differenzierung nicht – allein das Konzernprivileg, das in § 1 Abs. 3 Nr. 2 statuiert ist, zieht diesen Umstand in einem Ausnahmefall heran, um eine Konstellation von den Regelungen des AÜG auszunehmen. Dieses Element hat der Gesetzgeber, obwohl es ihm offensichtlich bekannt war, gerade nicht herangezogen, um den Begriff des Verleihers im Allgemeinen zu definieren.

Andererseits zieht die Richtlinie in Art. 3 Abs. 1 b) RL 2008/104/EG ein Element der Finalität heran, wenn es heisst, dass ein Leiharbeitsunternehmen vorliegt, wenn es Leiharbeitnehmer anstellt, „um sie entleihenden Unternehmen zu überlassen“. Auch in anderen Sprachfassungen findet sich diese Finalität (engl.: „*in order to*“; franz.: „*en vue de*“), sodass eine richtlinienkonforme Auslegung dieses Kriterium durchaus berücksichtigen kann.[961] Wie sich jedoch aus Art. 9 RL 2008/104/EG ergibt, stellt die Richtlinie lediglich Mindestanforderungen auf, über die die Mitgliedstaaten in ihren nationalen Regelungen hinausgehen dürfen. Wenn

---

957 *Gerdom*, öAT 2011, 150; von einer „wirtschaftlichen Betätigung, in deren Rahmen ein Arbeitnehmer dem Direktionsrecht eines anderen Arbeitgebers unterstellt wird“ spricht *Stähle*, PersR 2015, 32, 33.

958 *Gaenslen*, öAT 2015, 181, 182.

959 *Fieberg*, NZA 2014, 187, 189; unter Nennung konkreter Beispiele *Bauschke*, öAT 2014, 181, 183; wohl auch *Brand*, ZTR 2013, 59, 60.

960 *Bauschke*, öAT 2014, 181, 183.

961 Zu diesem Schluss kommt *Forst*, ZESAR 2011, 316, 317; *Boemke*, RIW 2009, 177 f. spricht von „Kausalitätszusammenhang“.

der deutsche Gesetzgeber ausdrücklich nur bei der konzerninternen Arbeitnehmerüberlassung eine Privilegierung von der Finalität der Einstellung abhängig macht, ansonsten jedoch keinen Hinweis auf dieses Merkmal gibt, ist anzunehmen, dass er den Schutz, den das AÜG vermittelt, nicht auf die Definition beschränken will, die sich aus der Richtlinie ergibt.[962] Für dieses Ergebnis spricht auch § 1 Abs. 3 Nr. 2b, 2c, der eine Bereichsausnahme für den öffentlichen Dienst vorsieht, ohne die Klassifizierung eines öffentlichen Unternehmens als Leiharbeitsunternehmen unter Finalitätsgesichtspunkten in Frage zu stellen.

Darüber hinaus ist dieses Ergebnis im Hinblick auf den *effet utile* geboten: Die Auslegung europäischer Normen muss so erfolgen, dass ihre Ziele die größtmögliche Wirksamkeit erhalten.[963] Eine unterschiedliche Behandlung von Arbeitnehmern, die zum Ziel der Überlassung eingestellt wurden und solchen, bei denen diese Zielsetzung nicht bei der Einstellung vorlag, ist unter diesem Gesichtspunkt nur zulässig, wenn sie zwingend gleich behandelt würden.[964] Außerhalb der Leiharbeitsrichtlinie findet sich ein derartiges Gebot nicht, sodass auch eine Einstellung, die nicht zum Zweck des Verleihs erfolgt, vom AÜG erfasst sein muss.

Von einer phänomenologischen Warte aus betrachtet liegt bei Personalgestellung und Zuweisung eine Arbeitnehmerüberlassung iSd. AÜG vor.

V. Teleologische Erwägungen

Eine allein phänomenologische Betrachtung lässt allerdings gewichtige Aspekte, die die Personalgestellung ausmachen, außer Betracht.

1. Wirtschaftliche Tätigkeit

Die eingangs erwähnte Novellierung des AÜG, die das Merkmal der gewerbsmäßigen Überlassung entfallen ließ und durch eine Überlassung im Rahmen einer wirtschaftlichen Tätigkeit ersetzte, basiert auf Art. 1 Abs. 2 RL 2008/104/EG. Das AÜG ging in seiner alten Fassung davon aus, dass Überlassungen, bei denen keine Gewinnerzielung angestrebt wird, Leiharbeitnehmer in sozialer Hinsicht weniger gefährden, sodass ein geringeres Schutzbedürfnis angenommen

962 Wie die Rechtsprechung die Auslegung vornähme, stellt *Augustin*, ZTR 2014, 319, 323 als fraglich dar.

963 EuGH 19.11.1991 – C-6/90, juris; EuGH 8.10.1996 – C-178/94, NJW 1996, 3141; *Thüsing*, Europäisches Arbeitsrecht, § 1 Rn. 50; *Hamann*, ZESAR 2012, 103, 105.

964 So zur Situation bei Mischunternehmen *Hamann*, ZESAR 2012, 103, 105.

wurde.[965] Dieses Verständnis führte jedoch – vor allem bei konzerninternen Personaldienstleistern, die Arbeitnehmer zum Selbstkostenpreis überließen – zu erheblichen Umgehungsmöglichkeiten,[966] die in Konflikt mit dem Schutzziel des AÜG und der Richtlinie standen. Der deutsche Gesetzgeber übernahm daraufhin den Begriff „wirtschaftliche Tätigkeit" aus der Richtlinie ohne eine Änderung vorzunehmen. Die Begrifflichkeit ist daher unter Berücksichtigung von Wortlaut und Zweck der Richtlinie auszulegen und europarechtlich determiniert.[967] Die Richtlinie definiert diesen zentralen Begriff lediglich in negativer Hinsicht, indem die Entbehrlichkeit einer Erwerbsabsicht statuiert wird (Art. 1 Abs. 2 aE). Eine positive, aussagekräftige Definition lässt sich der Richtlinie nicht entnehmen und kann auch nicht aus einer vormals ergangenen Definition entnommen werden.[968]

Auch der EuGH hatte bislang keine Veranlassung dazu, diesen Begriff im Zusammenhang mit dem (europäischen) Arbeitsrecht zu definieren. Allerdings wurde es im Wettbewerbsrecht mehrfach relevant, ob eine „wirtschaftliche Tätigkeit vorliegt".[969] Wirtschaftlich ist nach dieser Rechtsprechung „jede Tätigkeit, die darin besteht, Güter oder Dienstleistungen auf einem bestimmten Markt anzubieten".[970] Eine Dienstleistung wird am Markt angeboten, wenn für den Entleiher die Möglichkeit zur Auswahl gegeben ist.[971] Ausschlaggebend kann sein, dass die Tätigkeit in Konkurrenz zu anderen Unternehmen ausgeübt und zulasten anderer Marktteilnehmer durchgesetzt wird.[972] Der EuGH bejaht in der Entscheidung zur Frage, ob Vereinsmitglieder Arbeitnehmer iSd. RL 2008/104/EG

965 BT-Drs. VI/2303, S. 10.

966 *Hamann*, NZA 2011, 70, 71 f.; *Hamann*, RdA 2011, 321, 323 f.

967 BT-Drs. 17/4804, S. 8; LAG Düsseldorf 26.7.2012 – 15 Sa 788/12, juris, Rn. 38; LAG Düsseldorf 26.7.2012 – 15 Sa 1452/11, juris, Rn. 40; BeckOK ArbR/*Kock*, AÜG, § 1 Rn. 28; *Boemke/Lembke*, AÜG, § 1 Rn. 47; *Schewiola*, ArbRB 2013, 182; *Thüsing/Thieken*, DB 2012, 347, 348; grds. EuGH 10.4.1984 – C 14/83, juris.

968 Ausführlich unter Berücksichtigung anderer europäischer Gesetzgebungsprozesse und Art. 1 Nr. 1 c) RL 2001/23 EG, die den Begriff auch ohne Definition nennt *Thüsing/Thieken*, DB 2012, 347, 348.

969 Weitere Nennungen finden sich in Art. 4 Abs. 1, 2; Art. 20 Abs. 3 RL 77/388 EWG (Umsatzsteuerrichtlinie).

970 EuGH 10.1.2006 – C-222/04, juris.

971 *Thüsing/Thieken*, DB 2012, 347, 349.

972 *Ulber*, AÜG, § 1 Rn. 203; *Ruge/von Tiling*, ZTR 2012, 263, 265.

sind, die Übertragbarkeit der wettbewerbsrechtlichen Begrifflichkeit, ohne näher auf die Übertragbarkeit einzugehen.[973]

a. *Übertragbarkeit der wettbewerbsrechtlichen Begrifflichkeit*

Es bedarf der Klärung, ob die genannten Grundsätze aus dem Wettbewerbsrecht sich ohne weiteres auf das Leiharbeitsrecht übertragen lassen.[974] Die Urteile des EuGH haben gemein, dass die Abgrenzung, ob eine wirtschaftliche Tätigkeit vorliegt, unter Beachtung der spezifischen Funktion des Wettbewerbsrechts vorgenommen wird. Von Bedeutung ist dann die Frage, ob eine Konkurrenzsituation als Grundvoraussetzung gegeben sein kann.[975] Die Leiharbeitsrichtlinie verfolgt den Schutz der Arbeitnehmer und Sicherung der Flexibilität der Arbeitnehmerüberlassung. Um den Schutz nicht zu sehr auszuhöhlen und dem *effet utile* gerecht zu werden, muss eine weite Auslegung erfolgen, die die Definition des EuGH zugrunde legt.[976]

Besondere Bedeutung kommt für öffentliche Arbeitgeber der Frage zu, ob die Tätigkeit einen hoheitlichen Charakter hat. Ein wirtschaftlicher Charakter kommt bei öffentlichen Rechtsträgern namentlich dann nicht in Betracht, wenn die Tätigkeit in Ausübung hoheitlicher Befugnisse erfolgt[977] oder ein untrennbarer Zusammenhang zwischen wirtschaftlicher und hoheitlicher Tätigkeit der öffentlichen Einheit besteht.[978] Im europarechtlichen Kontext kennen die Niederlassungs- und Dienstleistungsfreiheit diese Differenzierung: Von den Garantien, die Art. 51, 62 AEUV bereithalten, sind allein solche Tätigkeiten ausgenommen, bei denen öffentliche Gewalt mit Zwangsbefugnissen ausgeübt wird.[979] Nach

---

973 EuGH 17.11.2016 - C-216/15, NZA 2017, 41, Rn. 44; ebenso BAG 21.2.2017 - 1 ABR 62/12, NZA 2017, 662, Rn. 51.

974 AA BeckOK TV-L/*Kuner*, § 4 Rn. 18c, der keine „Schwierigkeiten oder Unklarheiten" sieht und alle typischen Arbeiter- und Angestelltentätigkeiten als wirtschaftliche Tätigkeit erfasst und allein hoheitliche Tätigkeiten vom Anwendungsbereich ausnimmt.

975 *Thüsing/Thieken*, DB 2012, 347, 349.

976 *Thüsing/Thieken*, DB 2012, 347, 349; im Ergebnis ebenso aber ohne Begründung *Sansone*, Gleichstellung, S. 472.

977 EuGH 12.7.2012 - C-138/11, EuZW 2012, 835, Rn. 36; EuGH 19.1.1994 - C-364/92, NJW 1994, 2344, Rn. 30; EuGH 11.7.1985 - 107/84, juris, Rn. 14 f.; LAG Düsseldorf 26.7.2012 - 15 Sa 1452/11, juris, Rn. 41; ArbG Krefeld 15.5.2012 - 1 Ca 2551/11, juris, Rn. 38.

978 EuGH 12.7.2012 - C-138/11, EuZW 2012, 835, Rn. 38; EuGH 26.3.2009 - C-113/07 P, juris, Rn. 72 ff.; *Heup*, Fremdpersonal im öD, S. 139 f.

979 Calliess/Ruffert/*Bröhmer*, EUV/AEUV, Art. 51 AEUV Rn. 4.

Sicht des EuGH sind nur solche Tätigkeiten als hoheitlich anzusehen, die „immer“ bzw. „notwendigerweise“ von öffentlichen Stellen erbracht werden müssen, sodass nur ein kleiner Kreis von Tätigkeiten erfasst ist.[980] Insbesondere die Übertragung einer Aufgabe von einer öffentlichen Stelle auf eine juristische Person des Privatrechts legt nahe, dass keine hoheitliche Tätigkeit vorliegt.[981] Um eine einheitliche Rechtsordnung zu sichern, sind diese Grundsätze auch auf die Leiharbeit zu übertragen.

Es ist von einem übergreifenden und einheitlichen europäischen Begriffsverständnis auszugehen, so lange nicht Sinn und Zweck einer Richtlinie entgegenstehen.[982] Von einem solchen entgegenstehenden Sinn und Zweck kann bei der Leiharbeitsrichtlinie nicht ausgegangen werden. Allein hoheitliche Tätigkeiten unterfallen somit nicht dem Anwendungsbereich des AÜG.[983]

b. Öffentliche Arbeitgeber als Marktakteure

Ausgehend von der vorgenannten Definition der wirtschaftlichen Tätigkeit könnte die Personalgestellung aber unter einem anderen Aspekt keine Arbeitnehmerüberlassung iSd. AÜG darstellen: Das Auftreten als Anbieter von Dienstleistungen am Markt. Oftmals wird die Personalgestellung gewählt, wenn durch Bundes- oder Landesgesetz Aufgaben übertragen werden – als „Entleiher“ der betreffenden Arbeitnehmer komme dann ausschließlich derjenige in Betracht, dem die Aufgabe übertragen wurde, sodass keine Wettbewerbssituation vorliege.[984] Die Personalgestellung sei dann kein Steuerungselement iRe. wirtschaftlichen Tätigkeit, sondern „alternativlos“,[985] da eine betriebsbedingte Kündigung oftmals nicht in Betracht komme.

Diese Argumentation begegnet durchgreifenden Bedenken. Obgleich die Personalgestellung für den öffentlichen Arbeitgeber „alternativlos“ sein mag, ist sie dies für denjenigen, auf den die Aufgabe übergeht, nicht. Vor allem bei einer Übertragung von Aufgaben an Private kann zumindest nicht davon ausgegangen werden, dass diese keine „Mitwettbewerber“ berücksichtigen könnten. Nicht jede

---

980 EuGH 23.4.1991 – C-41/90, juris, Rn. 21 f.; Aufzählung nicht-hoheitlicher Tätigkeiten bei *Gerdom*, öAt 2011, 150, 151.

981 *Heup*, Fremdpersonal im öD, S. 139 f.

982 *Brors*, AuR 2013, 108, 109; EnzEuR/*Forst*, § 16 Rn. 56; Riesenhuber/*Pechstein/Drechsler*, Europäische Methodenlehre, § 8 Rn. 33; aA *Boemke*, RIW 2009, 177 f.

983 LAG Düsseldorf 26.7.2012 – 15 Sa 1452/11, juris, Rn. 41; *Boemke/Lembke*, AÜG, § 1 Rn. 51; *Hamann*, EuZA 2009, 287, 299.

984 *Ruge/von Tiling*, ZTR 2012, 263, 265; aA *Heup*, Fremdpersonal im öD, S. 138.

985 *Ruge/von Tiling*, ZTR 2012, 263, 265.

Aufgabenübertragung erfolgt an Unternehmen, die von der öffentlichen Hand derart stark bestimmt sind, dass in jedem Fall die Personalgestellung vollzogen werden muss. Oftmals kann der Umstand, dass eine Personalgestellung lediglich zum Selbstkostenpreis ohne Gewinnerzielungsabsicht erfolgt, ausschlaggebend sein. Der neue Aufgabenträger erhält qualifiziertes, mit der Aufgabe vertrautes Personal, ohne selbst den Arbeitgeberpflichten ausgesetzt zu sein. Insbesondere in den Anfängen der Aufgabenerfüllung kann hierin ein Wettbewerbsvorteil liegen, der eine sachgerechte Erfüllung vereinfacht. Mit dieser Überlassung zum Selbstkostenpreis können andere Personaldienstleister nicht mithalten, die Gewinne erwirtschaften müssen - selbst wenn sie entsprechendes Personal haben sollten. Eine Wettbewerbssituation kann sehr wohl vorliegen - die öffentliche Hand ist dann lediglich der günstigste Wettbewerber. Selbst ein Unternehmen, das faktisch nur einem einzigen „Kunden" Dienste anbietet, wird wirtschaftlich tätig. Auf die Ausrichtung auf einen externen Markt kommt es nicht an - vielmehr ist entscheidend, ob die entsprechende Dienstleistung im Allgemeinen auf dem Markt angeboten wird.[986] Eine wirtschaftliche Tätigkeit liegt vor, wenn die Tätigkeit auf Anbieter- und Nachfragerseite auch von einem Privaten erbracht werden könnte.[987] Es ergibt sich daher, dass Gestellungen grundsätzlich dort eine wirtschaftliche Tätigkeit darstellen, wo eine Arbeitnehmerüberlassung zulässig ist - also in jedem Bereich mit Ausnahme einiger Tätigkeiten im Baugewerbe (vgl. § 1b).

Dieses Ergebnis lässt sich auch durch eine Parallele zu konzerneigenen Personaldienstleistern untermauern: Die Kundschaft solcher Unternehmen setzt sich ausschließlich aus anderen Konzernunternehmen zusammen - zu einem freien Wettbewerb kommt es auch hier nicht. Grundsätzlich unterfallen Konzernunternehmen aber auch dem AÜG und sind nur unter strengen Bedingungen nach § 1 Abs. 3 Nr. 2 von den Regelungen ausgenommen.

Der drittbezogene Personaleinsatz im öffentlichen Dienst stellt eine wirtschaftliche Tätigkeit dar und unterfällt grundsätzlich dem Anwendungsbereich des AÜG.

---

986 *Gerdom*, öAT 2011, 150, 151; zum Begriff im Allgemeinen: LAG Düsseldorf 26.7.2012 - 15 Sa 788/12, juris, Rn. 40; LAG Düsseldorf 26.7.2012 - 15 Sa 1452/11, juris, Rn. 42; ArbG Krefeld 16.5.2012 - 1 Ca 2551/11, juris, Rn. 40; *Ulber*, AÜG, § 1 Rn. 204.

987 EnzEuR/*Forst*, § 16 Rn. 57; Expert Group, Report on the Transposition of Directive 2008/104/EG, S. 12.

2. Schutzzweckorientierte Argumentation gegen eine Anwendbarkeit

Das Ziel Arbeitnehmer zu schützen, wird teils in Stellung gebracht, um die Personalgestellung im öffentlichen Dienst nicht als vom Anwendungsbereich des AÜG erfasst anzusehen. Der in § 1 Ab. 3 Nr. 2b und 2c eingefügten Bereichsausnahme bedürfte es dann nicht. Auch das OVG NRW stellt fest, dass in der Personalgestellung rein begrifflich eine Arbeitnehmerüberlassung nach dem AÜG liege, jedoch „nicht allein auf den Wortlaut und die Begrifflichkeiten abgestellt werden" dürfe.[988]

a. Divergenz der Schutzzwecke von Personalgestellung und AÜG

Die Personalgestellung verwirkliche gerade den Schutz des Arbeitnehmers.[989] Primärer Anwendungsfall sei es, dass der Arbeitnehmer negative Änderungen befürchtet und den Bestand seines Arbeitsverhältnisses gefährdet sieht. Die Personalgestellung schütze ihn dahingehend, dass er einen „zuverlässigen und solventen öffentlichen Arbeitgeber und die damit einhergehenden Privilegierungen auf Dauer"[990] behält. Die RL 2008/104/EG und das AÜG versuchten einen Schutz vor dem Vertragsarbeitgeber zu vermitteln, während die tarifliche Personalgestellung den Schutz vor dem neuen Arbeitgeber intendiert – die Personalgestellung vom Anwendungsbereich des AÜG zu erfassen, stünde diesem Ziel unvereinbar gegenüber.[991] Aufgrund dieser Überlegungen sei eine teleologische Reduktion des Begriffs der Arbeitnehmerüberlassung geboten und die Personalgestellung auszunehmen.[992]

Zwar ist es richtig, dass Beschäftigte im öffentlichen Dienst, die im Rahmen einer Personalgestellung tätig werden, nicht den typischen Gefahren (zB häufiger Wechsel des Einsatzortes) ausgesetzt sind, die bei einer Arbeitnehmerüberlassung bestehen. Dennoch werden sie in einem Bereich tätig, der in der konkreten fachlichen und zeitlichen Perspektive nicht von ihrem Vertragsarbeitgeber organisiert wird. Die Schutzmechanismen, die das AÜG bereithält, beziehen sich nicht nur auf den Bereich, der dem Vertragsarbeitgeber zugewiesen ist (zB Gleichbehandlungsgrundsatz), sondern erfassen auch die Organisationssphäre

---

988 OVG NRW 19.9.2014 – 20 A 281/13. PVB, ZTR 2015, 107, Rn. 62, 75.

989 *Trümner/Fischer*, PersR 2013, 193; *Hinrichs/Wenzel/Knoll*, ZTR 2014, 68, 69.

990 OVG NRW 19.9.2014 – 20 A 281/13. PVB, ZTR 2015, 107, Rn. 78.

991 *Augustin*, ZTR 2014, 319, 322; *Fieberg*, NZA 2014, 187, 189 f.; OVG NRW 19.9.2014 – 20 A 281/13. PVB, ZTR 2015, 107, Rn. 80, 82.

992 OVG NRW 19.9.2014 – 20 A 281/13. PVB, ZTR 2015, 107, Rn. 84.

des Entleihers. Wie aus §§ 13, 13a, 13b, 14 ersichtlich wird, werden den Leiharbeitnehmern Rechte zugesichert, die letztlich auch ihrem Vorteil und Schutz im Entleihbetrieb dienen. Wäre die Personalgestellung nicht erfasst, würde der Beschäftigte einen Fremdkörper im Betriebsablauf darstellen – man müsste ihn nicht über Stellen informieren, die im Betrieb freiwerden und könnte ihm den Zugang zu Gemeinschaftseinrichtungen verweigern. Auch wäre fraglich, wie die Beschäftigten dann bei der Arbeitnehmervertretung zu behandeln sind – je nachdem, ob man § 14 eine rein deklaratorische oder eine konstitutive Wirkung beimisst. Eine Begrenzung des AÜG auf Schutz vor dem Vertragsarbeitgeber greift daher zu kurz und kann nicht zur Ablehnung der Anwendbarkeit führen.

b. Bestandsschutz

Auch die vielfach angeführte Gefahr einer betriebsbedingten Kündigung und das Bedürfnis, die Kontinuität des Arbeitsverhältnisses zu sichern,[993] rechtfertigen kein anderes Ergebnis. Der Schutz vor betriebsbedingten Kündigungen wird durch § 613a BGB und das KSchG vermittelt. Diese Regelungsregime werden – wie auch § 4 Abs. 3 Satz 2 TVöD klarstellt – durch die Personalgestellung nicht berührt. Wenn Beschäftigte im öffentlichen Dienst sich dazu entschließen, von ihrem Widerspruchsrecht Gebrauch zu machen und sich der Gefahr einer betriebsbedingten Kündigung aussetzen, üben sie ein Gestaltungsrecht aus. Eines weiterführenden Schutzes vor den Konsequenzen dieser – privatautonom getroffenen – Entscheidung bedarf es nicht. Das Informationsschreiben, das nach § 613a Abs. 5 BGB ergehen muss, enthält alle relevanten Informationen. Eine Besserstellung und Schutz vor den sich aus dem Widerspruch ergebenden Rechtsfolgen, allein aufgrund der Tatsache, dass eine Beschäftigung im öffentlichen Dienst vorliegt, wäre system- und gleichheitswidrig und ist abzulehnen.

Außerhalb der Situation eines Betriebsübergangs kommt der Gefahr der betriebsbedingten Kündigung ein noch geringeres Gewicht zu: Die Erweiterung des Direktionsrechts, die eine Flexibilisierung der Arbeitsbedingungen ermöglicht, kann auch für die im Rahmen der betriebsbedingten Kündigung anzustellende Frage einer Weiterbeschäftigungsmöglichkeit relevant werden. Die Arbeitsgerichtsbarkeit lässt in Ausnahmefällen eine Erweiterung der grundsätzlich auf das Unternehmen beschränkten (§ 1 Abs. 2 Satz 2 Nr. 1 b) KSchG) Weiterbeschäftigungsmöglichkeit auf andere Unternehmen des Konzerns zu, wenn eine konzernweite Versetzung nach den Regelungen des Arbeitsvertrags möglich ist

993 *Fieberg*, NZA 2014, 187, 188; *Gerdom*, öAT 2011, 150 ff.; OVG NRW 19.9.2014 – 20 A 281/13. PVB, ZTR 2015, 107, Rn. 78.

und auch praktiziert wurde.[994] Die Flexibilisierung des Arbeitnehmereinsatzes geht mit einer Ausweitung des Kündigungsschutzes einher – eine solche Ausweitung lässt sich mit guten Gründen auch im Falle von Personalgestellungen erwägen.[995] Die Ausweitung hätte eine Verbesserung des sozialen Schutzes der von der Personalgestellung betroffenen Arbeitnehmer zur Folge. Zu Bedenken ist allerdings, dass der Arbeitnehmer, der im Rahmen der Personalgestellung überlassen werden soll, ordentlich unkündbar sein muss – nur dann hat der öffentliche Arbeitgeber eine hinreichende „Beschäftigungsgarantie" gegeben.[996]

Eine Argumentation, die den Bestandsschutz darüber hinaus betont, trägt den Festsetzungen des TVöD als rechtlicher Grundlage der Personalgestellung nicht hinreichend Rechnung. Eine am Schutzzweck des AÜG orientierte Auslegung schließt öffentliche Arbeitgeber nicht von der Anwendbarkeit des AÜG aus.

VI. Umfang der Rechtsfolgen bei Anwendbarkeit des AÜG

Die drittbezogenen Personaleinsätze im öffentlichen Dienst auf Grundlage des Tarifvertrags des öffentlichen Dienstes fallen somit phänomenologisch unter den Anwendungsbereich des AÜG und können auch unter teleologischen Gesichtspunkten nicht ausgenommen werden. Die Rechtsfolgen, die sich aus der Anwendbarkeit ergeben, bedürfen genauer Betrachtung. Insbesondere die Personalgestellung nach § 4 Abs. 3 TVöD könnte hier ein erhebliches Problem darstellen: Dadurch dass sie nach der Protokollnotiz „auf Dauer" angelegt ist, steht sie in Widerspruch zu § 1 Abs. 1b, der eine Höchstüberlassungsdauer festlegt.[997]

---

994 BAG 21.1.1999 – 2 AZR 648/97, BAGE 90, 353; BAG 18.9.2003 – 2 AZR 139/03, SAE 2005, 1; BAG 23.11.2004 – 2 AZR 24/04, NZA 2005, 929; BAG 24.5.2012 – 2 AZR 62/11, BAGE 142, 36.

995 So auch *Preis/Greiner*, ZTR 2006, 290, 295.

996 BAG 6.10.2005 – 2 AZR 362/04, ZTR 2006, 437; BAG 24.6.2004 – 2 AZR 215/03, ZTR 2005, 157; *Ruge/von Tiling*, ZTR 2012, 263, 266.

997 Zur Problematik um das Merkmal „vorübergehend" in der aF: *Thüsing*, NZA 2013, 1248, Fn. 4 zieht aus BAG 10.7.2013 – 7 ABR 91/11, BAGE 145, 355 den Schluss, die Personalgestellung nach § 4 Abs. 3 TVöD sei unzulässig; BeckOK TV-L/*Kuner*, § 4 Rn. 18e geht für die Parallelregelung in § 4 Abs. 3 TV-L davon aus, die Tarifvertragsnorm sei wegen eines Verstoßes gegen höherrangiges Recht unwirksam; zur Rechtsfolge von derartigen Verstößen durch Tarifverträge im Allgemeinen BeckOK ArbR/*Waas*, TVG, § 1 Rn. 137; ErfK/*Franzen*, TVG, § 1 Rn. 52 ff.

1. Materielle Vorschriften

Das AÜG hält eine Reihe materieller Vorschriften bereit, die auf den Schutz der Leiharbeitnehmer hinwirken und seriöse, angemessene Arbeitsverhältnisse schaffen sollen. Hieraus folgen für den Entleiher Auskunfts- und Informationspflichten (§§ 13, 13a) sowie Zutrittsrechte des Leiharbeitnehmers zu Gemeinschaftseinrichtungen (§ 13b). Die Anwendbarkeit dieser materiellen Vorschriften wird nicht in Frage gestellt.[998]

Ein anderes Verständnis legt § 1 Abs. 3 zugrunde: Die Regelungen des AÜG, die auf die Personalgestellung Anwendung finden sollen, beziehen sich lediglich auf die Regelungen zur Überlassung im Baugewerbe. Die Auskunfts-, Informations-, und Zutrittsrechte der Leiharbeitnehmer sind hingegen nicht in den Katalog anwendbarer Rechte mit aufgenommen und daher nach § 1 Abs. 3 Nr. 2b und Nr. 2c ausgeschlossen. Während die Interessenlage der Personalgestellung tatsächlich von der „üblichen" Arbeitnehmerüberlassung abweicht und in gewissem Umfang Abweichungen diskutabel sind, ist kein sachlicher Grund erkennbar, die im Wege der Personalgestellung überlassenen Arbeitnehmer von diesen Rechten auszunehmen. Im Hinblick auf die vorgenannten Auskunfts-, Zutritts- und Informationsrechte besteht mithin Änderungsbedarf.

2. Erlaubnisvorbehalt

Anders könnte die Lage auch ohne Bereichsausnahme bei der Erlaubnis zu beurteilen sein. Die Arbeitnehmerüberlassung wurde durch § 1 Abs. 1 Satz 1 unter ein präventives Verbot mit Erlaubnisvorbehalt gestellt.[999] Die Arbeitnehmerüberlassung stellt die Realisierung des Grundrechts der Berufsfreiheit aus Art. 12 GG dar, sodass der Antragsteller einen Anspruch auf die Erteilung der Erlaubnis hat, wenn keiner der enumerativen Versagungsgründe des § 3 gegeben ist.[1000] Die Versagungsgründe liegen vor, wenn der Verleiher die erforderliche Zuverlässigkeit nicht besitzt (§ 3 Abs. 1 Nr. 1), den üblichen Arbeitgeberpflichten mangels hinreichender Betriebsorganisation nicht nachkommen kann (§ 3 Abs. 1 Nr. 2) oder den Gleichbehandlungsgrundsatz nicht beachtet (§ 3 Abs. 1 Nr. 3).

---

998 Vgl. *Löwisch/Domisch*, BB 2012, 1408, 1409.

999 *Boemke/Lembke*, AÜG, § 1 Rn. 6; Thüsing/*Waas*, AÜG, § 1 Rn. 2.

1000 Hümmerich/Boecken/Düwell/*Golücke*, AnwK ArbR, AÜG, § 1 Rn. 1; *Boemke/Lembke*, AÜG, § 1 Rn. 53, § 3 Rn. 8; Thüsing/*Pelzner*, AÜG, § 3 Rn. 5; UBGH/*Hurst*, AÜG, § 3 Rn. 7.

a. *Teleologische Reduktion der Erlaubnispflicht*

Öffentliche Arbeitgeber sind im Hinblick auf ihre Seriösität, die durch die Erlaubnispflicht und insbesondere das Merkmal der Zuverlässigkeit gesichert werden soll, in einer anderen Situation als typische Verleihunternehmen.[1001] Öffentliche Arbeitgeber verfügen sowohl über eine eigene betriebliche Organisation als auch über eine nicht unwesentliche finanzielle Ausstattung. Die Zuverlässigkeit, auf die § 3 Abs. 1 Nr. 1 abstellt, ist ein gerichtlich überprüfbarer unbestimmter Rechtsbegriff, zu dem das AÜG selbst keine Definition vorgibt. Die Rechtsprechung greift auf den gewerberechtlichen Zuverlässigkeitsbegriff zurück.[1002] Danach ist eine Zukunftsprognose zu treffen, ob nach dem Gesamteindruck des Verhaltens eine Gewähr dafür geboten wird, dass die Gewerbeausübung zukünftig ordnungsgemäß erfolgen wird.[1003]

aa) *Zuverlässigkeit öffentlicher Arbeitgeber*

Im Schrifttum wird die Ansicht vertreten, aufgrund der Bindung der öffentlichen Hand an Recht und Gesetz gem. Art. 20 GG sei eine ordnungsgemäße Erfüllung nicht zweifelhaft, sodass öffentliche Arbeitgeber stets als zuverlässig anzusehen sind.[1004] Der Sinnzusammenhang, der zwischen Tatbestand (Arbeitnehmerüberlassung) und der Rechtsfolge (Erlaubniszwang) bestehen muss,[1005] liege im Hinblick auf öffentliche Arbeitgeber nicht vor. Die Erlaubnispflicht sei bloß „überflüssige Förmelei"[1006] und müsse im Hinblick auf öffentliche Arbeitgeber teleologisch reduziert werden.

Diese Argumentation muss kritisch hinterfragt werden: Die Bindung an Recht und Gesetz, die aus Art. 20 GG folgt, führt nicht dazu, dass auch stets das geltende Recht eingehalten wird.[1007] Dies zeigt sich auch an den verwaltungsrechtlichen

---

1001 *Löwisch/Domisch*, BB 2012, 1408, 1409.

1002 BeckOK ArbR/*Kock*, AÜG, § 3 Rn. 8.

1003 BVerwG 26.2.1997 – 1 B 34.97, juris; BVerwG 2.2.1982 – I C 146.80, BVerwGE 65, 1; BVerwG 19.3.1970 – I C 6.69, DVBl 1971, 277.

1004 *Löwisch/Domisch*, BB 2012, 1408, 1409; *Fieberg*, NZA 2014, 187 geht aufgrund dieser Erwägungen sogar davon aus, das AÜG finde gar keine Anwendung; ebenfalls BT-Drs. 18/9232, S. 21.

1005 ErfK/*Wank*, AÜG, § 1 Rn. 21.

1006 *Brand*, ZTR 2013, 59, 63; *Ruge/von Tiling*, ZTR 2012, 263, 264; *Löwisch/Domisch*, BB 2012, 1408, 1409.

1007 *Siebert*, öAT 2017, 45, 47; vgl. BAG 21.5.2008 – 8 AZR 481/07, NZA 2009, 144. Eine Anstalt des öffentlichen Rechts (Kommunalunternehmen) schloss Aufhebungsverträge mit Arbeitnehmern, die aufgrund von § 613a Abs. 4 BGB nichtig waren.

Mechanismen, mit denen ein Vorgehen gegen die öffentliche Hand ermöglicht wird. Auch an § 170 VwGO wird ersichtlich, dass eine Zwangsvollstreckung, die einen Rechtsverstoß voraussetzt, gegen die öffentliche Hand möglich ist.[1008] Dass öffentliche Arbeitgeber nicht in jedem Fall rechtmäßig vorgehen, zeigt sich auch an den Verfahren, die von Beschäftigten vor die Arbeitsgerichte getragen werden. Trotz der Bindung an Recht und Gesetz kann es zu einem rechtsmissbräuchlichen und -widrigen Verhalten der öffentlichen Hand kommen – gerade bei schwierigen Rechtsfragen. In der jüngeren Vergangenheit ist hier insbesondere die Gestaltungspraxis in Jobcentern[1009] hervorzuheben, bei der die Arbeitnehmer von der Bundesagentur für Arbeit und dem kommunalen Träger im Wechsel sachgrundlos befristet eingestellt werden, ohne dass sich der Arbeitsplatz ändert.[1010]

Zudem bezeugt § 48 VwVfG, dass Verwaltungsakte (§ 35 VwVfG) ergehen können, die der geltenden Rechtslage widersprechen. Wenn schon der Verwaltungsakt als wichtigste Handlungsform der Verwaltung[1011] gegen geltendes Recht verstoßen kann, so muss dies ebenso für die tatsächlichen Handlungen eines öffentlichen Arbeitgebers gelten. Freilich zeigen diese Mechanismen nicht, dass öffentlichen Arbeitnehmern grundsätzlich die Zuverlässigkeit fehlt, sondern ermöglichen lediglich eine Reaktion auf Einzelfälle, in denen rechtswidriges Verhalten vorliegt.

Zusammenfassend muss festgehalten werden, dass bei der öffentlichen Hand die spezifischen Risiken im Hinblick auf mangelnde finanzielle und organisatorische Strukturen, die zur Einführung der Erlaubnispflicht führten, nicht bestehen. Allein aus dem Umstand, dass der Arbeitgeber ein öffentlicher ist, der nach Art. 20 GG an Recht und Gesetz gebunden ist, lassen sich aber keine Rückschlüsse auf eine grds. höhere Zuverlässigkeit ziehen.

bb) Erlaubnisvorbehalt als originär mitgliedstaatliches Recht

Zwar stellt die Erlaubnispflicht originär mitgliedstaatliches Recht dar und fußt nicht auf bindenden Vorgaben der Richtlinie, sodass die Regelungen nicht unmittelbar an der Richtlinie zu messen sind.[1012] Allerdings sieht Art. 10 Abs. 2 RL 2008/104/EG vor, dass die Mitgliedstaaten Maßnahmen ergreifen müssen, um die Durchsetzung des nationalen Rechts zu gewährleisten. Den Mitgliedstaaten ist

---

1008 *Boemke/Lembke*, AÜG, § 1 Rn. 51.

1009 Ausf. zur Problematik *Greiner*, DB 2014, 1987.

1010 Vgl. BAG 24.6.2015 – 7 AZR 452/13, NZA 2015, 1507.

1011 BeckOK VwVfG/*von Alemann/Scheffczyk*, § 35 Rn. 2.

1012 *Hamann*, ZESAR 2012, 103.

ein weiter Gestaltungsspielraum bei der Umsetzung eingeräumt (Art. 10 Abs. 2 Satz 2 RL).[1013] Wenn jedoch der Erlaubnisvorbehalt teleologisch reduziert würde, kämen die zentralen Konsequenzen des AÜG nicht zur Anwendung – ist doch die fehlende Erlaubnis das prominenteste Merkmal dieser Sanktionsmechanismen (§§ 10 Abs. 1 Satz 1, 16 Abs. 1 Nr. 1, 1a). Das scharfe Schwert des AÜG, die Fiktion eines Arbeitsverhältnisses zum Entleiher bei fehlender Erlaubnis gem. § 10 Abs. 1 Satz 1, wäre in Fällen der Überlassung durch einen öffentlichen Arbeitgeber nie einschlägig. Lediglich die Ordnungswidrigkeitentatbestände des § 16 könnten – mit Ausnahme von Abs. 1 Nr. 1 – erfüllt sein, wenn gegen Auskunfts-, Anzeige- oder sonstige Pflichten verstoßen wird.

Aufgrund der besonderen Interessenlage bei der Personalgestellung bedarf es dieser Sanktionen indes bei Betriebsübergängen auch gar nicht: Zur Überlassung kommt es erst, wenn der Arbeitnehmer dem Übergang seines Arbeitsverhältnisses auf den Erwerber widerspricht. Er macht deutlich, dass die arbeitsverhältnisrechtliche Situation unverändert fortbestehen soll. Dieser Wunsch des Arbeitnehmers würde konterkariert, wenn man das Arbeitsverhältnis über § 10 Abs. 1 Satz 1 fingiert. Der Sinnzusammenhang zwischen Tatbestand (fehlende Erlaubnis) und Rechtsfolge (Fiktion des Arbeitsverhältnisses) ist in Fällen des Betriebsübergangs mit Widerspruch iSv. § 613a Abs. 6 BGB nicht gegeben. Die Befreiung von der Erlaubnispflicht ist daher allein bei solchen Betriebsübergängen interessengerecht und zu befürworten. Fälle ohne einen Betriebsübergang unterfallen hingegen grundsätzlich der Erlaubnispflicht.

Die neu geschaffene Festhaltenserklärung des § 9 Abs. 1 Nr. 1 entschärft dieses Problemfeld noch weiter: Selbst bei fehlender Erlaubnis lässt sich durch sie der Erhalt des Arbeitsverhältnisses zum Verleiher erreichen und die Interessenlage des Leiharbeitnehmers angemessen berücksichtigen, ohne auf eine Befreiung des öffentlichen Arbeitgebers von der Erlaubnispflicht im Wege einer teleologischen Reduktion zurückzugreifen. Nach der neuen Rechtslage bedarf es damit der herausgearbeiteten Einschränkung nicht, sodass von der Erlaubnispflicht grundsätzlich auszugehen ist. Beachtet werden muss allerdings eine Besonderheit der Festhaltenserklärung: Das Tätigwerden des Arbeitnehmers beim Entleiher lässt sich zwar unschwer als konkludente Willenserklärung iSd. Festhaltenserklärung nach § 9 Abs. 1 Nr. 1 deuten, würde aber an der Schriftform scheitern.

1013 Zu einer ähnlichen Formulierung Schlussantrag *Kokott* 14.10.2004 – C -387/02, juris, Rn. 82 ff. Der Begriff ist jedoch im EU-(Verbraucher-)Recht durchaus geläufig, vgl. Dauses/*Micklitz/Rott*, EU-Wirtschaftsrecht, Verbraucherschutz Rn. 712 und daher einer Übertragung zugänglich.

Freilich würde dieser Umstand erst Bedeutung erlangen und öffentliche Arbeitgeber dazu veranlassen dem Arbeitnehmer eine schriftliche Festhaltenserklärung vorzulegen, wenn die Bereichsausnahme des § 1 Abs. 3 Nr. 2b, 2c unzulässig wäre.

b. Sonderfall: Dauerhafte Überlassungen

Die auf Dauer angelegte Personalgestellung iSv. § 4 Abs. 3 TVöD nimmt eine Sonderposition in der Diskussion um die – als vorübergehend konzipierte – Arbeitnehmerüberlassung ein. Während der Grundthese, der öffentliche Arbeitgeber sei grundsätzlich zuverlässig iSv. § 3 Abs. 1 Nr. 1, im Hinblick auf Zuweisung und Abordnung als ebenfalls vorübergehende Gestaltungen keine konkreten rechtlichen Normen entgegenstehen, lassen sich hinsichtlich der Personalgestellung Bedenken aus den zeitlichen Grenzen des § 1 Abs. 1 Satz 4 iVm. § 1 Abs. 1b ableiten. Zwar wurde der weite Begriff „vorübergehend" durch die Höchstüberlassungsdauer in § 1 Abs. 1b konkretisiert,[1014] die Problematik für die Personalgestellung dadurch jedoch nicht entschärft.

aa) Problem: Antonyme zeitliche Komponenten

Die Begrifflichkeit „vorübergehend" der aF beschrieb einen zeitlich begrenzten, nicht endgültigen bzw. nicht dauerhaften Zustand.[1015] Die in § 4 Abs. 3 TVöD statuierte zeitliche Komponente („dauerhaft") und die als bloße Konkretisierung des Merkmals „vorübergehend" intendierte[1016] Höchstüberlassungsdauer des § 1 Abs. 1 Satz 4 stehen nach dieser Definition in offenem Widerspruch zueinander. Ein Arbeitgeber, der eine Personalgestellung beabsichtigt, die naturgemäß dauerhaften Charakter hat, würde gegen das in § 1 Abs. 1 Satz 4 enthaltene gesetzliche Verbot[1017] der nicht nur vorübergehenden Arbeitnehmerüberlassung verstoßen.[1018]

1014 So BT-Drs. 18/9232, S. 20.

1015 *Hamann*, NZA 2011, 70, 72.

1016 BT-Drs. 18/9232, S. 20; vgl. dazu *Kämmerer*, Der neue Rechtsrahmen der Arbeitnehmerüberlassung, S. 60 f.

1017 Ausf. dazu s. C. II. 2. b.; BAG 10.7.2013 – 7 ABR 91/11, BAGE 145, 355, Rn. 13; BAG 10.12.2013 – 9 AZR 51/13, BAGE 146, 384, Rn. 17; von „vorübergehend" als Zulässigkeitsvoraussetzung ausgehend *Brors*, AuR 2013, 108, 113; *Bartl/Romanowski*, NZA 2012, 845; *Düwell*, ZESAR 2011, 449, 455; aA, die nur einen bloßen Programmsatz annimmt, *Ludwig*, BB 2013, 1276, 1278; *Seel*, FA 2013, 132; *Seel*, FA 2012, 360 – 363; *Thüsing/Stiebert*, DB 2012, 632, 633; *Lembke*, DB 2011, 414, 415; krit. Auseinandersetzung mit der erstgenannten Entscheidung *Hamann*, jurisPR-ArbR, 47/2013 Anm. 1.

1018 Vgl. *Seel*, öAT 2016, 27 f.

Ein Arbeitgeber, der einen Verstoß gegen ein gesetzliches Verbot beabsichtigt, handelt nicht ordnungsgemäß und ist nach den gewerberechtlichen Grundsätzen nicht zuverlässig. Bei strenger Beachtung der gewerberechtlichen Maßstäbe fehlt es öffentlichen Arbeitgebern, die eine dauerhafte Personalgestellung iSv. § 4 Abs. 3 TVöD beabsichtigen, an der Zuverlässigkeit, sodass sie nicht erlaubnisfähig scheinen.

Auch im Zusammenhang mit der tarifvertraglichen Abweichungsmöglichkeit steht die Norm des TVöD erkennbar nicht im Einklang: Zwar sieht § 1 Abs. 1b Satz 3 für die Abweichung von der 18-monatigen Höchstüberlassungsdauer keine zeitliche Grenze vor – die Höchstüberlassungsdauer gänzlich abzuschaffen ist hingegen nicht möglich. Es darf lediglich eine abweichende Höchstüberlassungsdauer festgelegt werden.[1019] Ein solches Abschaffen wäre aber gerade bei einer dauerhaften Personalgestellung gegeben. Der TVöD sieht keine abweichende Dauer vor, sondern gibt lediglich vor, die Gestellung erfolge dauerhaft. Der TVöD könnte also nach § 1 Abs. 1b Satz 3 nicht zur Abweichung von der Überlassungshöchstdauer herangezogen werden, da er keine Höchstgrenze vorsieht. Darüber hinaus legt die Norm fest, dass eine Abweichung von der Höchstüberlassungsdauer nur durch einen Tarifvertrag der Einsatzbranche erfolgen darf. Insbesondere bei einer Aufgabenübertragung vom öffentlichen Arbeitgeber auf ein privates Unternehmen wird der TVöD im Regelfall nicht der Tarifvertrag der Einsatzbranche sein und scheidet schon aus diesem Grund als Rechtsgrund für eine Abweichung von der Höchstüberlassungsdauer aus.

bb) Lösungsansätze

Eine in der Literatur vertretene Ansicht legte § 1 Abs. 1 Satz 2 aF derart aus, dass Gestaltungen nach § 4 Abs. 3 TVöD nicht dem Verbot der dauerhaften Arbeitnehmerüberlassung unterfielen.[1020] So würde die Unwirksamkeit der Tarifnorm[1021] verhindert, die das Tarifrecht als Rechtsfolge bei Verstoß gegen eine gesetzlich zwingende Norm vorsieht.[1022] Eine dauerhafte Arbeitnehmerüberlassung dient im Allgemeinen nicht dazu, schwankendem Personalbedarf flexibel zu begegnen,

---

1019 BT-Drs. 18/9232, S. 21 (es „muss eine zeitlich bestimmte Überlassungshöchstdauer sichergestellt sein, um den vorübergehenden Charakter der Überlassung zu gewährleisten“).

1020 *Gerdom*, öAT 2011, 150, 152.

1021 *Heup*, Fremdpersonal im öD, S. 151; zur Unwirksamkeit kommt BeckOK TV-L/*Kuner*, § 4 Rn. 18e für die wortgleiche Norm des TV-L.

1022 Zur Rechtsfolge von Rechtsverstößen durch Tarifverträge allgemein BeckOK ArbR/*Waas*, TVG, § 1 Rn. 137; ErfK/*Franzen*, TVG, § 1 Rn. 52 ff.

sondern zur Umgehung arbeitsrechtlicher Schutzvorschriften und zur Ersetzung der Stammbelegschaft.[1023] Sie würde die Unternehmen vom Bestandsschutz befreien, den das KSchG vermittelt. Die Missbrauchsgefahr dauerhafter Arbeitnehmerüberlassung ist daher grundsätzlich besonders hoch.

Eben diese Missbrauchsgefahr besteht bei der Personalgestellung jedoch nicht – geht der Arbeitnehmer doch bewusst darauf ein, um eine betriebsbedingte Kündigung zu vermeiden und auf Dauer seinen solventen Vertragspartner und seinen angestammten Arbeitsplatz zu behalten,[1024] obwohl in den meisten Fällen sogar ein Arbeitsverhältnis mit dem Entleiher aufgrund von § 613a BGB vorgesehen ist. Die Kontinuität des Arbeitsverhältnisses wäre bedroht, unterläge die Personalgestellung nach § 4 Abs. 3 TVöD dem Verbot – ein evidenter Widerspruch zu den Schutzinteressen, die das AÜG verfolgt.[1025] Die Kontinuität des Arbeitsverhältnisses als Schutzziel hat allerdings keinen Anknüpfungspunkt im AÜG oder der Richtlinie. Der aus dem AÜG folgende Schutz des Arbeitnehmers ist auf das laufende Arbeitsverhältnis gerichtet. Die Schutzmechanismen, die auf einen Erhalt des Arbeitsverhältnisses gerichtet sind, bestehen unabhängig davon weiter. Für eine Privilegierung der Arbeitnehmer eines öffentlichen Arbeitgebers besteht – wie bereits dargestellt[1026] – kein sachlicher Grund. Das Verbot aus § 1 Abs. 1 Satz 2 aF, das sich in der Höchstüberlassungsdauer als Konkretisierung fortsetzt, findet demnach auch Anwendung auf die dauerhafte Personalgestellung, sodass der Personalgestellung ein gesetzliches Verbot entgegensteht.

Eine andere Ansicht in der Literatur versucht dieses Ergebnis über den behördlichen Ermessensspielraum zu korrigieren. Der Verstoß gegen das Verbot der nicht nur vorübergehenden Überlassung sei keinem der Regelbeispiele des § 3 Abs. 1 Nr. 1 aF zu subsumieren,[1027] sodass die Versagung der Erlaubnis nicht zwingende Folge ist.[1028] Die Behörde trifft die Verpflichtung den Verhältnismäßigkeitsgrundsatz zu wahren[1029] und muss infolgedessen berücksichtigen, dass die tarifliche Personalgestellung letztlich dem Schutz des Arbeitnehmers dient

1023 *Gerdom*, öAT 2011, 150, 152.

1024 *Gerdom*, öAT 2011, 150, 152.

1025 *Gerdom*, öAT 2011, 150, 152.

1026 Vgl. D. V.

1027 *Nießen/Fabritius*, NJW 2014, 263, 266; *Hamann*, NZA 2011, 70, 74; *Krannich/Simon*, BB 2012, 1414, 1419 f.

1028 *Hinrichs/Wenzel/Knoll*, ZTR 2014, 68, 72 f.; *Gerdom*, öAT 2011, 150, 153; *Seel*, öAT 2013, 23, 26; für eine dahingehende Interpretation spricht BSG 6.2.1992 – 7 RAr 140/90, NZA 1992, 1006, dazu *Trümner/Fischer*, PersR 2013, 193, 199.

1029 BeckOK ArbR/*Kock*, AÜG, § 3 Rn. 21.

und ihn weiterhin am Schutzregime des TVöD teilnehmen lässt.[1030] Um zu einer Versagung der Erlaubnis zu kommen, müssen weitere Umstände vorliegen, die gegen die Zuverlässigkeit sprechen. Diese Auffassung lässt sich nicht mehr halten, nachdem § 3 Abs. 1 Nr. 1 ausdrücklich auch die Höchstüberlassungsdauer mit einbezieht.

3. Ergebnis

Die Personalgestellung im öffentlichen Dienst unterfällt dem Anwendungsbereich des AÜG. Auch die Rechtsfolgen, die das AÜG vorsieht, treffen öffentliche Arbeitgeber vollumfänglich. Einzig im Fall von Betriebsübergängen muss die Erlaubnispflicht teleologisch reduziert werden. Für alle anderen Konstellationen bedarf die Überlassung der Erlaubnis. In Fällen der dauerhaften Personalgestellung scheitert eine solche Erlaubnis jedoch an § 3 Abs. 1 Nr. 1 und der Höchstüberlassungsdauer des § 1 Abs. 1b. Der TVöD kommt im Regelfall nicht als Abweichungstarifvertrag in Betracht. Zum einen dürfte er oftmals nicht der Tarifvertrag der Einsatzbranche sein,[1031] zum anderen legt er keine Höchstdauer konkret fest.

VII. Zulässigkeit einer Ausnahmeregelung für öffentliche Arbeitgeber

Angesichts der angesprochenen teleologischen Erwägungen und des erheblichen finanziellen und bürokratischen Aufwandes,[1032] der mit dem Erlaubnisverfahren und den materiellen Regelungen des AÜG einhergeht, stellt sich die Frage, ob die Privilegierung öffentlicher Arbeitgeber zulässig ist. Diese Besserstellung könnte erreicht werden, indem die dauerhafte Arbeitnehmerüberlassung kodifiziert wird, der TVöD inhaltlich abgeändert wird, eine Befreiung von der Erlaubnispflicht gesetzlich normiert wird oder der öffentliche Dienst insgesamt vom Anwendungsbereich des AÜG ausgenommen wird. Der deutsche Gesetzgeber hat sich in § 1 Abs. 3 Nr. 2b und c für die letztgenannte Möglichkeit entschieden.

1030 *Hinrichs/Wenzel/Knoll*, ZTR 2014, 68, 72; in diese Richtung *Trümner/Fischer*, PersR 2013, 193, 200.

1031 Näher dazu C. II. 3.

1032 Der Bundesrat geht von Mehrkosten von bis zu 4.250 EUR pro Fall aus, BR-Drs. 745/13, S. 3.

1. Lösung durch Kodifizierung einer Arbeitnehmerüberlassung auf Dauer

Es lässt sich erwägen das AÜG so zu gestalten, dass Überlassungen von Arbeitnehmern nach dem TVöD aufgrund ihres auf Dauer angelegten Charakters nicht unter das AÜG fallen. Grundvoraussetzung hierfür ist, dass der nationale Gesetzgeber die dauerhafte Arbeitnehmerüberlassung überhaupt gesetzlich regeln darf. Eine Befugnis des nationalen Gesetzgebers derartige Regelungen zu erlassen, kommt allerdings nicht in Betracht, da die Richtlinie ein Verbot der nicht nur vorübergehenden Überlassung enthält.[1033]

2. Änderung des TVöD

Eine Änderung des TVöD kommt nur zum Teil als Möglichkeit in Betracht,[1034] um die dauerhafte Personalgestellung als Flexibilisierungsinstrument zu erhalten. Nach den Vorstellungen des Gesetzgebers „muss eine zeitlich bestimmte Überlassungshöchstdauer sichergestellt sein, um den vorübergehenden Charakter der Arbeitnehmerüberlassung zu gewährleisten."[1035] Eine solche zeitlich bestimmte Grenze könnte nur in einer Regelung zu erblicken sein, nach der der Arbeitnehmer bis zum Erreichen der Regelaltersgrenze überlassen wird. Ob eine solche Regelung den Anforderungen an die Bestimmtheit der Überlassungsdauer, wie sie § 1 Abs. 1b vorgibt, gerecht wird, scheint höchst zweifelhaft. Diese müsste zudem im Tarifvertrag der Einsatzbranche vorliegen – das wird nicht stets der TVöD sein, sodass diese Lösung nicht weiterhilft.

3. Normierte Befreiung von Erlaubnispflicht und Höchstüberlassungsdauer

Ein weiterer Vorschlag stellt darauf ab, Personalgestellung und Abordnung im öffentlichen Dienst von der Erlaubnispflicht auszunehmen, während die in Art. 5, 6 RL 2008/104/EG vorgesehenen Ansprüche bestehen bleiben.[1036] Die Erlaubnispflicht steht nach Art. 4 Abs. 4 RL 2008/104/EG als Zulassungsvoraussetzung im Ermessen des Gesetzgebers und ist aus europarechtlicher Sicht

1033 C. II. 2. b.

1034 Krit. *Stähle*, PersR 2015, 32, 36, der sogar eine Änderung der Richtlinie erwägt.

1035 BT-Drs. 18/9232, S. 21; *Seiwerth*, NZA 2017, 479, 480.

1036 *Ulber/Stang*, AuR 2015, 250, 253.

unbedenklich.[1037] Zudem ist die Überlassung im Falle der Personalgestellung des öffentlichen Dienstes erkennbar im Interesse des Arbeitnehmers, sodass die Wertungen des Art. 4 Abs. 1 RL 2008/104/EG Beachtung fänden. Die Problematik um die Überschreitung der Höchstüberlassungsdauer würde dadurch jedoch nicht entschärft. Die einzige Möglichkeit, um der Unwirksamkeitsfolge zu entgehen, wäre dann die Festhaltenserklärung des Arbeitnehmers, dass er trotz Überschreitens der Höchstdauer an seinem Arbeitsverhältnis festhalten möchte.

4. Bereichsausnahme für den öffentlichen Dienst

Der Gesetzgeber hat in § 1 Abs. 3 Nr. 2b, 2c eine Klärung der Rechtslage durch eine Bereichsausnahme angestrebt. Die Bereichsausnahme bezieht sich auf Fälle der Aufgabenübertragung aufgrund des TVöD, bei denen die Arbeitsleistung beim Aufgabenerwerber erfolgt, das Arbeitsverhältnis zum bisherigen Arbeitgeber jedoch weiterbesteht sowie bei Übertragungen zwischen juristischen Personen des öffentlichen Rechts, wenn ein Tarifvertrag dies vorsieht.

a. Problem: Richtlinienkonformität

Zu einer solchen Regelung steht Art. 1 Abs. 2 RL 2008/104/EG, der den Anwendungsbereich auch auf öffentliche Unternehmen erstreckt, auf den ersten Blick in Widerspruch. Dass auch öffentliche Unternehmen als Leiharbeitsunternehmen iSd. Norm angesehen werden, wurde bereits erörtert.[1038] Allein der Umstand, dass der Verleiher ein öffentliches Unternehmen ist, kann eine Herausnahme vom Anwendungsbereich nicht rechtfertigen. Eine Ansicht in der Literatur erachtet eine Bereichsausnahme für den öffentlichen Dienst daher als nicht richtlinienkonform.[1039] Wer eine Beschränkung des Wirkungsbereichs des AÜG vornimmt, dürfe sich selbst nicht davon ausnehmen, zumal die vorgebrachten Argumente auch auf die konzerninterne Überlassung zuträfen,[1040] die jedoch nur unter strengen Voraussetzungen vom Anwendungsbereich ausgenommen ist. Dieses Ergebnis lässt sich auch mit historischen Erwägungen untermauern:

1037 *Sansone*, Gleichstellung, S. 478; *Ulber/Stang*, AuR 2015, 250, 253; *Waas*, ZESAR 2009, 207, 209.

1038 S.o. D. V. 1.

1039 *Heup*, Fremdpersonal im öD, S. 171; BeckOK ArbR/*Kock*, AÜG, 42. Edition, Stand: 1.9.2016, § 1 Rn. 46.1; *Siebert*, öAT 2017, 45, 47; *Lembke/Ludwig*, NJW 2014, 1329, 1334; *Wank*, RdA 2017, 100; zum gleichen Ergebnis kommt *Bauer*, DB 2014, 60, 61 ohne näher auf die europarechtliche Komponente einzugehen.

1040 *Bauer*, DB 2014, 60, 61.

Eine von Deutschland vorgeschlagene dahingehende Ausnahmeregelung für die Richtlinie wurde im Rat der EU mit der Begründung abgelehnt, die Mitgliedstaaten sollten nicht das Recht haben bestimmte Unternehmen auszunehmen.[1041]

b. Lösung

Die Ansicht, die von einer Richtlinienwidrigkeit der Bereichsausnahme ausgeht, trägt jedoch der Bedeutung von Art. 9 Abs. 1 RL 2008/104/EG nicht hinreichend Rechnung. Die Regelung eröffnet den Mitgliedstaaten die Möglichkeit, den Abschluss von Tarifverträgen zuzulassen, die für die Arbeitnehmer günstiger sind. Die Günstigkeit der tarifvertraglichen Regelung des § 4 TVöD ergibt sich daraus, dass die Arbeitnehmer ihren angestammten Arbeitsplatz und solventen öffentlichen Arbeitgeber behalten und zugleich der Gefahr einer betriebsbedingten Kündigung entgehen.[1042] Bei der Personalgestellung steht erkennbar der Inhaltsschutz stärker im Vordergrund, als dies beim „Normalfall" der Arbeitnehmerüberlassung der Fall ist. Das gilt umso mehr, wenn der Arbeitnehmer dem Übergang seines Arbeitsverhältnisses nach § 613a Abs. 6 BGB widersprochen hat: Wären die Arbeitsbedingungen im späteren Entleihbetrieb günstiger, hätte der Arbeitnehmer gar nicht erst widersprochen.

Zunächst ist jedoch klärungsbedürftig, welchen Bezugspunkt die Richtlinie für diese Günstigkeitsbetrachtung vorsieht – fokussiert die Regelung auf das nationalrechtliche Gesetz, also das AÜG? Oder muss die Betrachtung weitere Umstände in den Blick nehmen? Bezöge die Richtlinie sich allein auf das AÜG als Umsetzungsgesetz, steht die Günstigkeit des TVöD infrage – für die Vorteile, die der TVöD für den Arbeitnehmer bereit hält, finden sich schlichtweg keine Vergleichswerte im AÜG. Die Frage, ob der TVöD günstiger oder ungünstiger als das TVöD ist, ließe sich dann nicht beantworten.

Eine allein das AÜG als Umsetzungsgesetz in den Blick nehmende Auslegung der Richtlinie lässt sich dem Wortlaut von Art. 9 Abs. 1 RL 2008/104/EG nicht entnehmen. Sie stünde auch in Widerspruch zu einem Grundprinzip der Richtlinienumsetzung: Die Umsetzung der Richtlinie muss nicht in einem einzelnen, geschlossenen Gesetz erfolgen – Art. 288 AEUV gewährt vielmehr

---

1041 ABl. EG Nr. C 254 E, v. 7.10.2008, S. 43.

1042 BT-Drs. 18/9232, S. 22; Dieses Interesse erkennen auch *Fieberg*, NZA 2014, 187, 188; *Gerdom*, öAT 2011, 150, 152; OVG NRW 19.9.2014 – 20 A 281/13. PVB, ZTR 2015, 107, Rn. 78.

eine weitreichende Wahlfreiheit bzgl. der Mittel.[1043] Daher ist es zulässig, die Richtlinie durch einzelne Normen in verschiedenen Gesetzen umzusetzen. Anderes gilt nur, wenn die Richtlinie selbst einen bestimmten Rahmen bzgl. der Qualität des Umsetzungsaktes vorgibt.[1044] Eine solche Vorgabe lässt sich Art. 9 Abs. 1 RL 2008/104/EG nicht entnehmen. Besteht diese Wahlfreiheit des Mitgliedstaats, verbietet sich eine Sichtweise, nach der nur ein Umsetzungsgesetz betrachtet wird. Es ist eine weitere Betrachtung vorzunehmen, die gerade auch die Günstigkeit weiterer – also insbes. der o.g. – Faktoren berücksichtigt. Das gilt umso mehr, wenn man bedenkt, wie offen Art. 9 Abs. 1 RL 2008/104/EG für Tarifverträge und sonstige Vereinbarungen der Sozialpartner formuliert ist.

Eine Bereichsausnahme, die – wie in § 1 Abs. 3 Nr. 2 b, c vorgesehen – lediglich Überlassungen aufgrund eines Tarifvertrags des öffentlichen Dienstes privilegiert, ist damit geeignet sich im von Art. 9 Abs. 1 RL 2008/104/EG eröffneten Rahmen zu halten. Der TVöD stellt dann eine günstigere tarifvertragliche Regelung iSv. Art. 9 Abs. 1 RL 2008/104/EG dar.

VIII. Ergebnis

Durch eine Bereichsausnahme aufgrund eines Tarifvertrags des öffentlichen Dienstes übt der Gesetzgeber den ihm von der Richtlinie eröffneten Gestaltungsspielraum in zulässiger Weise aus.

1043 von der Groeben/Schwarze/Hatje/*Geismann*, AEUV, Art. 288 Rn. 44; Grabitz/Hilf/Nettesheim/*Nettesheim*, AEUV, Art. 288 Rn. 132.

1044 Grabitz/Hilf/Nettesheim/*Nettesheim*, AEUV, Art. 288 Rn. 132.

E. Zusammenfassende Thesen

1) Tarifautonomie und Normsetzungsbefugnis der Tarifvertragsparteien lassen sich nicht schlüssig durch einen delegatorischen Ansatz erklären. Auch ein rein privatrechtlich orientierter Begründungsansatz weist Schwachstellen auf, kann jedoch als Ausgangspunkt dienen.
2) Eine plausible Erklärung, die sich aller Schwächen der vorgenannten Theorien annimmt, kann nur gelingen, indem beide Ansätze kombiniert werden: Die Regelungsbefugnis der Tarifvertragsparteien für Arbeits- und Wirtschaftsbedingungen ist ein unmittelbarer Ausfluss der in Art. 9 Abs. 3 GG geregelten Koalitionsfreiheit. Die zwingende Wirkung von Tarifverträgen ist demgegenüber keine unmittelbare Folge von Art. 9 Abs. 3 GG. Vereinbarungen kommt nicht aus sich selbst heraus bindende Wirkung zu, sondern erst durch Anerkennung vonseiten der Rechtsordnung. Der Staat besitzt damit kein Rechtsetzungsmonopol, sondern vielmehr ein Rechtsanerkennungsmonopol.
3) Die Tarifautonomie in Deutschland findet ihr dogmatisches Fundament in der mitgliedschaftlichen Legitimation angelegt. Die Beteiligung der Betroffenen ist nicht nur in der Tarifautonomie als im Ausgangspunkt kollektiv ausgeübter Privatautonomie von entscheidender Bedeutung. Sie ist vielmehr für jede Spielart des Phänomens „Autonomie“ ein entscheidendes Element. Wo es an der Beteiligung der Betroffenen fehlt, kann gerade nicht von Autonomie im Wortsinn gesprochen werden – vielmehr handelt es sich um Fremdbestimmung, deren Rechtfertigung sich aus einer anderen Quelle speisen muss.
4) Es bestehen keine Vorschriften im EU-Recht, die den Mitgliedstaaten Vorgaben machen, welche Beschaffenheit die Tarifautonomie im mitgliedstaatlichen Recht haben muss. Die unionsrechtlichen Normen gewähren lediglich das Recht auf Kollektivvereinbarungen und -maßnahmen, überantworten die konkrete Ausgestaltung jedoch den Mitgliedstaaten.
5) Dass Art. 9 Abs. 3 GG als „Doppelgrundrecht“ auch einen kollektiven Schutz gewährt, führt zu keinem anderen Ergebnis. Diese Schutzintention ist kein Selbstzweck, der Gewerkschaften zu intermediären, aus sich selbst heraus zur Regelsetzung legitimierten Instanzen erhebt, sondern muss als Erweiterung der individuellen Koalitionsfreiheit verstanden werden. Die Tarifautonomie ist lediglich das Mittel zum Zweck, um die (Privat-)Autonomie des Einzelnen auch im von struktureller Disparität geprägten Individualarbeitsrecht zur Geltung zu bringen.

6) Die Tariffähigkeit verfolgt lediglich den Zweck, im Sinne einer ersten Hürde sicherzustellen, dass die Arbeitsbedingungen nicht von der Arbeitgeberseite diktiert werden können. Rückschlüsse darauf, ob auch die erforderliche mitgliedschaftliche Legitimation vorliegt, lassen sich aus ihr jedoch nicht ziehen.
7) Erst die Verbindung von Tariffähigkeit und Tarifzuständigkeit soll die Funktionsfähigkeit der Tarifautonomie dahingehend absichern, dass ausschließlich solche Koalitionen die Arbeitsbedingungen festlegen, die sowohl gewichtig genug sind, um die strukturelle Unterlegenheit auszugleichen und für Verhandlungsparität zu sorgen, als auch aufgrund ihres satzungsmäßig bestimmten Aufgabenbereichs die gewünschte Sachnähe besitzen.
8) Während Tariffähigkeit und -zuständigkeit grds. dieses Ziel erreichen, ist es in der Arbeitnehmerüberlassung erstmals zu der Situation gekommen, dass sich Koalitionen durch schlichte Satzungsänderung Normsetzungskompetenz für ein Gebiet einverleibt haben, in dem sie keine Mitglieder organisieren.
9) Es besteht keine gesetzgeberische Pflicht zur Schaffung von tarifdispositivem Gesetzesrecht. Bei einem überwiegenden Bedürfnis nach praxisnaher Ausgestaltung bietet sich die Tarifdispositivität an – steht jedoch unter dem Vorbehalt, dass die Tarifvertragsparteien über eine ausreichende Prägkraft verfügen. Der Gesetzgeber muss zudem den Regelungsspielraum für die Tarifvertragsparteien abstecken.
10) In Bereichen wie der Arbeitnehmerüberlassung, die mangels gewerkschaftlicher Organisation der Arbeitnehmer keine mitgliedschaftliche Legitimation der Betroffenen aufweisen, begegnen die Indienstnahme von Tarifverträgen und die aufgrund des angenommenen autonomen Charakters tarifvertraglicher Regelungen gewährten Privilegierungen durchgreifenden dogmatischen Bedenken.
11) Hinsichtlich der zeitlich begrenzten Abweichung vom Gleichbehandlungsgrundsatz begegnet die Begrenzung auf neun Monate allein betrachtet keinen Bedenken.
12) Die tarifdispositive Ausgestaltung begegnet demgegenüber durchgreifenden Bedenken. Eine Wahrung des Gesamtschutzes der Leiharbeitnehmer, wie sie die Richtlinie vorgibt, wird durch die deutsche Regelung nicht erreicht. Eine solche Wahrung kann weder aus immanenten Schranken noch aus der Richtigkeitsgewähr, der Lohnuntergrenze oder § 138 BGB abgeleitet werden.
13) Zudem ist die tarifdispositive Ausgestaltung dogmatisch verfehlt. Die Gründe, die tarifdispositives Gesetzesrecht als sinnvoll erscheinen lassen, liegen mangels hinreichender Organisationsgrade der Leiharbeitnehmer nicht vor.

14) Diese fehlende mitgliedschaftliche Legitimation schlägt auf die Möglichkeit der Abweichung durch eine Bezugnahme durch. Fehlt es den Tarifverträgen an mitgliedschaftlicher Legitimation durch die Betroffenen, ist die Regelung keine tarifautonome mehr, die eine Privilegierung verdient, sondern Fremdbestimmung.
15) Auf struktureller Ebene weisen die Tarifparteien der Arbeitnehmerüberlassung erhebliche Defizite auf. Der partiellen Tariffähigkeit ist allerdings eine klare Absage zu erteilen, sodass die Tariffähigkeit der Gewerkschaften der DGB-Tarifgemeinschaft nicht infrage steht.
16) Die Tarifzuständigkeit ist hingegen zu verneinen. Zwar genügen die Satzungen der DGB-Gewerkschaften den Anforderungen, sodass zunächst von der Tarifzuständigkeit auszugehen ist. Allerdings wird hier die fehlende mitgliedschaftliche Legitimation erneut bedeutsam. Während eine Begrenzung der Tarifzuständigkeit auf den aktuellen Mitgliederbestand, wie sie in der Literatur erwogen wird, abzulehnen ist, scheitert die Tarifzuständigkeit an der anzustellenden Evidenzkontrolle und der fehlenden Repräsentativität im Tarifgebiet.
17) Die Rückausnahme für Branchenzuschlagstarifverträge unternimmt den begrüßenswerten Versuch, das Entgelt der Leiharbeitnehmer behutsam an Gleichbehandlungsniveau heranzuführen. Problematisch ist hier, dass nicht festgelegt wurde, was gleichwertig ist. Auch hier wird die Grenze erst durch eine Evidenz- und Missbrauchskontrolle gezogen.
18) Um diesen Defiziten zu begegnen, könnte die Tarifdispositivität des Gleichbehandlungsgrundsatzes abgeschafft werden. Hierdurch würden jedoch erhebliche Flexibilisierungsmöglichkeiten verloren gehen. Eine weniger einschneidende Lösung liegt in der Streichung der Abweichung im Wege einer individualvertraglichen Bezugnahme.
19) Eine Lösung, die sowohl die Tarifdispositivität als auch die Bezugnahmemöglichkeit und damit die Arbeitnehmerüberlassung als Flexibilisierungsinstrument erhält, liegt darin, die Bezugnahme von einer staatlichen Erlaubnis abhängig zu machen. Aufgrund der funktionalen Ähnlichkeit von Erstreckungsklausel und Allgemeinverbindlicherklärung bietet sich ein parallel ausgestaltetes Verfahren an. Die (fehlende) mitgliedschaftliche Legitimation der Tarifwerke würde auf diese Weise durch eine – mittelbare – demokratische Legitimation abgefangen.
20) Die Höchstüberlassungsdauer dient der Konkretisierung des vorübergehenden Charakters der Arbeitnehmerüberlassung und begegnet an sich keinen durchgreifenden Bedenken. Allerdings resultiert der Arbeitnehmerbezug

iVm. der kurzen Anrechnungsfrist von Wiedereinsatzzeiten in einer unionsrechtlich bedenklichen Ausformung.

21) Eine Rechtfertigung der Einschränkung der unternehmerischen Freiheit gelingt aufgrund des arbeitsmarktpolitischen Ziels, eine Substituierung von Stammarbeitsplätzen zu verhindern.

22) Die Anknüpfung an die Sozialpartner der Entleihbranche ist die einzige systematisch stimmige Möglichkeit, die Höchstüberlassungsdauer tarifdispositiv zu erklären. Die Höchstüberlassungsdauer dient allein dem Schutz der Stammbelegschaft, sodass eine – nachteilige – Abweichung vom gesetzlichen Normalfall nur in das Ermessen der Tarifpartner der Entleihbranche gestellt werden kann.

23) Aus eben diesem Schutzziel der Höchstüberlassungsdauer folgt, dass keine Zweifel an der Tarifzuständigkeit oder Tariffähigkeit der Sozialpartner bestehen.

24) Sollte Bedarf an einer Nachjustierung bestehen, bietet es sich an, eine Sachgrundbefristung einzuführen, die den Regelungen des Befristungsrechts vergleichbar ausgeformt ist.

25) Ob Personalgestellungen im öffentlichen Dienst nach § 4 TVöD dem Anwendungsbereich des AÜG phänomenologisch unterfallen, ist von der gewählten Gestaltungsform abhängig. Während die Anwendbarkeit bei der Versetzung stets ausscheidet, kommt sie bei der Abordnung in Betracht, sofern sie zu einem anderen Arbeitgeber iSd. § 4 Abs. 1 TVöD erfolgt. Bei der Personalgestellung (§ 4 Abs. 3 TVöD) und der Zuweisung (§ 4 Abs. 2 TVöD) ist der Anwendungsbereich von phänomenologischer Warte aus betrachtet eröffnet.

26) Der Begriff der wirtschaftlichen Tätigkeit, den das AÜG seit 2011 zugrunde legt, entspricht demjenigen, den der EuGH zum Wettbewerbsrecht entwickelt hat. Entscheidend ist demnach, dass Güter oder Dienstleistungen auf einem bestimmten Markt angeboten werden.

27) Öffentliche Arbeitgeber, die auf Abordnung an einen anderen Arbeitgeber, Zuweisung oder Personalgestellung zurückgreifen, treten in Wettbewerb mit anderen Marktakteuren. Eine wirtschaftliche Tätigkeit liegt damit vor.

28) Eine teleologische Reduktion der Arbeitnehmerüberlassung, die die Personalgestellung im öffentlichen Dienst vom Anwendungsbereich ausnimmt, wird nicht vorgenommen. Weder ergibt sich eine solche aus den divergierenden Schutzzwecken noch aus dem Bestandsschutzinteresse des Arbeitnehmers.

29) Einschränkungen sind jedoch auf der Rechtsfolgenseite geboten. Probleme ergeben sich aus der Vorgabe, dass die Personalgestellung iSv. § 4 Abs. 3 TVöD

dauerhaft erfolgen soll. Diese Vorgabe steht in Konflikt mit dem vorübergehenden Charakter der Arbeitnehmerüberlassung und der neu eingeführten Höchstüberlassungsdauer. Eine allzu strenge Handhabung der Erlaubniserteilung würde die Vorteile konterkarieren, die eine Personalgestellung für den Arbeitnehmer hat. Für die Erlaubniserteilung ist daher im Falle öffentlicher Arbeitgeber, die Arbeitnehmer an den Erwerber bei einem Betriebsübergang überlassen, ein großzügiger Maßstab anzulegen.

30) Während die RL 2008/104/EG ein Verbot der nicht nur vorübergehenden Arbeitnehmerüberlassung enthält, das einer nationalrechtlichen Regelung derselben entgegensteht, bestehen keine Bedenken gegen die Bereichsausnahme des öffentlichen Dienstes in § 1 Abs. 3 Nr. 2b, 2c.

Literaturverzeichnis

Adomeit, Klaus: Zur Theorie des Tarifvertrages, RdA 1967, 297–305.

Ahlberg, Kerstin/*Bercusson*, Brian/*Bruun*, Niklas/*Kountouros*, Haris/*Vigneau*, Christophe/*Zappalà*, Loredana (Hrsg.): Transnational Labour Regulation, 2008 (Ahlberg/Bercusson/Bruun/Kountouros/Vigneau/Zappalà/Bearbeiter, Transnational Labour Regulation).

Arnold, Christian: Betriebliche Tarifnormen und Außenseiter, 2007 (Arnold, Betriebliche Tarifnormen).

Augustin, Holger: Vorübergehend unklar – zur Anwendung des Arbeitnehmerüberlassungsgesetzes im öffentlichen Dienst, ZTR 2014, 319–323.

Bader, Johann/*Ronellenfitsch*, Michael (Hrsg.): Beck'scher Online-Kommentar VwVfG, 36. Edition, Stand: 1.7.2017 (BeckOK VwVfG/Bearbeiter).

Badura, Peter: Arbeitsgesetzbuch, Koalitionsfreiheit und Tarifautonomie, RdA 1974, 129–138.

Baeck, Ulrich/*Winzer*, Thomas/*Hies*, Dominic: Neuere Entwicklungen im Arbeitsrecht, NZG 2016, 415–419.

Bauer, Jobst-Hubertus: Vorhaben der „GroKo" zu Leiharbeit und Werkverträgen: Befürchtungen aus Arbeitgebersicht, DB 2014, 60–62.

Bauschke, Hans-Joachim: Aktuelle Rechtsfragen des Arbeitnehmerüberlassungsgesetzes, insbesondere seine Anwendung im öffentlichen Dienst, öAT 2014, 181–185.

Bayreuther, Frank: Bezugnahmeabreden und mehrgliedrige Tarifverträge in der Arbeitnehmerüberlassung, DB 2014, 717–721.

–: Branchenzuschlags-Tarifverträge und Geltung kollektivrechtlicher Arbeitsbedingungen des Entleihers im Leiharbeitsverhältnis, BB 2014, 1973–1977.

–: Tarifzuständigkeit beim Abschluss mehrgliedriger Tarifverträge im Bereich der Arbeitnehmerüberlassung, NZA 2012, 14–19.

–: Gewerkschaftspluralismus im Spiegel der aktuellen Rechtsprechung – Abschied vom „Einheitstarifvertrag"?, BB 2005, 2633–2641.

–: Tarifautonomie als kollektiv ausgeübte Privatautonomie, 2005 (Bayreuther, Tarifautonomie).

Belling, Detlev: Die Verantwortung des Staats für die Normsetzung durch die Tarifpartner, ZfA 1999, 547–615.

Bepler, Klaus: Tarifdispositives Gesetzesrecht, in: Anforderungen an ein modernes kollektives Arbeitsrecht, Festschrift für Otto Ernst Kempen, S. 109–122, Hrsg.: Schubert, Jens, 2013 (Bepler, FS Kempen).

Bepler, Klaus/*Böhle*, Thomas/*Meerkamp*, Achim/*Russ*, Willi (Hrsg.): Beck'scher Online-Kommentar TVöD, 40. Edition, Stand: 1.3.2018 (BeckOK TVöD/Bearbeiter).

Bepler, Klaus/*Böhle*, Thomas/*Meerkamp*, Achim/*Russ*, Willi (Hrsg.): Beck'scher Online-Kommentar TV-L, 35. Edition, Stand: 1.3.2017 (BeckOK TV-L/Bearbeiter).

Berg, Peter/*Kocher*, Eva/*Schumann*, Dirk (Hrsg.): Tarifvertragsgesetz und Arbeitskampfrecht, 5. Aufl. 2015 (Berg/Kocher/Schumann/Bearbeiter, TVG).

Biedenkopf, Kurt Hans: Grenzen der Tarifautonomie, 1964 (Biedenkopf, Grenzen der Tarifautonomie).

–: Vertragliche Wettbewerbsbeschränkung und Wirtschaftsverfassung, 1958 (Biedenkopf, Vertragliche Wettbewerbsbeschränkung).

Bissels, Alexander/*Falter*, Kira: Ausgewählte Rechtsprobleme der AÜG-Reform (Teil 1), ArbRAktuell 2017, 4–8.

Bissels, Alexander/*Falter*, Kira: Reform des Fremdpersonaleinsatzes: Der Regierungsentwurf ist da, DB 2016, 1444–1445.

Bissels, Alexander/*Khalil*, Michael: Die Anwendbarkeit von Tarifverträgen der Zeitarbeit in Mischbetrieben, BB 2013, 315–319.

Blanke, Thomas: Welche Änderungen des deutschen Gesetzes erfordert die Umsetzung der EU-Richtlinie Leiharbeit – mit dem Schwerpunkt Gleichbehandlungsgrundsatz und Abweichungen gem. Art. 5 der EU-Rl?, 2010 (Blanke, Umsetzung der RL Leiharbeit).

–: Der Gleichbehandlungsgrundsatz in der Arbeitnehmerüberlassung, DB 2010, 1528–1533.

Bleck, Sven: Atypische Beschäftigungsverhältnisse in Frankreich und Belgien am Beispiel des Teilzeit- und Befristungsrechts und des Rechts der Arbeitnehmerüberlassung – ein Überblick, RdA 2015, 416–422.

Bock, Sandra: Tarifdispositives Arbeitnehmerschutzrecht und Tarifautonomie, 2005 (Bock, Tarifdispositives Arbeitnehmerschutzrecht).

Boecken, Winfried/*Düwell*, Franz Josef/*Diller*, Martin/*Hanau*, Hans (Hrsg.): Gesamtes Arbeitsrecht, 2016 (NK-GA/Bearbeiter).

Boemke, Burkhard: Systembildung im Europäischen Arbeitsrecht – Recht der Arbeitnehmerüberlassung, in: Systembildung im Europäischen Arbeitsrecht, ZAAR Schriftenreihe Bd. 41, S. 99–126, Hrsg.: Giesen, Richard/Junker, Abbo/Rieble, Volker, 2016 (Boemke, ZAAR Schriftenreihe Bd. 41).

–: Die EG-Leiharbeitsrichtlinie und ihre Einflüsse auf das deutsche Recht, RIW 2009, 177–190.

Boemke, Burkhard/*Lembke*, Mark: AÜG Arbeitnehmerüberlassungsgesetz, 3. Aufl. 2013 (Boemke/Lembke, AÜG).

Boemke, Burkhard/*Lembke*, Mark: Änderungen im AÜG durch das „Job-AQTIV-Gesetz", DB 2002, 893–899.

Boemke, Burkhard/*Sachadae*, Till: „Im Westen nichts Neues" – EuGH lässt Frage nach „vorübergehendem" Charakter der Leiharbeit unbeantwortet, EuZA 2015, 313–322.

Boemke, Burkhard/*Sachadae*, Till: Einsatz kommunaler Arbeitnehmer in gemeinsamen Einrichtungen (Jobcenter) keine unerlaubte Arbeitnehmerüberlassung, jurisPR-ArbR 2/2016, Anm. 6.

Böhm, Wolfgang: Demontage der „Billig-Tarifverträge" in der Zeitarbeit: Wachsende Risiken für die Kunden, DB 2005, 2023–2025.

–: „Billig-Tarifverträge" in der Zeitarbeit – Risiken für die Kunden, DB 2003, 2598–2599.

Bötticher, Eduard: Gestaltungsrecht und Unterwerfung im Privatrecht, 1964 (Bötticher, Gestaltungsrecht und Unterwerfung).

Brand, Dirk: Die Novellierung des AÜG, ZTR 2013, 59–63.

Brauneisen, Kai Thomas/*Ibes*, Julius W.: Der Tatbestand der Arbeitnehmerüberlassung, RdA 2014, 213–222.

Brors, Christiane: Der Übernahmeanspruch von Leiharbeitnehmern nach den Tarifverträgen Leih-/Zeitarbeit in der Metall- und Elektroindustrie, AuR 2014, 258–262.

–: Zur Übertragbarkeit der Rechtsprechung zu den CGZP-Tarifverträgen auf die derzeit geltenden Tarifwerke, RdA 2014, 182–185.

–: „Vorübergehend", AuR 2013, 108–113.

Brors, Christiane/*Schüren*, Peter: Missbrauch von Werkverträgen und Leiharbeit verhindern: Vorschläge für eine gesetzliche Regelung zur Eindämmung von Missbräuchen beim Fremdpersonaleinsatz und zur Umsetzung der Leiharbeitsrichtlinie, 2014 (Brors/Schüren, Gutachten für MAIS NRW).

Burkiczak, Christian: Grundgesetz und Deregulierung des Tarifvertragsrechts, 2006 (Burkiczak, Grundgesetz und Deregulierung).

Buschmann, Rudolf: Abbau des gesetzlichen Arbeitnehmerschutzes durch kollektives Arbeitsrecht?, in: Festschrift für Reinhard Richardi zum 70. Geburtstag, S. 93–116, Hrsg.: Annuß, Georg/Picker, Eduard/Wißmann, Hellmut, 2007 (Buschmann, FS Richardi).

Calliess, Christian/*Ruffert*, Matthias (Hrsg.): EUV/AEUV, 5. Aufl. 2016 (Calliess/Ruffert/Bearbeiter, EUV/AEUV).

Conze, Peter/*Karb*, Svenja/*Wölk*, Wolfgang (Hrsg.): Personalbuch Arbeits- und Tarifrecht öffentlicher Dienst, 4. Aufl. 2014 (Conze/Karb/Wölk/Bearbeiter, Personalbuch).

Däubler, Wolfgang (Hrsg.): Tarifvertragsgesetz, 4. Aufl. 2016 (Däubler/Bearbeiter, TVG).

–: Tarifvertragsrecht, 3. Aufl. 1993 (Däubler, Tarifvertragsrecht).

Däubler, Wolfgang/*Bepler*, Klaus: Das neue Tarifeinheitsrecht, 2016 (Däubler/Bepler/Bearbeiter, Tarifeinheitsrecht).

Däubler, Wolfgang/*Hjort*, Jens Peter/*Schubert*, Michael/*Wolmerath*, Martin (Hrsg.): Arbeitsrecht Handkommentar, 3. Aufl. 2013 (HK-ArbR/Bearbeiter).

Dauses, Manfred (Hrsg.): Handbuch des EU-Wirtschaftsrechts Bd. 1, 37. Aufl. 2015 (Dauses/Bearbeiter, EU-Wirtschaftsrecht).

Deinert, Olaf: Gesetzliche Anreize für die Verbandsmitgliedschaft zur Stärkung der Tarifbindung, SR 2017, 24–32.

–: Kernbelegschaften – Randbelegschaften – Fremdbelegschaften, RdA 2014, 65–77.

–: Arbeitsrechtliche Herausforderungen einer veränderten Gewerkschaftslandschaft, NZA 2009, 1176–1184.

Dieterich, Thomas: Zukunft einer funktionsfähigen Tarifautonomie – mit Berücksichtigung der Besonderheiten in der Bauwirtschaft, NZA-Beil. 2011, 84–88.

–: Koalitionswettbewerb – Nutzung von Freiheit oder Störung der Ordnung?, in: Individuelle und kollektive Freiheit im Arbeitsrecht, Gedächtnisschrift für Ulrich Zachert, S. 532–543, Hrsg.: Dieterich, Thomas/Le Friant, Martine/Nogler, Luca/Kezuka, Katsutoshi/Pfarr, Heide, 2010 (Dieterich, GS Zachert).

–: Die Grundrechtsbindung von Tarifverträgen, in: Tarifautonomie für ein neues Jahrhundert, Festschrift für Günter Schaub zum 65. Geburtstag, S. 117–134, Hrsg.: Schlachter, Monika/Ascheid, Reiner/Friedrich, Hans-Wolf, 1998 (Dieterich, FS Schaub).

Doerlich, Kristin: Die Tariffähigkeit der Gewerkschaft, 2002 (Doerlich, Tariffähigkeit).

Dütz, Wilhelm: Zur Entwicklung des Gewerkschaftsbegriffs, DB 1996, 2385–2390.

Dütz, Wilhelm/*Thüsing*, Gregor: Arbeitsrecht, 19. Aufl. 2014 (Dütz/Thüsing, Arbeitsrecht).

Düwell, Franz Josef: Die vorübergehende Überlassung im Ersten AÜG-Änderungsgesetz, ZESAR 2011, 449–455.

Düwell, Franz Josef/*Dahl*, Holger: Verhinderung des missbräuchlichen Einsatzes von Arbeitnehmerüberlassung und Umsetzung der Leiharbeitsrichtlinie, DB 2010, 1759–1762.

Düwell, Franz Josef/*Dahl*, Holger: Aktuelle Gesetzes- und Tariflage in der Arbeitnehmerüberlassung, DB 2009, 1070–1074.

Ehmann, Horst: Die Tarifbindung des Arbeitgebers als Voraussetzung des Tarifvorbehalts, in: Festschrift für Wolfgang Zöllner zum 70. Geburtstag, S. 715–736, Hrsg.: Lieb, Manfred/Noack, Ulrich/Westermann, Harm Peter, 1998 (Ehmann, FS Zöllner).

Engel, Ludwig: Über die Rechtsnatur des Tarifvertrags: Zugleich ein Versuch über das Problem Staat, Demokratie und soziale Klassenverbände, 1931 (Engel, Über die Rechtsnatur des Tarifvertrags).

Epping, Volker/*Hillgruber*, Christian: Beck'scher Online-Kommentar Grundgesetz, 33. Edition, Stand: 1.6.2017 (BeckOK GG/Bearbeiter).

Fastrich, Lorenz: Bemerkungen zu den Grundrechtsschranken des Tarifvertrags, in: Festschrift für Reinhard Richardi zum 70. Geburtstag, S. 127–140, Hrsg.: Annuß, Georg/Picker, Eduard/Wißmann, Hellmut, 2007 (Fastrich, FS Richardi).

Fieberg, Christian: Die Personalgestellung nach TVöD – kein Fall für das AÜG!, NZA 2014, 187–190.

Fischer, Ulrich: Zeitarbeit zwischen allen (Tarif-)Stühlen? – oder: Gewerkschaften in den Untiefen der Tarifzuständigkeit, RdA 2013, 326–338.

Forst, Gerrit: Entspricht das Konzernprivileg des neuen AÜG der Leiharbeitsrichtlinie?, ZESAR 2011, 316–321.

Franzen, Martin: Tarifdispositive Gestaltung einer Höchstüberlassungsdauer nach AÜG, ZfA 2016, 25–45.

–: Neuausrichtung des Drittpersonaleinsatzes – Überlegungen zu den Vorhaben des Koalitionsvertrags, RdA 2015, 141–152.

–: Arbeitsrecht zwischen BAG, BVerfG, EuGH und EGMR, in: Moderne Arbeitswelt, Festschrift für Rolf Wank, S. 105–116, Hrsg.: Henssler, Martin/Joussen, Jakob/Maties, Martin/Preis, Ulrich, 2014 (Franzen, FS Wank).

–: Tarifzuständigkeit und Tariffähigkeit im Bereich der Arbeitnehmerüberlassung, BB 2009, 1472–1476.

Franzen, Martin/*Gallner*, Inken/*Oetker*, Hartmut (Hrsg.): Kommentar zum europäischen Arbeitsrecht, 2016 (EUArbR/Bearbeiter).

Freckmann, Anke: Arbeitnehmerüberlassung und die Hartz-Reform, DStR 2003, 294–298.

Friese, Birgit: Kollektive Koalitionsfreiheit und Betriebsverfassung, 2000 (Friese, Kollektive Koalitionsfreiheit und Betriebsverfassung).

Fuchs, Maximilian: Das Gleichbehandlungsgebot in der Leiharbeit nach der neuen Leiharbeitsrichtlinie, NZA 2009, 57–63.

Fuchs, Maximilian/*Marhold*, Franz: Europäisches Arbeitsrecht, 4. Aufl. 2014 (Fuchs/Marhold, Europäisches Arbeitsrecht).

Fuest, Alexander: Die demokratische Struktur von Spartengewerkschaften, 2011 (Fuest, Die demokratische Struktur von Spartengewerkschaften).

Gaenslen, Rüdiger: Personalgestellung, Zuweisung und Abordnung nach § 4 TVöD als erlaubnispflichtige Arbeitnehmerüberlassung?, öAT 2015, 181–184.

Gamillscheg, Franz: Kollektives Arbeitsrecht Bd. 1, 1997 (Gamillscheg, Kollektives Arbeitsrecht).

–: „Betrieb" und „Bargaining unit" Versuch des Vergleichs zweier Grundbegriffe, ZfA 1975, 357–400.

Geis, Sebastian: Die Auswirkungen der Reform des AÜG im Jahr 2011 auf die konzerninterne Arbeitnehmerüberlassung, Würzburg 2014 (Geis, Die Auswirkungen der Reform des AÜG im Jahr 2011 auf die konzerninterne Arbeitnehmerüberlassung).

Gerdom, Thomas: Neue Spielregeln bei der Personalgestellung, öAT 2011, 150–153.

Gernhuber, Joachim: Die verdrängende Vollmacht, JZ 1995, 381–390.

Giesen, Richard: Fremdbestimmung durch Tarifvertrag, ZfA 2016, 153–196.

–: Reform der Leiharbeit, ZRP 2016, 130–134.

–: Vorübergehend unklar, FA 2012, 66–69.

–: Tarifvertragliche Rechtsgestaltung für den Betrieb, 2002 (Giesen, Tarifvertragliche Rechtsgestaltung).

Giesen, Richard/*Kersten*, Jens: Gesetzliche Tarifeinheit – Rechtsgutachten im Auftrag der BDA, ZfA 2015, 201–240.

Grabitz, Eberhard/*Hilf*, Meinhard/*Nettesheim*, Martin (Hrsg.): Das Recht der Europäischen Union, 40. Aufl. 2009 (Grabitz/Hilf/Nettesheim/Bearbeiter, Das Recht der EU).

Greiner, Stefan: Anm. BAG 28.3.2006 – 1 ABR 58/04 – EzA TVG § 2 Nr. 28.

–: Gemeinsame Anmerkung zu den Beschlüssen BAG, 05. Oktober 2010 (1 ABR 88/09) = EzA § 2 TVG Nr. 30 und BAG, 14. Dezember 2010 (1 ABR 19/10) = EzA § 2 TVG Nr. 31, Greiner, Anm. zu EzA § 2 TVG Nr. 30, 31, S. 37–72.

–: Kernfragen des novellierten Gleichstellungsgrundsatzes im Recht der Arbeitnehmerüberlassung (§ 8 AÜG), RdA 2017, 153–161.

–: Das Tarifeinheitsgesetz, NZA 2015, 769–778.

–: Die Allgemeinverbindlicherklärung von Tarifverträgen zwischen mitgliedschaftlicher Legitimation und öffentlichem Interesse, in: Festschrift für Gerrick Frhr. v. Hoyningen-Huene, S. 103–122, Hrsg.: Boemke, Burkhard/ Lembke, Mark/Linck, Rüdiger, 2014 (Greiner, FS v. Hoyningen-Huene).

–: Befristungskontrolle im Gemeinschaftsbetrieb mehrerer Unternehmen – die „Jobcenter"-Fälle, DB 2014, 1987–1990.

–: Vergaberegeln im öffentlichen Personennahverkehr – ein Angriff auf die Tarifautonomie, ZTR 2013, 647–652.

–: Werkvertrag und Arbeitnehmerüberlassung – Abgrenzungsfragen und aktuelle Rechtspolitik, NZA 2013, 697–704.

–: Rechtsfragen der Koalitions-, Tarif- und Arbeitskampfpluralität, 2010 (Greiner, Rechtsfragen).

Grimm, Bastian: Das Jobcenter in der notariellen Praxis, MittBayNot 2012, 103–108.

Groeger, Axel: Arbeitsrecht im öffentlichen Dienst, 2. Aufl. 2014 (Groeger, Arbeitsrecht im öD).

Gussen, Heinz: Der Tarifvertrag zur Übernahme von Leiharbeitnehmern, FA 2014, 363–367.

Hamann, Wolfgang: „Entwurf eines Gesetzes zur Änderung des AÜG und anderer Gesetze" vom 17.02.2016, AuR 2016, 136–141.

–: Umsetzung der Vorgabe „vorübergehend" in der Leiharbeitsrichtlinie, NZA 2015, 904–910.

–: Zustimmungsverweigerungsrecht bei beabsichtigter nicht nur vorübergehender Einstellung von Leiharbeitnehmern, jurisPR-ArbR, 47/2013 Anm. 1.

–: Die Vereinbarkeit der privilegierten Arbeitnehmerüberlassung nach dem AÜG mit der Richtlinie Leiharbeit, ZESAR 2012, 103–111.

–: Zustimmungsersetzung zum Einsatz von Leiharbeitnehmern als Verstoß gegen das AÜG, jurisPR-ArbR, 40/2012 Anm. 1.

–: Die Reform des AÜG im Jahr 2011, RdA 2011, 321–341.

–: Kurswechsel bei der Arbeitnehmerüberlassung?, NZA 2011, 70–77.

–: Die Richtlinie Leiharbeit und ihre Auswirkungen auf das nationale Recht der Arbeitnehmerüberlassung, EuZA 2009, 287–331.

Hamann, Wolfgang/*Klengel*, Ernesto: Die Überlassungsdauer des reformierten AÜG im Lichte des Unionsrechts, EuZA 2017, 194–213.

Hanau, Peter: Die Koalitionsfreiheit sprengt den Kernbereich, ZIP 1996, 447.

Happ, Daniel/*van der Most*, Marijke: Die Höchstüberlassungsdauer im AÜG - eine „vorübergehende“ Idee?, BB 2015, 565–571.

Hartmann, Felix: Negative Tarifvertragsfreiheit im deutschen und europäischen Arbeitsrecht, 2014 (Hartmann, Negative Tarifvertragsfreiheit).

Hennig, Jörg/*Bödeker*, Ole-Jonas: Neues zur Arbeitnehmerüberlassung, AuA 2016, 201–203.

Henssler, Martin: Fremdpersonaleinsatz durch On-Site-Werkverträge und Arbeitnehmerüberlassung – offene Fragen und Anwendungsprobleme des neuen Rechts, RdA 2017, 83–100.

–: Soziale Mächtigkeit und organisatorische Leistungsfähigkeit als Voraussetzungen der Tariffähigkeit von Gewerkschaften, 2006 (Henssler, Soziale Mächtigkeit und organisatorische Leistungsfähigkeit).

–: Tarifautonomie und Gesetzgebung, ZfA 1998, 1–40.

Henssler, Martin/*Höpfner*, Clemens: Tarif- und verfassungsrechtliche Zulässigkeit einer auf die Sozialpartner der Einsatzbranchen begrenzten Tariföffnungsklausel zur AÜG-Höchstüberlassungsdauer, 2016 (Henssler/Höpfner, AÜG-Höchstüberlassungsdauer).

Henssler, Martin/*Moll*, Wilhelm/*Bepler*, Klaus (Hrsg.): Der Tarifvertrag, 2. Aufl. 2016 (HMB/Bearbeiter, Der Tarifvertrag).

Henssler, Martin/*Willemsen*, Heinz Josef/*Kalb*, Heinz-Jürgen (Hrsg.): Arbeitsrecht Kommentar, 6. Aufl. 2014 (HWK/Bearbeiter).

Herresthal, Carsten: Die Re-Individualisierung des kollektiven Arbeitsrechts in der europäischen Integration am Beispiel der Tarifautonomie, EuZA 2011, 3–29.

Heup, Eva: Fremdpersonal im öffentlichen Dienst, 2016 (Heup, Fremdpersonal im öD).

Heuschmid, Johannes: Anm. zu EuGH 17.3.2015 - C-533/13 (AKT), AuR 2015, 280–281.

Heuschmid, Johannes/*Klauk*, Melanie: Zur Primärrechtswidrigkeit der Leiharbeits-Richtlinie, SR 2012, 84–94.

Hinrichs, Lars/*Wenzel*, Andrea/*Knoll*, Johanna: Die Personalgestellung nach der Reform des AÜG – Bleibt alles anders?, ZTR 2014, 68–74.

Höpfner, Clemens: Die Tarifgeltung im Arbeitsverhältnis, 2015 (Höpfner, Tarifgeltung).

Houben, Christian-Armand: Houben, Die Rückwirkung von Tarifverträgen, 2006 (Houben, Die Rückwirkung von Tarifverträgen).

Hromadka, Wolfgang: Arbeiter und Angestellte – ein Nachruf, RdA 2015, 65–75.

Huke, Rainer/*Neufeld*, Tobias/*Luickhardt*, Vera: Das neue AÜG: Erste Praxiserfahrungen und Hinweise zum Umgang mit den neuen Regelungen, BB 2012, 961–969.

Hümmerich, Klaus/*Boecken*, Winfried/*Düwell*, Franz Josef (Hrsg.): AnwaltKommentar Arbeitsrecht, 2. Aufl. 2010 (Hümmerich/Boecken/Düwell/Bearbeiter, AnwK ArbR).

Isenhardt, Tilman: Relative Tariffähigkeit, 2008 (Isenhardt, Relative Tariffähigkeit).

Jacobi, Erwin: Grundlehren des Arbeitsrechts, 1927 (Jacobi, Grundlehren des Arbeitsrechts).

Jacobs, Matthias/*Krause*, Rüdiger/*Oetker*, Hartmut/*Schubert*, Claudia (Hrsg.): Tarifvertragsrecht, 2. Aufl. 2013 (JKOS/Bearbeiter, Tarifvertragsrecht).

Jarass, Hans: Charta der Grundrechte der Europäischen Union, 3. Aufl. 2016 (Jarass, GRC).

Jarass, Hans/*Pieroth*, Bodo: Grundgesetz, 14. Aufl. 2016 (Jarass/Pieroth/Bearbeiter).

Joost, Detlev: Betrieb und Unternehmen als Grundbegriffe im Arbeitsrecht, 1988 (Joost, Betrieb und Unternehmen als Grundbegriffe im Arbeitsrecht).

Jöris, Heribert: Die Allgemeinverbindlicherklärung von Tarifverträgen nach dem neuen § 5 TVG, NZA 2014, 1313–1319.

Junker, Abbo: Die Gewährleistung der Tarifautonomie im europäischen Recht, ZfA 2015, 267–286.

–: Europäische Vorschriften zum Tarifvertrag, EuZA 2014, 1–16.

–: Die Tarifzuständigkeit als Wirksamkeitserfordernis des Tarifvertrags, ZfA 2007, 229–245.

Kämmerer, Jörn Axel: Der neue Rechtsrahmen der Arbeitnehmerüberlassung: Verfassungs- und unionsrechtliche Fragen, 2017 (Kämmerer, Der neue Rechtsrahmen der Arbeitnehmerüberlassung).

Kämmerer, Jörn Axel/*Thüsing*, Gregor: Leiharbeit und Verfassungsrecht, 2005 (Kämmerer/Thüsing, Leiharbeit und Verfassungsrecht).

Käppler, Renate: Tarifvertragliche Regelungsmacht, NZA 1991, 745–754.

Karthaus, Boris/*Klebe*, Thomas: Legitimation durch Kollektivvertrag – Leiharbeit, Werkvertrag und die Erosion der Arbeitgeberrolle, in: Anforderungen an ein modernes kollektives Arbeitsrecht, Festschrift für Otto Ernst Kempen, S. 295–312, Hrsg.: Schubert, Jens, 2013 (Karthaus/Klebe, FS Kempen).

Kerwer, Christof: Von Lokführern, solidarischen Druckern und Nürnberger Haushaltsgeräten: Neue Tendenzen im Arbeitskampfrecht, EuZA 2008, 335–354.

Kirchhof, Ferdinand: Private Rechtsetzung, 1987 (Kirchhof, Private Rechtsetzung).

Kiss, Györy/*Banko*, Zlotan: Die Arbeitnehmerüberlassung im ungarischen Arbeitsrecht und die Richtlinie über Leiharbeit, EuZA 2010, 208–225.

Kissel, Otto: Arbeitskampfrecht, 2002 (Kissel, Arbeitskampfrecht).

Klueß, Achim: Leiharbeit: offene Fragen – gesetzgeberisches Handeln, AuR 2014, 321–324.

Klumpp, Steffen: Die neue Leiharbeitsrichtlinie, GPR 2009, 89–92.

Kohte, Wolfhard: Tarifdispositives Arbeitszeitrecht – zwischen respektierter Tarifautonomie und eingeschränktem Gestaltungsspielraum, in: Arbeitsgerichtsbarkeit und Wissenschaft, Festschrift für Klaus Bepler zum 65. Geburtstag, S. 287–301, Hrsg.: Creutzfeldt, Malte/Thüsing, Gregor/Hanau, Peter/Wißmann, Hellmut, 2012 (Kohte, FS Bepler).

Koller, Ingo: Die Zulässigkeit von Rationalisierungsschutzabkommen in Tarifverträgen, ZfA 1978, 45–47.

Konzen, Horst: Die Tarifzuständigkeit im Tarif- und Arbeitskampfrecht, in: Festschrift für Alfons Kraft zum 70. Geburtstag, S. 291–322, Hrsg.: Hönn, Günther/Konzen, Horst/Kreutz, Peter, 1998 (Konzen, FS Kraft).

Krämer, Daniel: Die Richtigkeitsgewähr des Tarifvertrags, 2015 (Krämer, Richtigkeitsgewähr).

Krannich, Daniel/*Simon*, Regina: Das neue Arbeitnehmerüberlassungsgesetz – zur Auslegung des Begriffs „vorübergehend“ in § 1 Abs. 1 AÜG n.F., BB 2012, 1414–1420.

Krause, Rüdiger: Flexibler Personaleinsatz, ZfA 2014, 349–394.

–: Neue tarifvertragliche Regeln für die Leiharbeit in der Metallindustrie, NZA 2012, 830–836.

–: Tarifverträge zur Begrenzung der Leiharbeit und zur Durchsetzung von Equal Pay, 2. Aufl. 2012 (Krause, Tarifverträge zur Begrenzung der Leiharbeit).

–: Tarifverträge zur Wiederherstellung von Equal Pay, AuR 2012, 55–61.

Kutscher, Stephan: Die Tarifzuständigkeit. Materielle Grenzen der Betätigungsfreiheit und Rechtsfolgen fehlender Regelungsbefugnis (am Beispiel der punktuellen Erweiterung des Organisationsbereichs), 1993 (Kutscher, Tarifzuständigkeit).

Landmann, Robert/*Rohmer*, Gustav (Begr.): Gewerbeordnung, 71. EL, 2016 (Landmann/Rohmer/Bearbeiter, GewO).

Langstädtler, Sarah: Gebot von Equal Pay und Equal Treatment zugunsten von Leiharbeitnehmern und die Richtlinie 2008/104/EG, S. 231–260, in: Noerr Academy, Wissenschaft trifft Praxis, Arbeitsrecht 2011, Hrsg.: Butz, Andreas/Rupp, Hans-Jürgen, 2012 (Langstädtler, Noerr Academy 2011).

Leipold, Dieter: BGB I, Einführung und Allgemeiner Teil, 8. Aufl. 2015 (Leipold, BGB I).

Lembke, Mark: AÜG-Reform 2017 – Eine Reformatio in Peius, NZA 2017, 1–12.

–: Gesetzesvorhaben der Großen Koalition im Bereich der Arbeitnehmerüberlassung, BB 2014, 1333–1340.

–: Neues vom EuGH zum Befristungsschutz von Leiharbeitnehmern, NZA 2013, 815–821.

–: Arbeitnehmerüberlassung im Konzern, BB 2012, 2497–2505.

–: Die geplanten Änderungen im Recht der Arbeitnehmerüberlassung, DB 2011, 414–420.

–: Aktuelle Brennpunkte in der Zeitarbeit, BB 2010, 1533–1541.

–: Die „Hartz-Reform" des Arbeitnehmerüberlassungsgesetzes, BB 2003, 98–104.

Lembke, Mark/*Distler*, Eva-Marie: Die Bezugnahme auf Tarifverträge der Zeitarbeitsbranche durch Unternehmen mit Mischbetrieben, NZA 2006, 952–959.

Lembke, Mark/*Ludwig*, Pascal M.: Die Leiharbeit im Wechselspiel europäischer und nationaler Regulierung, NJW 2014, 1329–1335.

Lembke, Mark/*Rothmann*, Jochen: Die legislative und judikative Regulierung der Zeitarbeit, ZESAR, 2014, 372–382.

Leuchten, Alexius: Das neue Recht der Leiharbeit, NZA 2011, 608–612.

Löwisch, Manfred: Beamte als Arbeitnehmer im Sinne des BetrVG, BB 2009, 2316–2319.

Löwisch, Manfred/*Domisch*, Jörg: Zur Anwendbarkeit des Arbeitnehmerüberlassungsgesetzes auf Personalgestellungen durch juristische Personen des öffentlichen Rechts, BB 2012, 1408–1410.

Löwisch, Manfred/*Rieble*, Volker: Tarifvertragsgesetz, 4. Aufl. 2017 (Löwisch/Rieble, TVG).

Ludwig, Gero: Das Problem der dauerhaften Arbeitnehmerüberlassung, BB 2013, 1276–1280.

Maschmann, Frank: Fremdpersonaleinsatz im Unternehmen und die Flucht in den Werkvertrag, NZA 2013, 1305–1312.

–: Arbeitsverträge und Verträge mit Selbständigen, 2001 (Maschmann, Arbeitsverträge).

Maunz, Theodor/*Dürig*, Günter (Begr.): Grundgesetz, 78. Lieferung, Stand: 1.9.2016 (Maunz/Dürig/Bearbeiter, GG).

Mayer, Udo: Gesetzliche Mindestlöhne für die Leiharbeit, AuR 2011, 4–9.

Melot de Beauregard, Paul: Der Referentenentwurf zur Reform der Arbeitnehmerüberlassung und des Werkvertragsrechts, DB 2015, 2881.

Moll, Wilhelm (Hrsg.): Münchener Anwaltshandbuch Arbeitsrecht, 3. Aufl. 2012 (Moll/Bearbeiter, Arbeitsrecht).

Müller-Glöge, Rudi/*Preis*, Ulrich/*Schmidt*, Ingrid (Hrsg.): Erfurter Kommentar zum Arbeitsrecht, 17. Aufl. 2017 (ErfK/Bearbeiter).

Nebeling, Martin/*Gründel*, Sarah: Vermeidung des Gleichstellungsgrundsatzes in Mischbetrieben mit Zeitarbeit, BB 2009, 2366–2372.

Neighbour, Kerstin/*Schröder*, Matthes: Die Reform des Arbeitnehmerüberlassungsgesetzes – Was ändert sich zum 1.4.2017?, BB 2016, 2869–2874.

Nielebock, Helga: Regelung europarechtskonformer Ausnahmen vom Gleichbehandlungsgrundsatz durch die Änderung des AÜG 2011?, in: Arbeitsgerichtsbarkeit und Wissenschaft, Festschrift für Klaus Bepler zum 65. Geburtstag, S. 455–466, Hrsg.: Creutzfeldt, Malte/Thüsing, Gregor/Hanau, Peter/Wißmann, Hellmut, 2012 (Nielebock, FS Bepler).

Nießen, Tobias/*Fabritius*, Burkhard: Was ist vorübergehende Arbeitnehmerüberlassung – Das Rätsel weiter ungelöst?, NJW 2014, 263–266.

Nießen, Tobias/*Fabritius*, Burkhard: Die neuen Branchenzuschläge in der Zeitarbeit - Auswirkung auf die Praxis, BB 2013, 375–380.

Nikisch, Arthur: Arbeitsrecht, Bd. 2, 2. Aufl. 1959 (Nikisch, Arbeitsrecht, Bd. 2).

Nußberger, Angelika: Auswirkungen der Rechtsprechung des Europäischen Gerichtshofs für Menschenrechte auf das deutsche Arbeitsrecht, RdA 2012, 270–277.

Oetker, Hartmut: Arbeitsrechtlicher Kündigungsschutz und Tarifautonomie, ZfA 2001, 287–340.

Otto, Hansjörg: Tarifzensur und Arbeitskampf, in: Festschrift für Horst Konzen zum siebzigsten Geburtstag, S. 663–686, Hrsg.: Dauner-Lieb, Barbara/Hommelhoff, Peter/Jacobs, Matthias/Kaiser, Dagmar/Weber, Christoph, 2006 (Otto, FS Konzen).

Peters, Hans/*Ossenbühl*, Fritz: Die Übertragung von öffentlich-rechtlichen Befugnissen auf die Sozialpartner unter besonderer Berücksichtigung des Arbeitszeitschutzes, 1967 (Peters/Ossenbühl, Übertragung öffentlich-rechtlicher Befugnisse).

Picker, Eduard: Die Tarifautonomie am Scheideweg von Selbstbestimmung und Fremdbestimmung im Arbeitsleben – Zur Legitimation der Regelungsmacht der Koalitionen, in: 50 Jahre Bundesarbeitsgericht, S. 795–830, Hrsg.: Oetker, Hartmut/Preis, Ulrich/Rieble, Volker, 2004 (Picker, FS 50 Jahre BAG).

–: Tarifautonomie – Betriebsautonomie – Privatautonomie, NZA 2002, 761–770.

–: Betriebsverfassung und Arbeitsverfassung, RdA 2001, 257–292.

–: Tarifmacht und tarifvertragliche Arbeitsmarktpolitik, ZfA 1998, 573–714.

–: Die Regelung der „Arbeits- und Wirtschaftsbedingungen" - Vertragsprinzip oder Kampfprinzip? (Teil 1), ZfA 1986, 199–339.

Pielow, Johann-Christian (Hrsg.): Beck'scher Online-Kommentar Gewerberecht, 38. Edition, Stand: 1.5.2017 (BeckOK GewO/Bearbeiter).

Preis, Ulrich: Arbeitsrecht, Kollektivarbeitsrecht, 4. Aufl. 2017 (Preis, Kollektivarbeitsrecht).

–: NZA 2010, Heft 5 Editorial.

Preis, Ulrich/*Greiner*, Stefan: Die Personalgestellung nach § 4 Abs. 3 TVöD – eine innovative Stärkung der Binnenflexibilität im Arbeitsverhältnis, ZTR 2006, 290–296.

Preis, Ulrich/*Sagan*, Adam (Hrsg.): Europäisches Arbeitsrecht, 2015 (Preis/Sagan/Bearbeiter, Europäisches Arbeitsrecht).

Rebhahn, Robert: Zivilrecht und Europäische Menschenrechtskonvention, AcP 210 (2010), 489–554.

Reichold, Hermann: Tarifliche Vergütungsordnung - Betriebliche „Allgemeinverbindlichkeit" kraft Mitbestimmungspflicht, RdA 2013, 108–110.

Reim, Uwe: Neue Flexibilität bei der Leiharbeit, ZTR 2003, 106–113.

Reinsch, Julia: Das Rechtsverhältnis zwischen Entleiher und Leiharbeitnehmer, 2009 (Reinsch, Rechtsverhältnis).

Richardi, Reinhard: Systemwidrigkeit des Tarifeinheitsgesetzes als Quelle der Rechtsunsicherheit, NZA 2015, 915–917.

–: Betriebsverfassungsgesetz mit Wahlordnung, 14. Aufl. 2014 (Richardi, BetrVG).

–: Normsetzung und Normgeltung im kollektiven Arbeitsrecht, ZfA 2014, 395–418.

–: Verbandsmitgliedschaft und Tarifgeltung als Grundprinzip der Tarifautonomie, NZA 2013, 408–412.

–: Von der Tarifautonomie zur tariflichen Ersatzgesetzgebung, in: Festschrift für Horst Konzen zum siebzigsten Geburtstag, S. 791–808, Hrsg.: Dauner-Lieb, Barbara/Hommelhoff, Peter/Jacobs, Matthias/Kaiser, Dagmar/Weber, Christoph, 2006 (Richardi, FS Konzen).

–: Kollektivgewalt und Individualwille bei der Gestaltung des Arbeitsverhältnisses, 1968 (Richardi, Kollektivgewalt).

Ricken, Oliver: Autonomie und tarifliche Rechtssetzung, 2006 (Ricken, Autonomie und tarifliche Rechtssetzung).

Rieble, Volker: Tariffreiheit, EuZA 2017, 228–240.

–: Tariflose Zeitarbeit?, BB 2012, 2177–2183.

–: Unbestimmte Tarifzuständigkeit, in: Festschrift für Herbert Buchner zum 70. Geburtstag, S. 756–776, Hrsg.: Bauer, Jobst-Hubertus/Kort, Michael/Möllers, Thomas/Sandmann, Bernd, 2009 (Rieble, FS Buchner).

–: Kollektivarbeitsrechtliche Regulierung beim Entleiher, in: Zukunft der Zeitarbeit, ZAAR Schriftenreihe Bd. 15, S. 65–103, Hrsg.: Giesen, Richard/Junker, Abbo/Rieble, Volker, 2009 (Rieble, ZAAR Schriftenreihe Bd. 15).

–: Relativität der Tariffähigkeit, in: Festschrift für Herbert Wiedemann zum 70. Geburtstag, S. 519–542, Hrsg.: Wank, Rolf/Hirte, Heribert/Frey, Kaspar/Fleischer, Holger/Thüsing, Gregor, 2002 (Rieble, FS Wiedemann).

–: Der Tarifvertrag als kollektiv-privatautonomer Vertrag, ZfA 2000, 5–27.

–: Arbeitsmarkt und Wettbewerb, 1996 (Rieble, Arbeitsmarkt und Wettbewerb).

Rieble, Volker/*Klebeck*, Ulf: Lohngleichheit für Leiharbeit, NZA 2002, 23–29.

Rieble, Volker/*Vielmeier*, Stephan: Umsetzungsdefizite der Leiharbeitsrichtlinie, EuZA, 2011, 474–504.

Riechert, Christian: Grenzen tariflicher Abweichung vom Equal Pay-Grundsatz des AÜG, NZA 2013, 303–309.

Riesenhuber, Karl (Hrsg.): Europäische Methodenlehre, 3. Aufl. 2015 (Riesenhuber/Bearbeiter, Europäische Methodenlehre).

–: Europäisches Arbeitsrecht, 2009 (Riesenhuber, Europäisches Arbeitsrecht).

Rödl, Florian/*Ulber*, Daniel: Unvereinbarkeit von § 9 Nr. 2 Halbs. 4 AÜG mit der Leiharbeitsrichtlinie, NZA 2012, 841–845.

Rolfs, Christian/*Giesen*, Richard/*Kreikebohm*, Ralf/*Udsching*, Peter (Hrsg.): Beck'scher Online-Kommentar Arbeitsrecht, 44. Edition, Stand: 1.6.2017 (BeckOK ArbR/Bearbeiter).

Romanowski, Roman/*Bartl*, Ewald: Keine Leiharbeit auf Dauerarbeitsplätzen!, NZA 2012, 845–846.

Röpke, Melanie: Die Gestaltbarkeit von Arbeitsbedingungen im Rahmen von § 9 Nr. 2 AÜG, 2016 (Röpke, Gestaltbarkeit von Arbeitsbedingungen).

Ruge, Jan/*von Tiling*, Christian: Die tarifliche Personalgestellung im öffentlichen Dienst nach der Reform des AÜG, ZTR 2012, 263–267.

Säcker, Franz-Jürgen: Grundprobleme der kollektiven Koalitionsfreiheit, 1969 (Säcker, Grundprobleme der kollektiven Koalitionsfreiheit).

Säcker, Franz Jürgen/*Rixecker*, Roland/*Oetker*, Hartmut/*Limperg*, Bettina (Hrsg.): Münchener Kommentar zum Bürgerlichen Gesetzbuch, Bd. 1, 7. Aufl. 2015 (MüKo BGB/Bearbeiter).

Sandmann, Bernd: Entgelttarifvertrag und Zeitarbeit – one size fits all?, in: Festschrift für Herbert Buchner zum 70. Geburtstag, S. 777–786, Hrsg.: Bauer, Jobst-Hubertus/Kort, Michael/Möllers, Thomas/Sandmann, Bernd, 2009 (Sandmann, FS Buchner).

Sansone, Piero: Gleichstellung von Leiharbeitnehmern nach deutschem und Unionsrecht, 2011 (Sansone, Gleichstellung).

Schaub, Günter (Hrsg.): Arbeitsrechts-Handbuch, 16. Aufl. 2015 (Schaub/Bearbeiter, Arbeitsrechts-Handbuch).

Schewiola, Sascha: Der neue Anwendungsbereich des Arbeitnehmerüberlassungsgesetzes (AÜG), ArbRB 2013, 182–184.

Schlachter, Monika: Der Schutz der Vereinigungsfreiheit durch die Europäische Sozialcharta, SR 2013, 77–91.

–: Gleichheitswidrige Tarifnormen, in: Tarifautonomie für ein neues Jahrhundert, Festschrift für Günter Schaub zum 65. Geburtstag, S. 651–674, Hrsg.: Schlachter, Monika/Ascheid, Reiner/Friedrich, Hans-Wolf, 1998 (Schlachter, FS Schaub).

Schlachter, Monika/*Heinig*, Hans Michael (Hrsg.): Enzyklopädie Europarecht, Bd. 7, Europäisches Arbeits- und Sozialrecht, (EnzEuR/Bearbeiter).

Schlachter, Monika/*Klauk*, Melanie: Tarifdispositivität – eine zeitgemäße Regelung, AuR 2010, 354–362.

Schmidt, Karsten (Hrsg.): Münchener Kommentar zum Handelsgesetzbuch, Bd. 1, 4. Aufl. 2016 (MüKo HGB/Bearbeiter).

Schmidt-Rimpler, Walter: Richtigkeitsgewähr notariell beurkundeter Verträge, AcP 147 (1941), 130–197.

Scholz, Rupert/*Lingemann*, Stefan/*Ruttloff*, Marc: Tarifeinheit und Verfassung, NZA-Beil. 2015, 3–47.

Schüren, Peter: Erfurt (ist ge)fordert: Mehr Transparenz bei der Bezugnahme auf Zeitarbeitstarifverträge, Diskussionsbeitrag, NZA 2013, 948–952.

– (Hrsg.): Arbeitnehmerüberlassungsgesetz, 4. Aufl. 2010 (Schüren/Bearbeiter, AÜG).

–: Tarifunfähigkeit der Tarifgemeinschaft Christlicher Gewerkschaften für die Leiharbeitsbranche, NZA 2008, 453–456.

–: Die Regelung der Vergütung der Leiharbeitnehmer oder „Der Besuch des Elefanten im Porzellanladen des kollektiven Arbeitsrechts", in: Festschrift für Manfred Löwisch zum 70. Geburtstag, S. 367–373, Hrsg.: Rieble, Volker, 2007 (Schüren, FS Löwisch).

–: Tarifverträge ohne mitgliedschaftliche Legitimation – eine Skizze, in: 50 Jahre Bundesarbeitsgericht, S. 877–888, Hrsg.: Oetker, Hartmut/Preis, Ulrich/Rieble, Volker, 2004 (Schüren, FS 50 Jahre BAG).

–: Die Legitimation der tariflichen Normsetzung, 1990 (Schüren, Legitimation der tariflichen Normsetzung).

Schüren, Peter/*Behrend*, Britta: Arbeitnehmerüberlassung nach der Reform – Risiken der Neuen Freiheit, NZA 2003, 521–526.

Schüren, Peter/*Fasholz*, Sabrina: Inhouse-Outsourcing und der Diskussionsentwurf zum AÜG – Ein Diskussionsbeitrag, NZA 2015, 1473–1478.

Schüren, Peter/*Wank*, Rolf: Die neue Leiharbeitsrichtlinie und ihre Umsetzung in deutsches Recht, RdA 2011, 1–12.

Schwarze, Roland: Legitimation kraft virtueller Repräsentation – ein gemeinschaftsrechtliches Prinzip?, RdA 2001, 208–218.

Seel, Henning-Alexander: Neue Spielregeln für die Arbeitnehmerüberlassung – Eine Analyse des Referentenentwurf des AÜG, öAT, 2016, 27–30.

–: Dauerarbeitsplatz und dauerhafte Arbeitnehmerüberlassung, FA 2013, 132–134.

–: Neues AÜG in der Praxis – Eine Übersicht über die wesentlichen „vorübergehend unklaren" Fragen, öAT 2013, 23–26.

–: § 1 Abs. 1 Satz 2 AÜG als Verbotsgesetz gem. § 99 Abs. 2 Nr. 1 BetrVG, FA 2012, 360–363.

Seiwerth, Stephan: Gestaltung der neuen Überlassungshöchstdauer des AÜG durch Tarifvertrag, NZA 2017, 479–482.

–: Grenzen der tarifvertraglichen Ausweitung sachgrundloser Befristung, RdA 2016, 214–224.

–: Das „Genter System" als Mittel zur Stärkung der Tarifautonomie?, NZA 2014, 708–712.

–: Vereinbarkeit der aktuellen Änderungen des AÜG mit der Richtlinie 2008/104/EG, S. 261–310, in: Noerr Academy, Wissenschaft trifft Praxis, Arbeitsrecht 2011, Hrsg.: Butz, Andreas/Rupp, Hans-Jürgen, 2012 (Seiwerth, Noerr Academy 2011).

Sieber, Thomas: Tarifdispositives Recht – Mittel zur Stärkung und Flexibilisierung des Gesamtarbeitsvertragssystems anhand der Beispiele des Nachtarbeitsverbots und der Ladenöffnungszeiten, 1996 (Sieber, Tarifdispositives Recht).

Siebert, Jens: Neue gesetzliche Regelungen zu AÜG und Personalgestellung, öAT 2017, 45–48.

Singer, Reinhard: Tarifvertragliche Normenkontrolle am Maßstab der Grundrechte? ZfA 1995, 611–638.

Sittard, Ulrich: Voraussetzungen und Wirkungen der Tarifnormerstreckung nach § 5 TVG und dem AEntG, 2010 (Sittard, Tarifnormerstreckung).

Söllner, Alfred: Grenzen des Tarifvertrags, NZA 1996, 897–906.

–: Der verfassungsrechtliche Rahmen für Privatautonomie im Arbeitsrecht, RdA 1989, 144–150.

–: „Ohne Arbeit kein Lohn", AcP 167 (1967), 132–147.

Stähle, Klaus: Droht das Ende der Gestellung?, PersR 2015, 32–36.

Stang, Dieter/*Ulber*, Jürgen: Keine neue Mogelpackung! – Anforderung an eine gesetzliche Neuregelung der Leiharbeit, NZA 2015, 910–915.

Steinmeyer, Heinz-Dietrich: Was bedeutet „vorübergehend"? – Die neue Grundsatzfrage des Arbeitsrechts, DB 2013, 2740–2744.

Stern, Klaus: Das Staatsrecht der Bundesrepublik Deutschland, Bd. III/2: Allgemeine Lehren der Grundrechte, 1994 (Stern/Bearbeiter, Staatsrecht, Bd. 3/2).

Stoppelmann, David: Tariffähigkeit und Tarifzuständigkeit von Arbeitgeberverbänden, 2015 (Stoppelmann, Tariffähigkeit und Tarifzuständigkeit).

Stürner, Rolf (Hrsg.): Jauernig, Bürgerliches Gesetzbuch, 16. Aufl. 2015 (Jauernig/Bearbeiter, BGB).

Tettinger, Peter/*Wank*, Rolf/*Ennuschat*, Jörg (Hrsg.): Gewerbeordnung, 8. Aufl. 2011 (Tettinger/Wank/Ennuschat/Bearbeiter, GewO).

Teubner, Gunther: Organisationsdemokratie und Verbandsverfassung: Rechtsmodelle für politisch relevante Verbände, 1978 (Teubner, Organisationsdemokratie und Verbandsverfassung).

Teusch, Jan/*Verstege*, Sebastian: Vorübergehend unklar – Zustimmungsverweigerungsrecht des Betriebsrats bei Einstellung von Leiharbeitnehmern?, NZA 2012, 1326–1330.

Thöl, Heinrich: Das Handelsrecht, 1841 (Thöl, Handelsrecht).

Thüsing, Gregor: Europäisches Arbeitsrecht, 3. Aufl. 2017 (Thüsing, Europäisches Arbeitsrecht).

–: Zur Vorbereitung auf die AÜG-Reform, DB 2016, 2663–2667.

–: Dauerhafte Arbeitnehmerüberlassung: Neues vom BAG, vom EuGH und auch vom Gesetzgeber, NZA 2014, 10–12.

–: Vorübergehende und nicht- vorübergehende Arbeitnehmerüberlassung: Das Rätselraten geht weiter, NZA 2013, 1248–1250.

– (Hrsg.): Arbeitnehmerüberlassungsgesetz, 3. Aufl. 2012 (Thüsing/Bearbeiter, AÜG).

–: Blick in das europäische und ausländische Arbeitsrecht, RdA 2009, 118–122.

–: Equal pay bei Leiharbeit, DB 2003, 446–451.

Thüsing, Gregor/*Braun*, Axel (Hrsg.): Tarifrecht, 2. Aufl. 2016 (Thüsing/Braun/Bearbeiter, Tarifrecht).

Thüsing, Gregor/*Stiebert*, Tom: Equal Pay in der Arbeitnehmerüberlassung zwischen Unionsrecht und nationalem Recht, ZESAR 2012, 199–207.

Thüsing, Gregor/*Stiebert*, Tom: Zum Begriff „vorübergehend" in § 1 Abs. 1 Satz 2 AÜG, DB 2012, 632–635.

Thüsing, Gregor/*Thieken*, Jan: Der Begriff der „wirtschaftlichen Tätigkeit" im neuen AÜG, DB 2012, 347–350.

Thüsing, Gregor/*Traut*, Johannes: Zur begrenzten Reichweite der Koalitionsfreiheit im Unionsrecht, RdA 2012, 65–73.

Triepel, Heinrich: Delegation und Mandat im öffentlichen Recht, 1942 (Triepel, Delegation und Mandat im öffentlichen Recht).

Trümner, Ralf/*Fischer*, Johann: Dauerhafte Personalgestellungen im Lichte des neuen Arbeitnehmerüberlassungsrechts, PersR 2013, 193–200.

Ulber, Daniel: Tarifvertragliche Regelung der Arbeitnehmerüberlassung, in: Ordnungsfragen des Tarifvertragsrecht, ZAAR Schriftenreihe Bd. 42, S. 87–115, Hrsg.: Giesen, Richard/Junker, Abbo/Rieble, Volker, 2017 (Ulber, ZAAR Schriftenreihe Bd. 42).

–: Tarifdispositives Gesetzesrecht im Spannungsfeld von Tarifautonomie und grundrechtlichen Schutzpflichten, 2010 (Ulber, Tarifdispositives Gesetzesrecht).

Ulber, Jürgen: Der Referentenentwurf des BMAS sowie der Gesetzentwurf des Bundesrats zur Änderung des AÜG und anderer Gesetze (Stand 8.1.2016) (Ulber, Rechtsgutachten zum 1. Referentenentwurf).

– (Hrsg.): Arbeitnehmerüberlassungsgesetz, 4. Aufl. 2011 (Ulber, AÜG).

–: Regierungsentwurf zur Verhinderung von Missbrauch der Arbeitnehmerüberlassung, AuR 2010, 412–416.

–: Die Richtlinie der Leiharbeit, AuR 2010, 10–15.

–: Personal-Service-Agenturen und Neuregelung der Arbeitnehmerüberlassung, AuR 2003, 7–15.

Ulber, Jürgen/*Stang*, Dieter: Die geplante Neuregelung der Leiharbeit, AuR 2015, 250–255.

Ulrici, Bernhard: Abweichung vom Gleichstellungsgebot durch Bezugnahme auf Tarifwerke der Zeitarbeit in Mischbetrieben, jurisPR-ArbR 9/2017 Anm. 4.

–: Der Vertrag zu Lasten Dritter in der Arbeitsrechtswissenschaft, ZfA 2016, 377–404.

Umbach, Dieter/*Clemens*, Thomas: Grundgesetz, 2002 (Umbach/Clemens/Bearbeiter, GG).

Urban-Crell, Sandra/*Germakowksi*, Gudrun/*Bissels*, Alexander/*Hurst*, Adrian (Hrsg.): Arbeitnehmerüberlasssungsgesetz, 3. Aufl. 2017 (UBGH/Bearbeiter, AÜG).

von Gierke, Otto: Deutsches Privatrecht, Bd. 1: Allgemeiner Teil und Personenrecht, 1895 (v. Gierke, Privatrecht Bd. 1).

–: Das Deutsche Genossenschaftsrecht, Bd. 1: Rechtsgeschichte der deutschen Genossenschaft, 1868 (v. Gierke, Genossenschaftsrecht Bd. 1).

Vielmeier, Stephan: Tarifzensur, 2013 (Vielmeier, Tarifzensur).

von der Groeben, Hans/*Schwarze*, Jürgen/*Hatje*, Armin (Hrsg.): Europäisches Unionsrecht, 7. Aufl. 2015 (von der Groeben/Schwarze/Hatje/Bearbeiter, Europäisches Unionsrecht).

von Hoyningen-Huene, Gerrick: Die Bezugnahme auf den Tarifvertrag – ein Fall der Tarifbindung, RdA 1974, 138–152.

von Staudinger, Julius (Begr.): Kommentar zum Bürgerlichen Gesetzbuch mit Einführungsgesetz und Nebengesetzen, Zweites Buch, Recht der Schuldverhältnisse, Einleitung zum Schuldrecht, §§ 241–243, 2015 (Staudinger/Bearbeiter, BGB, §§ 241–243, 2015).

– (Begr.): Kommentar zum Bürgerlichen Gesetzbuch mit Einführungsgesetz und Nebengesetzen, Zweites Buch, Recht der Schuldverhältnisse, §§ 611–615, 13. Bearbeitung, 1999 (Staudinger/Bearbeiter, BGB, §§ 611–615, 1999).

Waas, Bernd: Der Gleichbehandlungsgrundsatz im neuen Arbeitnehmerüberlassungsgesetz, ZESAR 2012, 7–13.

–: Die Richtlinie des Europäischen Parlaments und des Rates über Leiharbeit, ZESAR 2009, 207–213.

Walser, Manfred/*Deinert*, Olaf: Zur Förderung der Mitgliedschaft von Arbeitgebern in Verbänden, AuR 2015, 386–392.

Waltermann, Raimund: Arbeitsrecht, 18. Aufl. 2016 (Waltermann, Arbeitsrecht).

–: Auslegung von Art. 9 Abs. 3 GG im Licht der europarechtlichen Gewährleistung der Tarifautonomie, EuZA 2015, 15–29.

–: Entwicklungslinien der Tarifautonomie, RdA 2014, 86–93.

–: Tarifautonomie und „Richtigkeitsgewähr“ des Tarifvertrags in der Leiharbeit, in: Arbeitsgerichtsbarkeit und Wissenschaft, Festschrift für Klaus Bepler zum 65. Geburtstag, S. 569–584, Hrsg.: Creutzfeldt, Malte/Thüsing, Gregor/Hanau, Peter/Wißmann, Hellmut, 2012 (Waltermann, FS Bepler).

–: Abschied vom Normalarbeitsverhältnis?, Gutachten B zum 68. Deutschen Juristentag, 2010 (Waltermann, Gutachten B zum 68. DJT).

–: Fehlentwicklung in der Leiharbeit, NZA 2010, 482–487.

–: Wesentliche Aussagen des Gutachtens zur Abteilung Arbeits- und Sozialrecht des 68. Deutschen Juristentages Berlin 2010, NZA 2010, 860–865.

–: Zur Grundrechtsbindung der tarifvertraglichen Rechtsetzung, in: 50 Jahre Bundesarbeitsgericht, S. 913–930, Hrsg.: Oetker, Hartmut/Preis, Ulrich/Rieble, Volker, 2004 (Waltermann, FS 50 Jahre BAG).

–: Zu den Grundlagen der Rechtsetzung durch Tarifvertrag, in: Europas universale rechtsordnungspolitische Aufgabe im Recht des dritten Jahrtausends, Festschrift für Alfred Söllner zum 70. Geburtstag, S. 1251–1277, Hrsg.: Köbler, Gerhard/Heinze, Meinhard/Hromadka, Wolfgang, 2000 (Waltermann, FS Söllner).

–: Zu den Grundlagen der Tarifautonomie, ZfA 2000, 53–86.

Wank, Rolf: Änderungen im Leiharbeitsrecht, RdA 2017, 100–115.

–: Abschied vom Normalarbeitsverhältnis?, RdA 2010, 193–207.

Wank, Rolf/*Schmidt*, Benedikt: Neues zur sozialen Mächtigkeit und organisatorischen Leistungsfähigkeit einer Arbeitnehmervereinigung, RdA 2008, 257–276.

Weckesser, Irene: Die Auswirkungen des im Rahmen des Ersten Gesetzes für Moderne Dienstleistungen am Arbeitsmarkt eingeführten Gleichbehandlungsgrundsatzes in der Arbeitnehmerüberlassung, 2008 (Weckesser, Auswirkungen des Gleichbehandlungsgrundsatzes).

Wiedemann, Herbert: Tarifautonomie heute, BB 2013, 1397–1402.

– (Hrsg.): Tarifvertragsgesetz, 7. Aufl. 2007 (Wiedemann/Bearbeiter, TVG).

–: Zur Tarifzuständigkeit, RdA 1975, 78–84.

Willemsen, Heinz Josef/*Mehrens*, Christian: Beabsichtigte Neuregelung des Fremdpersonaleinsatzes – Mehr Bürokratie wagen?, NZA 2015, 897–903.

Zimmer, Reingard: Der Grundsatz der Gleichbehandlung in der Leiharbeitsrichtlinie 2008/104/EG und seine Umsetzung ins deutsche Recht, NZA 2013, 289–294.

Zimmermann, André: Der Referentenentwurf zur AÜG-Reform 2017, BB 2016, 53–57.

Lebenslauf

Der Autor wurde 1989 in Bonn geboren. Nach seinem Abitur im Jahre 2008 leistete er seinen Zivildienst ab. Das Studium der Rechtswissenschaften nahm er zum Wintersemester 2009/2010 an der Rheinischen Friedrich-Wilhelms-Universität Bonn auf und schloss es 2015 mit dem 1. Staatsexamen ab.

In den Jahren 2014 und 2015 war er als wissenschaftlicher Mitarbeiter einer Großkanzlei in Köln tätig, bevor er promotionsbegleitend vom 1.10.2015 bis zum 31.1.2018 wissenschaftliche Hilfskraft bei Prof. Dr. Stefan Greiner am Institut für Arbeitsrecht und Recht der Sozialen Sicherheit wurde. Zum 1.10.2017 nahm er das Referendariat am LG Bonn auf.

Bonner Schriften zum deutschen und europäischen Recht der Arbeit und der Sozialen Sicherheit

Herausgegeben von Gregor Thüsing und Raimund Waltermann

Band 1 Sven Kürvers: Betriebliche Altersversorgung in Deutschland und den USA im Rechtsvergleich. Unverfallbarkeit, Portabilität und Unisex-Tarife. 2008.

Band 2 Alexandra Geißler: Der Lohnanspruch des Arbeitnehmers bei Nichterbringung der Arbeit. Ein Vergleich des deutschen und polnischen Arbeitsrechts. 2008.

Band 3 Daniela Fink-Jamann: Das Antidiskriminierungsrecht und seine Folgen für die kirchliche Dienstgemeinschaft. Eine Bestandsaufnahme nach Erlass der Richtlinie 2000/78/EG und ihrer Umsetzung durch das deutsche Allgemeine Gleichbehandlungsgesetz (AGG) unter besonderer Berücksichtigung der Loyalitätsobliegenheiten im kirchlichen Dienst. 2009.

Band 4 Jens Sebastian Groh: Einstellungs- und Kündigungskriterien kirchlicher Arbeitgeber vor dem Hintergrund des § 9 AGG. 2009.

Band 5 Thomas Gerdom: Gemeinschaftsrechtliche Unterrichtungs- und Anhörungspflichten und ihre Auswirkungen auf das Betriebsverfassungs-, Personalvertretungs- und Mitarbeitervertretungsrecht. Zum Umsetzungsbedarf der Richtlinie 2002/14/EG. 2009.

Band 6 Daniel Stolz: Der beurlaubte Beamte im Angestelltenverhältnis. Eine Darstellung der Doppelrechtsstellung am Beispiel der Postnachfolgeunternehmen. 2010.

Band 7 Kristina Ruch: Dreiseitige Vereinbarungen. Vereinbarungen zwischen Arbeitgeber, Gewerkschaft und Betriebsrat. 2010.

Band 8 Manuel Schwering: Das Allgemeine Gleichbehandlungsgesetz als Aufgabe und Instrument des Betriebsrates. 2010.

Band 9 Julia Bietmann: Gesetzliche Wege zu einem systemkonformen Mindestlohn. 2010.

Band 10 Wolfgang Schorn: Die Unklarheitenregel des § 305c Abs. 2 BGB - insbesondere im Arbeitsrecht. 2011.

Band 11 Jan Kraus: Regulierung von Pensionsfonds. Eine rechtsvergleichende Untersuchung einer neuen Einrichtung der betrieblichen Altersversorgung in Deutschland. 2011.

Band 12 Gregor Thüsing: Scheinselbständigkeit im internationalen Vergleich. 2011.

Band 13 Marc Tobias Rosenau: Die Koalitionsbetätigungsfreiheit im gewandelten Kontext. 2013.

Band 14 Martin Kalf: Die Änderungskündigung im Lichte des Verhältnismäßigkeitsprinzips. Tatsächliches Potential und rechtliche Grenzen. 2013.

Band 15 Franz Josef Düwell / Manfred Löwisch / Raimund Waltermann / Rolf Wank (Hrsg.): Das Verhältnis von Arbeitsrecht und Zivilrecht in Japan und Deutschland. 2013.

Ab Band 16 läuft die Reihe unter einem neuen Reihentitel

Schriften zum deutschen und europäischen Recht der Arbeit und der Sozialen Sicherheit

Herausgegeben von Stefan Greiner, Gregor Thüsing und Raimund Waltermann

Band 16 Luca Rawe: Auslegung von Zusagen der betrieblichen Altersversorgung. Zugleich ein Beitrag zu den Entwicklungen im Betriebsrentenrecht anhand einer Rechtsprechungsanalyse. 2017.

Band 17 Florian Göhner: Die betriebsverfassungsrechtliche Stellung der Leiharbeitnehmer im Entleiherbetrieb. 2017.

Band 18 Mathias Benedix: Die besonderen Therapierichtungen und der Neutralitäts- und Objektivitätsanspruch des Staates. 2017.

Band 19 Stephan Picht: Haftung des Betriebsrats und seiner Mitglieder bei rechtsgeschäftlichen Verbindlichkeiten. 2018.

Band 20 Christoph Corzelius: Grundlagen, Wirkungen und Grenzen des tarifdispositiven Rechts in der Arbeitnehmerüberlassung. 2018.

www.peterlang.de

www.ingramcontent.com/pod-product-compliance
Ingram Content Group UK Ltd.
Pitfield, Milton Keynes, MK11 3LW, UK
UKHW022101051026
15623UKWH00003B/605

9 783631 760147